J. A. DIAS LOPES

O país das
BANANAS

CRÔNICAS E RECEITAS BRASILEIRAS

© 2014, J. A. Dias Lopes
© 2014, Companhia Editora Nacional
Todos os direitos reservados.

Diretor Superintendente: Jorge Yunes
Diretora Editorial Adjunta: Silvia Tocci Masini
Editores: Cristiane Maruyama, Marcelo Yamashita Salles
Editora Júnior: Nilce Xavier
Produtora Editorial: Solange Reis
Coordenadora de Arte: Márcia Matos
Estagiária de Arte: Camila Simonetti
Diagramação e capa: Ana Dobón

CIP-BRASIL. CATALOGAÇÃO-NA-FONTE
SINDICATO NACIONAL DOS EDITORES DE LIVROS, RJ

L853p

Lopes, J. A. Dias O país das bananas / J. A. Dias Lopes. - 1. ed. - São Paulo : Companhia Editora Nacional, 2014. 360 p. : il. ; 25 cm.

ISBN 978-85-04-01911-7

1. Culinária - Receita. 2. Culinária brasileira. I. Título.

14-10989   CDD: 641.5
                      CDU: 641.5

1ª edição - São Paulo - 2014

Todos os direitos reservados

Av. Alexandre Mackenzie, 619 – Jaguaré
São Paulo – SP – 05322-000 – Brasil – Tel.: (11) 2799-7799
www.editoranacional.com.br editoras@editoranacional.com.br
CTP, Impressão e acabamento IBEP Gráfica

*Este livro é dedicado à Tinha,
a tia querida que agrega em Dom Pedrito,
no RS, a família de origem do autor;
e ao por do sol evocativo que se debruça sobre
o rio Santa Maria, daquela cidade.*

J. A. Dias Lopes

Sumário

Tira-gosto 7	Parabéns a Você, Bertha 107
O País das Bananas 9	O Estouro da Pipoca 113
No Princípio Era a Banana 16	Tudo Já Terminava em Pizza 117
Feijoada à Moda da Terrinha 20	¡Que Vengan los Argentinos! 122
Vamos Botar Água no Feijão 26	Carnevale Fa Rima con Maiale 126
Os Caminhos da Canja 30	Truques contra o Porre 130
As Raízes da Mandioca 36	A Malandragem da Sopa de Pedra ... 134
A Viagem do Acarajé 42	Uma Sopa Chamada Velloso 138
Dendê, o Falso Baiano 46	O Troca-troca das Plantas 144
Bauru, um Sanduíche do Brasil 52	Um Pernambuco Escondidinho 147
Beirute É Aqui 56	Bossa-nova É Ser Estrogonofe 152
Aviú, o Caviar do Brasil 60	São Paulo, Berço da Picanha 157
Içá, o Caviar de Taubaté 63	Carnes sem Trégua 162
Sardella, o Caviar dos Pobres 66	O Falso Steak da Boate La Licorne .. 167
As Gostosas Coxinhas Francesas 70	O Bife de Oswaldo Aranha 170
Sal, Mandinga e Futebol 76	Um Escandinavo Nascido em São Paulo 174
Mães da Cozinha Brasileira 79	
Uma Africana Nascida no Brasil 82	O Bife do Trem 178
Os Cozinheiros de D. João VI 85	Feito com Carinho 182
Cuscuz com Sotaque Caipira 89	Memórias de um Picadinho 186
Um Avião de Manteiga 94	Polpettone Brasiliano 191
A Moqueca É Tupiniquim 98	O Pato Turbinado 196
O Pãozinho Francês do Brasil 104	O Pato que Treme 202

Por que o Peru Faz Glu-glu?............ 206
Pobre e Deliciosa Galinha!............... 212
O Apetitoso Frango Capão 216
Biro-biro, o Arroz Curinga............. 222
Arroz de Braga? Não, de Santos 226
Por que Arroz-de-carreteiro?......... 230
Ziriguidum, Barreado! 234
Antes, Ecologicamente Correto....... 238
A Mão Culinária do Carcamano....... 240
Ho Chi Min Esteve Aqui 244
Comer na Gaveta............................... 248
Comer Gato por Lebre...................... 252
Os Avós do Viagra 255
O Casamenteiro Santo Antônio........ 258
A Festança de São João 262
A Bênção, São Jorge! 266
As Andanças do Arroz-doce 272
Bem-casado para Sempre 276
O Bolo que É um Rolo 280
A Cartola que se Come 284

O Brigadeiro da Doçaria Nacional.. 288
Eta, Buchada Arretada! 292
Creme de Papaia ou Cartão
  de Visita? 296
A Guerra do Doce de Leite 300
Doçuras Pelotenses............................ 304
Como Descobrimos o Gelado............ 310
A Brasilidade do Pão de Ló 314
A Superioridade do
  Pudim de Leite............................... 319
Dormiu Pão e Acordou Rabanada ... 322
Pede, Moleque!.................................. 326
Não Abuse do Leite da Moça 330
Ah, que Saudade dos Figos Ramy!... 334
A Magia do Petit Gâteau.................. 338
A Gelatina do Rei Alberto 344
A Mãe-Benta do Padre Feijó 350
O Doce da Miss Brasil...................... 353
Caipirinha e Internacional............. 357

 Tira-gosto

Este livro reúne crônicas escritas nos últimos dez anos. Todas estão acompanhadas por uma receita. Tratam de comida, com poucas exceções. Exemplos: os capítulos sobre a caipirinha e a ressaca. Os temas têm sempre relação com o Brasil. Daí o título *O País das Bananas*, o mesmo de uma das crônicas. Refere-se a uma das nossas frutas mais amadas. O Brasil é um grande bananal.

Como nos interessamos por tudo – gastronomia, história, sociologia, literatura, geografia, ciência, política, folclore, etnografia, religião, música erudita e popular, artes plásticas, esportes etc. –, as crônicas percorrem diferentes ramos do conhecimento. Mas não somos especialistas em nada.

As crônicas foram publicadas na imprensa brasileira e portuguesa e não devem ser consideradas literárias. Ao escrevê-las, inspiramo-nos nos textos dos almanaques antigos, que contavam histórias verdadeiras, principalmente curiosidades, com o propósito de provocar e divertir os leitores.

Os capítulos podem ser lidos à vontade, de diante para trás ou vice-versa. Se o leitor achar algum menos interessante, basta saltar a página. O autor não ficará ofendido. Caso tenha alguma crítica ou sugestão, é só nos enviar por e-mail (jadiaslopes@gmail.com).

Bom apetite!

São Paulo, 27 de março de 2014

J. A. Dias Lopes

O País das Bananas

Os passageiros que sentam às janelas dos aviões, em viagens pelo Brasil, têm o privilégio de observar, nas periferias das cidades, bananeiras verdejantes. Desfrutam da mesma paisagem os que circulam de ônibus ou automóvel pelas áreas litorâneas ou continentais do território nacional, sobretudo aquelas dotadas de terras profundas, permeáveis, levemente ácidas e não muito secas. São as preferidas das bananeiras. Planta herbácea, dotada de folhas grandes com coloração verde-clara, flores e cachos que surgem em série a partir de um "coração", tornou-se a fruta mais popular do Brasil. *Yes! Nós temos bananas*, orgulhava-se a marchinha carnavalesca que João de Barro e Alberto Ribeiro compuseram em 1938. "Bananas pra dar e vender / Banana menina / Tem vitamina / Banana engorda e faz crescer". Divertida e maliciosa, foi a resposta nacionalista a um *fox* americano que menosprezava a fruta-símbolo do País.

A banana voltou à moda – e no mundo inteiro. É possível que a ameaça de extinção haja contribuído para isso. Segundo os cientistas da INIBAP – International Network for the Improvement of Banana and Plantain –, a planta tem sido atacada por fungos e outras pestes e poderia desaparecer da Terra dentro de poucos anos. Como não produz sementes, repetiria o desastre ocorrido há décadas com alguns tipos de batata. Em São Paulo e no Rio de Janeiro, diversos restaurantes têm no cardápio um doce com banana. Até a rede McDonald's, gigante mundial do fast-food, rendeu-se ao encanto da fruta. Utilizou-a para fazer uma sobremesa de sucesso. O bom senso manda festejarmos esses resultados. Ajudam a revigorar a autoestima nacional, abalada por sucessivos escândalos nos poderes do País. Somos o País das bananas e temos motivos de sobra para sentir orgulho disso. Dedicamos ao cultivo da sua planta uma área de meio milhão de hectares. Bananal é o nome da maior ilha fluvial do País, formada por um dos braços

do rio Araguaia, em Goiás. Também batiza uma cidade histórica do Vale do Paraíba, em São Paulo.

Hoje disputamos com a Índia o primeiro lugar na produção mundial de banana. Colhemos cerca de 9 milhões de toneladas anuais, sobretudo das variedades terra, prata, pacova, ouro, nanica (paradoxalmente grande, pois o nome vem da planta, de pouca altura) e maçã. Nenhum outro povo come tanto a fruta como nós – cerca de quatro cachos anuais por habitante. A banana é boa em todos os sentidos. Desenvolve-se o ano inteiro, amadurece aos poucos, facilitando a colheita, o armazenamento e o transporte. Fácil de comer, não dá trabalho para descascar, nem suja as mãos, sua textura macia não apresenta sementes nem fiapos duros e tem doçura na medida certa. Altamente nutritiva, contém carboidratos, especialmente sacarose, além de glicose, frutose e certa porcentagem de amido, bem como potássio, fibras alimentares, ácido fítico, vitamina B6, ácido fólico e tanino.

Pode ser comida crua, cozida, frita ou assada. Na culinária brasileira, participa de uma infinidade de receitas. Serve para mingau, farofa, farinha, sopa, salada de frutas, licor, sorvete, doce em calda ou de tacho, passa, pão, cobertura de bolos e cartola (banana frita com queijo assado, açúcar e canela). Preparada à milanesa, harmoniza-se com a feijoada, o picadinho carioca e o rodízio gaúcho. Frita na manteiga, entra na composição do medalhão de pirarucu amazonense e na cobertura da chatasca (charque desfiado, ovo picado e farinha de mandioca) da fronteira do Rio Grande do Sul com o Uruguai. Cozinha sobre o peixe na moqueca de garoupa salgada do Espírito Santo. Os caiçaras do litoral norte de São Paulo a misturam com farinha de mandioca no pirão que acompanha uma obra-prima da culinária nacional: o ensopado de garoupa ou badejo em postas, o chamado azul-marinho. Por que esse nome? O contato com a panela de ferro oxida a banana. Os caiçaras dizem que fica azul-marinho. Com a banana verde fazemos uma farinha altamente nutritiva, empregada no preparo de mingaus e biscoitos. Já as folhas da planta são usadas para envolver a moqueca de peixe baiana e pratos afro-brasileiros.

É fruta que alimenta até a arte brasileira. Dezenas de músicas de carnaval e não só a marchinha *Yes! nós temos bananas* a têm festejado. Só o compositor João de Barro, o Braguinha, por exemplo, lançou duas outras: *Bananeira não dá laranja*, em 1953, e *Banana-nanica*, em 1967. Também participou da letra de "Chiquita Bacana" ("Chiquita bacana lá da Martinica/Se veste com uma casca de banana nanica"), composta por Alberto Ribeiro, em 1949. Nas artes plásticas, uma das naturezas-mortas de Pedro Alexandrino (1856-1942), intitulada Bananas e metal, mostra-a em tons quentes e luminosos, característicos do apreciado acadêmico. Anita Malfatti (1889-1964), pintando quadros como *Tropical*, em que mistura banana, mamão, abacaxi, pêssego e laranjas, lançou as bases da Semana de Arte Moderna de 1922, segundo Mário de Andrade. O talento incomparável de Tarsila do Amaral (1886-1973) colocou uma grande folha de bananeira no cenário verde da tela *Antropofagia* para reforçar o destaque da figura-tema, deformada e enorme, em tons terrosos.

No cinema, um nome imediatamente lembrado é o de Carmen Miranda. A fantasia de bananas, abacaxis e pêssegos com a qual ela aparece no filme americano *Entre a loura e a morena* (*The gang's all here*), de 1943, dirigido por Busby Berkeley, converteu-se em precioso ícone. Cantando, dançando ou representando no exterior, Carmen ajudou a difundir a banana e a alma nacionais. O último filme no Brasil, *Banana-da-terra*, rodado em 1938, foi o trailer do seu apostolado tropicalista. Ali se apresentou pela primeira vez vestida de baiana, interpretando com o Bando da Lua a composição O *que é que a baiana tem*, de Dorival Caymmi.

Luís da Câmara Cascudo, no *Dicionário do Folclore Brasileiro* (Global Editora, São Paulo, 2001), conta que católicos do interior nordestino evitam cortar a banana transversalmente, para não se formar no interior a figura de uma cruz. No Nordeste, afirma-se que a bananeira, quando vai dar o cacho – que pode pesar de 5 a 60 quilos –, geme como uma mulher no parto. Em alguns lugares também se julga ter sido essa a fruta que Deus proibiu Adão de comer – e não a maçã, como reza a tradição generalizada. É crença antiga, vio da Europa, onde circulou na Idade Média. Ultimamente, foi retomada por Dan Koeppel, no livro *Banana: The Fate of the Fruit that Changed the World* (Banana: o Destino da Fruta que Mudou o Mundo – Hudson Street Press, Nova York, 2007).

Mas, da mesma forma que o futebol e o carnaval, a banana nunca foi exclusivamente nossa. Parece ter existido pelo menos uma variedade nativa, que os índios só comiam cozida ou assada. Nas bordas da floresta amazônica ainda são encontradas espécies selvagens. As variedades que cultivamos, porém, foram introduzidas no Brasil pelos colonizadores portugueses a partir do século XVI. Acredita-se que tenham vindo do arquipélago de São Tomé e Príncipe, no golfo da Guiné, e das ilhas Cabo Verde, a cerca de 590 km da costa africana, ou melhor, de Dakar. Antes disso, espalharam-se pelo mundo. As bananeiras plantadas no mundo são originárias do sudeste da Ásia e apreciadas desde a Antiguidade. Aparecem em baixos-relevos assírios e egípcios. Alexandre Magno, rei da Macedônia, conheceu-as na Índia, no ano 327 a.C. Séculos depois, os árabes as difundiram no Mediterrâneo e na África.

Para o nome da fruta há três hipóteses. Viria de uma língua ameríndia falada no norte do Amapá, de outra originária na Guiné ou, então, da palavra árabe *banãna*, que significa dedo. Como não possui sementes e se propaga através de mudas, a bananeira pode ser usada para avaliar o grau de segregação dos grupos indígenas. Câmara Cascudo, em *História da Alimentação no Brasil* (Global Editora, São Paulo, 2004), registra o espanto do geógrafo europeu Karl von den Steinen, no século XIX, ao constatar que as tribos do Xingu não a conheciam. Quando o sertanista Cândido Rondon entrou em contato com os nambiquaras do Mato Grosso, na primeira década do século XX, foi tomado da mesma perplexidade. Ele compreendia que um povo desconhecesse os metais, pescasse sem anzol e andasse nu. Mas achava espantoso que nunca tivesse visto uma bananeira.

Azul-marinho*

Rende 6 porções

INGREDIENTES
PARA O PEIXE

- 2 kg de garoupa ou badejo em postas
- Suco de 3 limões
- 1 maço de coentro picado
- 1 maço de cheiro-verde picado
- 3 dentes de alho grandes amassados
- 4 cebolas grandes cortadas em rodelas
- 100 ml de azeite
- 2 pimentas-dedo-de-moça picadas
- 1 kg de tomates maduros, sem pele, picados
- Água para cobrir o ensopado
- Sal e pimenta-do-reino moída na hora a gosto

PARA O PIRÃO

- 12 bananas do tipo prata ou nanica verdes
- Caldo do cozimento do peixe o quanto baste
- Farinha de mandioca crua o quanto baste

PREPARO DO PEIXE

Limpe o peixe e tempere com sal, pimenta-do-reino, limão, ervas e alho. Deixe o peixe nesses temperos por cerca de 30 minutos. Numa panela de fundo grosso, refogue as cebolas no azeite.

(*) Receita preparada pela professora de culinária Ana Paula Moraes, de São Paulo, SP.

Adicione a pimenta-dedo-de-moça e depois os tomates. Coloque o peixe e deixe cozinhar por alguns minutos. Cubra com água, tampe a panela, baixe o fogo e cozinhe até ficar macio. Retire o caldo do peixe para fazer o pirão. Ajuste o sal.

PREPARO DO PIRÃO

Descasque as bananas e cozinhe com água, numa panela de ferro. Escorra, amasse grosseiramente com um garfo, incorpore um pouco do caldo do peixe e misture. Leve ao fogo brando e incorpore a farinha de mandioca, aos poucos, sem parar de mexer, até obter a textura de pirão mole. Se for necessário, coloque mais caldo. Sirva o peixe acompanhado do pirão de banana.

No Princípio Era a Banana

A *Bíblia* diz que, ao colocar Adão e Eva no Paraíso Terrestre, Deus proibiu o primeiro casal humano de comer o fruto "da ciência do bem e do mal", produzido por uma árvore existente no meio do Jardim das Delícias. Alguns primitivos cristãos acharam que se tratava do figo. Afinal, a Bíblia não esclarecia o nome do fruto proibido. Como todos sabem, Adão e Eva desobedeceram a ordem divina. Por esse pecado, chamado de original, foram expulsos do Paraíso Terrestre. A hipótese de que a fruta era o figo se baseava em uma pista. A *Bíblia* diz que o primeiro casal humano usou "umas folhas de figueira" para cobrir seus corpos nus.

Entre os séculos IV e V, os cristãos trocaram de fruta. Passaram a acreditar que era a maçã. Foi São Jerônimo quem introduziu acidentalmente a nova hipótese. Traduzindo a *Bíblia* do hebraico para o latim, sob encomenda do papa Dâmaso I, usou a palavra "malum" quando se referiu ao fruto proibido. O vocábulo, porém, tinha dupla acepção. Em latim, significa mal, mas também maçã. Os cristãos não tiveram dúvidas. Concluíram que a maçã era o fruto proibido.

Ultimamente, porém, admite-se ter sido a banana. Não é uma dedução inédita, pois já circulou na Idade Média. Não por acaso, mereceu o aposto *Pomum paradisi* (fruto do paraíso). Na década passada, retomou-se a versão medieval – e a banana conquistou adeptos após a publicação de um livro do jornalista Dan Koeppel, ex-colunista da *New York Times Magazine*. Intitula-se *Banana: The Fate of the Fruit that Changed the World* – Banana: o Destino da Fruta que Mudou o Mundo (Hudson Street Press, Nova York, 2007).

Outros autores têm reforçado a tese. Dentre eles se destaca o ator e crítico de arte britânico Richard Stemp, que publicou *The Secret Language of Churches & Cathedrals: Decoding the Sacred Symbolism of Christianity's Holy Buildings* (A Linguagem Secreta das

Igrejas & Catedrais: Decifrando o Simbolismo Sagrado dos Edifícios Santos Cristãos (Duncan Baird Publishers, Londres, 2010). Koeppel foi mais incisivo. Ele simplesmente se baseou em evidências, não em teorias.

Para começar, lembrou que, nos tempos bíblicos, a banana era chamada de figo. Além disso, Koeppel fez uma observação de ordem prática. As folhas da figueira são pequenas demais para esconder as "vergonhas" do ser humano. Portanto, Adão e Eva cobriram seus corpos com as da bananeira. No teto de madeira da Igreja de São Miguel, em Hildeshein, na Alemanha, há uma sugestiva pintura de Adão e Eva.

Embora botões decorativos de bronze escondam parcialmente as mãos de Adão e Eva, Koeppel afirma que Eva segura com a direita uma banana. Para completar, as duas árvores laterais seriam estilizações da planta. Isso sem levar em conta outras pistas. A banana é um símbolo fálico no imaginário coletivo. E o fruto proibido, além de expressar o direito dado por Deus aos humanos de escolher o "bem" ou o "mal", seria eufemismo para o ato sexual.

As variedades de banana hoje cultivadas no mundo, inclusive no Brasil, são originárias do Sudeste Asiático e existem desde épocas imemoriais. Desembarcaram em nosso país no século XVI, trazidas pelas caravelas portuguesas, provavelmente dos arquipélagos de Cabo Verde e da Madeira. Hoje, de norte a sul do Brasil, come-se banana crua, cozida, frita e assada. É usada para fazer mingau, farofa, farinha, salada de frutas, licor, sorvete, doce em calda ou de tacho, passa, pão, cobertura de bolos e cartola (banana frita com queijo assado, açúcar e canela).

Ao mesmo tempo, os brasileiros se divertem com a fruta. Empregam o seu nome tanto para designar o órgão sexual masculino como o cartucho de dinamite. Mulher fácil de conquistar "é como banana, dá em todo o canto". Uma pessoa em decadência física ou moral vira "bananeira que já deu cacho". Apoiar as mãos no chão e ficar com as pernas para cima é "plantar bananeira". Também lhe atribuem o sentido de pessoa frouxa, sem energia, palerma. Dar uma banana é o mesmo que fazer figa, mostrar ódio ou troçar de alguém.

Ultimamente, a fruta ganhou uma função inesperada. Converteu-se em símbolo antirracista, depois que um torcedor de futebol espanhol atirou-a no baiano Daniel Alves, lateral-direito do Barcelona, em partida contra o Villareal. O brasileiro pegou a fruta, descascou e comeu antes de cobrar um escanteio. O gesto antidiscriminatório correu o mundo. Banana nos racistas, Brasil!

Banana Split *

Rende 4 porções

INGREDIENTES

- 4 bananas-nanicas
- 12 bolas de sorvete (3 bolas por taça) a gosto
- Creme chantilly (em uma batedeira, junte 500 g de creme de leite fresco, previamente gelado, com 4 colheres de sopa de açúcar e bata por cerca de 3 a 4 minutos até ficar firme
- Cuidado para não bater demais e correr o risco de o creme virar manteiga. Se preferir, o creme poderá ser batido à mão com um fouet
- Calda para sorvete a gosto

DECORAÇÃO

- Cerejas em calda a gosto

PREPARO

Descasque as bananas e corte cada uma delas pela metade, de ponta a ponta, no sentido do comprimento.
Em quatro taças próprias para banana split, disponha duas fatias de banana nas laterais de cada uma das taças. No meio, entre as fatias de banana, coloque três bolas de sorvete.
Cubra com creme chantilly e espalhe a calda.
Decore com as cerejas e sirva imediatamente.

(*) Receita preparada pelo chef Benny Novak, de São Paulo, SP.

Feijoada à Moda da Terrinha

Ao visitar São Paulo em 2012, o chef, escritor e apresentador de televisão americano Anthony Bourdain, encantou-se com a feijoada completa e gravou um programa no qual conta que o prato emblemático do Brasil foi criado pelos negros originários da África durante a vigência da escravatura. Muitos turistas estrangeiros saem daqui falando a mesma coisa, depois de informados pelos nossos patrícios que ainda acreditam nessa fantasia. A invenção da feijoada teria acontecido entre o período colonial e o final do Império, para aproveitar os "restos" do porco – orelha, focinho, pé, rabo e língua – "desprezados" pelos donos da casa-grande ou senhorial, do engenho de açúcar ou da fazenda. Ora, na verdade a feijoada é um prato de ascendência portuguesa, e não faz sentido dizer que ela nasceu na senzala.

Os luso-brasileiros de primeira ou segunda geração nunca rejeitaram os "restos" do porco, simplesmente porque os consideravam iguarias. Como se sabe, até hoje os portugueses são loucos por essas delícias. Na região do Douro e de Trás-os-Montes, ao norte do País, há até uma feijoada assemelhada à brasileira, que leva embutidos e carnes salgadas de porco. A principal diferença está no feijão, que é branco ou às vezes "encarnado", como dizem os portugueses. Mas é detalhe irrelevante. No Brasil, ele também muda conforme a região. A receita carioca e a paulista mandam usar o preto, que já existia aqui antes de os colonizadores europeus chegarem às nossas terras, chamado pelos índios de os índios *comandá, comaná ou cumaná*; a pernambucana recomenda o mulatinho. Assim a saboreava no Recife o sociólogo Gilberto Freyre, autor do clássico *Casa-Grande & Senzala*, lançado em 1933. Enfim, em todos os países de colonização portuguesa, seja Macau, Goa ou Cabo Verde, há uma variação da feijoada, próxima ou distante da nossa.

O cardápio imposto aos escravos dos engenhos de açúcar ou das fazendas não incluía pratos substanciosos. Eles recebiam comida suficiente apenas para continuar aptos ao trabalho. Estavam impedidos de procurar alimentos suplementares e só faziam isso às ocultas, desafiando castigos. Se os feitores os deixavam entrar no pomar para chupar laranjas, não era para matar a fome, mas para evitar o escorbuto, causado pela falta de vitamina C. No dia a dia, consumiam apenas angu de escravo, ou seja, farinha de milho ou de mandioca com água, escaldada no fogo, completamente sem sal.

Quando havia feijão, o prato era sempre magro e pobre. Esse, sim, poderia ser denominado "resto" da casa-grande. No livro *Feijão, Angu e Couve* (Editora Itatiaia, Belo Horizonte, 1982), Eduardo Frieiro afirma que em Minas Gerais os grãos estavam quase sempre bichados. De modo geral, somente em ocasiões especiais, como no encerramento da colheita, recebiam pedaços de charque ou carne fresca. Se alguma receita surgiu na senzala, terá sido o angu de escravo.

Desde os tempos coloniais, o feijão tem sido reforçado com alguma carne e farinha de mandioca durante o cozimento, para engrossar, ou na hora de servir. Mas ainda não se tratava da feijoada, entendida como uma refeição completa, embora às vezes lhe dessem esse nome, como registrou este anúncio publicado pelo *Jornal do Commercio*, do Rio de Janeiro, em 5 de janeiro de 1849: "Na casa de pasto junto ao botequim do Fama Café Com Leite, tem-se determinado que haverá em todas as semanas, sendo às terças e quintas-feiras, a bela feijoada, a pedido de muitos fregueses". Tanto quanto se sabe, a feijoada completa, opulenta e generosa, só debutou no final do século XIX, como se verá mais adiante. Além disso, nenhum relato antigo associou o prato à senzala, mas aos restaurantes frequentados nas cidades por escravocratas gulosos.

O escritor Guilherme de Figueiredo foi um dos primeiros autores brasileiros a duvidar da lenda da criação pelos escravos. No livro *Comidas, Meu Santo* (Editora Civilização Brasileira, Rio de Janeiro, 1964), ele levanta a hipótese de a feijoada completa ser uma "degeneração" do cassoulet francês, prato à base de feijão branco, carnes de vaca, carneiro, ganso, pato ou galinha, linguiça, cebola, tomate, alho e temperos; e também do cozido português, que chama equivocadamente de caldeirada. O antropólogo Luís da Câmara Cascudo, em sua *História da Alimentação no Brasil* (Global Editora, São Paulo, 2004), reforça a tese da influência estrangeira. "É uma solução europeia elaborada no Brasil", sustenta. "Técnica portuguesa com o material brasileiro". Em tempo: Cascudo descreve a comida dos escravos sem fazer qualquer menção à feijoada.

Desde então, outros autores contestaram a versão da senzala. O historiador Carlos Augusto Ditadi, do Arquivo Nacional do Rio de Janeiro, fez isso em artigo publicado na revista *Gula* (São Paulo, maio de 1998). "Essa alegada origem da feijoada não passa de lenda contemporânea, nascida do folclore moderno, numa visão romanceada das relações sociais e culturais da escravidão no Brasil", afirmou ele. O sociólogo Gabriel Bolaffi, no livro *A Saga da Comida* (Editora Record, Rio de Janeiro/São Paulo, 2000), ironizou a crença de que os escravos comeriam um prato tão vigoroso. "Em fazendas que podiam variar de algumas dezenas até umas tantas centenas de escravos, imagine quanto lombo e quantos pernis a casa-grande teria de consumir para que duas orelhas, quatro patas, um focinho e um rabo alimentassem tanto escravo", disse.

A ascendência portuguesa da feijoada é atestada pelo seu modo de preparo. "A forma de fazer o refogado, depois juntar o caldo, cozer as carnes à parte e depois adicioná-las ao preparado são técnicas do dia a dia da cozinha dos portugueses", observa o chef Vitor Sobral, de Lisboa. As primeiras feijoadas levavam apenas o reforço de linguiça e dos pertences do porco. Quando a turbinaram com os outros ingredientes? Da maneira como a preparam atualmente no Sudeste e no Sul do Brasil, variada e farta, com feijão-preto, acompanhada de arroz branco, laranja em fatias, couve refogada, farinha e farofa, a receita completa teria sido lançada no final do século XIX por um restaurante que existiu no Rio de Janeiro entre 1884 e 1905, o G. Lobo. A leitura rápida das pessoas o chamava de Globo. Localizava-se na Rua General Câmara, 135, no centro velho carioca.

Desapareceram a rua e o restaurante, com as obras urbanísticas de alargamento e abertura de novas vias, sobretudo da avenida Presidente Vargas, pelo prefeito reformador Pereira Passos. O memorialista Pedro Nava, no livro *Baú de Ossos* (Editora Nova Fronteira, Rio de Janeiro, 1983), sustenta que ela nasceu naquele endereço: "Lá ficava o restaurante famoso de G. Lobo, contraído em Globo – de onde saiu e vulgarizou-se no Brasil esse prodígio de culinária que é a feijoada completa – prato alto como as sinfonias, como o verso alexandrino, prato glorioso, untuoso, prato de luto e veludo – prato da significação mesma e do valor da língua, da religião e da estrutura jurídica, no milagre da unidade nacional".

O sucesso foi imediato e diversos restaurantes o imitaram. A feijoada completa passou a ser uma devoção carioca. Até hoje eles a saboreiam o ano inteiro, inclusive nos dias escaldantes do verão. Depois, a receita migrou para outras cidades, chegando a São Paulo, onde se consagrou o costume de servi-la às quartas-feiras e aos sábados. Como se sabe, a tradição gastronômica local observa um menu semanal. É o chamado cardápio paulista: segunda-feira, virado; terça-feira, bife à rolê; quarta-feira, feijoada completa; quinta-feira, macarronada ou lasagna; sexta-feira, peixe; sábado, feijoada completa ou pernil assado com farofa.

Curiosamente, a receita tradicional ainda comporta adaptações. Entre as décadas de 70 e 80, o restaurante do Hotel Caesar Park Ipanema, do Rio de Janeiro, introduziu a novidade de servir separadamente os ingredientes da feijoada. Em São Paulo, a Rede Rubaiyat aperfeiçoou o sistema, servindo-a até com cochinillo, o leitãozinho mamão. Foi outro sucesso copiado. A receita emblemática do Brasil também se presta aos voos criativos dos chefs modernos. O restaurante Maní, de São Paulo, transformou-a em prato minimalista. A última novidade é que a feijoada foi virada do avesso.

Feijoada Completa *

Rende 15 porções

INGREDIENTES

- 700 g de carne-seca
- 700 g de costelinha de porco salgada
- 200 g de orelha de porco salgada
- 1 pé de porco salgado
- 1 rabo de porco salgado
- 1,5 kg de feijão-preto
- 2 línguas
- 3 folhas de louro
- 3 litros de água
- 4 paios
- 4 linguiças calabresas
- 1/2 xícara (chá) de banha de porco ou óleo
- 10 dentes de alho bem picados
- 1 cebola grande picada em cubinhos
- 1 dose de cachaça
- 1 laranja-pera com a casca (corte as extremidades)
- Pimenta-do-reino moída na hora a gosto

ACOMPANHAMENTO

- Couve
- Farofa
- Pimenta biquinho

(*) Receita preparada pela chef Mara Salles, do restaurante Tordesilhas, de São Paulo, SP.

PREPARO

Lave a carne-seca e as carnes salgadas e coloque-as de molho em água abundante, na véspera. Mantenha-as na geladeira, trocando a água. No dia seguinte, ponha o feijão para cozinhar com a orelha, o pé de porco e o louro, em 3 litros de água. Cozinhe à parte a carne-seca, a costelinha, o rabo e a língua até começarem a amaciar (como cada ingrediente tem um tempo de cozimento, vá retirando-os à medida que estiverem cozidos). Reserve a água do cozimento.

Quando o grão do feijão desmanchar ao apertá-lo com os dedos, introduza as carnes cozidas com um pouco da água do cozimento. Depois de alguns minutos, agregue o paio e a linguiça. Separadamente, aqueça a banha e doure nela o alho e a cebola até murcharem. Coloque a pimenta-do-reino e despeje a mistura na panela do feijão. Introduza a cachaça, a laranja e mais um pouco do caldo do cozimento. Quando os ingredientes estiverem bem macios, retire os pedaços de carne, corte-os e devolva-os à panela do feijão. Cozinhe por mais 5 minutos. Deixe descansar por pelo menos 2 horas antes de servir.

Luiz Henrique Mendes

Vamos Botar Água no Feijão

Nenhum país do mundo supera o Brasil em receitas de feijão. Seus grãos polivalentes, ricos em carboidratos, compostos fenólicos, fibras, minerais, proteínas e vitaminas deram origem a uma infinidade de pratos. Para começar, temos o feijão com arroz, uma combinação perfeita de nutrientes, pois os aminoácidos que faltam em um alimento são encontrados no outro. Além disso, é para nós *comfort food* – expressão que designa a comida ligada à história da vida, ou seja, emocional, capaz de evocar o prazer e o bem-estar.

Uma das destinações do feijão é o baião de dois do Nordeste. Ele e o arroz cozinham juntos e incorporam toucinho e linguiça defumada, carne-seca e queijo coalho. O prato ganhou popularidade a partir de 1950, quando Luiz Gonzaga e Humberto Teixeira compuseram *Baião de Dois*: "Capitão que moda é essa, deixe a tripa e a cuié / Home não vai na cozinha, que é lugá só de mulhé / Vô juntá feijão de corda, numa panela de arroz / Capitão vai já pra sala, que hoje tem baião de dois". O cearense Gustavo Barroso, no livro *Liceu do Ceará* (Editora Getúlio Costa, Rio de Janeiro, 1940), sustenta que a receita foi criada no seu Estado.

Há também a feijoada. Como refeição completa, acompanhada de arroz, laranja, couve, carnes, farofa e farinha, debutou no restaurante G. Lobo, do Rio de Janeiro, que funcionou entre 1884 e 1905 na Rua General Câmara, 135, no centro velho. Com feijão ainda preparamos o acarajé, quitute introduzido na Bahia por influência dos negros africanos escravizados no Brasil. Hoje atração turística de Salvador, a receita leva feijão, cebola, sal e é frita no azeite de dendê.

A palavra "acarajé" saiu do iorubá, da fusão de *acará* (bola de fogo) e *jé* (comer). Portanto, significa "comer bola de fogo". Quem já o provou apimentado sabe o porquê. Existe também o virado à paulista, criado em tempos coloniais no Vale do Paraíba, a região entre São Paulo e Rio de Janeiro, para reaproveitar as sobras da comida. Refoga-se o feijão em gordura, tempera-se, coloca-se um pouco de água, engrossa-se com farinha de mandioca ou milho. Acompanha couve cortada fininha e refogada, ovos fritos, costeletas ou lombo de porco idem.

Foi assim que o príncipe regente Dom Pedro comeu virado de feijão no dia 17 de agosto de 1822, na Fazenda Pau d'Alho, em São José do Barreiro, São Paulo. O futuro imperador do Brasil atravessava o Vale do Paraíba na viagem que culminaria com a proclamação da Independência do Brasil às margens do Riacho do Ipiranga. O virado recebeu em Minas Gerais o nome de tutu, e lá é servido com pedaços de linguiça frita. Distingue-se do seu ancestral e do feijão-tropeiro, outro prato regional, por ter os grãos amassados, enquanto os deste ficam inteiros.

Isso para lembrar apenas das receitas mais representativas, pois o feijão também é coadjuvante da dobradinha, do mocotó gaúcho e do picadinho carioca, além de participar de sopas, caldos, vinagretes, saladas, guisados e ensopados. Não por acaso, o Brasil é seu maior produtor mundial, com a média anual de 3,5 milhões de toneladas. O consumo chega perto.

A música o promove. Em 1957, o cantor Ivon Curi gravou *Comida de Pensão*, de Francisco Balbi e Miguel Miranda: "Pra fazer economia/eu fui morar numa pensão / Onde a boia tudo o dia / Era só feijão, feijão". O estribilho até hoje permanece em nossos ouvidos: "Feijão, feijão, feijão / Era só feijão, feijão" Chico Buarque fez sua parte. Em 1977, compôs *Feijoada Completa*: "Mulher, você vai gostar / Tô levando uns amigos pra conversar / Eles vão com uma fome / Que nem me contem / Eles vão com uma sede de anteontem / Salta a cerveja estupidamente / Gelada pr'um batalhão / E vamos botar água no feijão". Enfim, temos uma diversidade enorme do *Phaseolus vulgaris L.*, o nome científico do feijão que comemos: preto (feijoada carioca), mulatinho (feijoada nordestina), de corda (baião de dois), fradinho (acarajé), fradão, branco, vermelho, roxinho, verde, rajado, manteiguinha, bolinha, palhacinho, jalo etc.

Havia feijão-preto no Brasil antes da chegada dos portugueses. Ele é natural da América do Sul. A partir do século XVI começaram a vir os outros tipos. Hoje, a variedade mais popular é o carioca, com grãos de cor creme e listras marrom-claras. Surgiu em 1964, por mutação, cruzamento ou transgenia natural (não se sabe a razão), na fazenda Bom Retiro, localizada no município de Ibirarema, a 395 quilômetros de São Paulo, e foi lançado um pouco mais tarde pelo Instituto Agronômico de Campinas (IAC). Domina 85% do mercado e só não é majoritário no Rio de Janeiro e no Rio Grande do Sul, que preferem o preto.

Os cariocas têm direito ao desdém. O nome do feijão não se refere a eles. Apesar de alguns dizerem que veio dos porcos da raça Piau Carioca ou Carioca, de pele rajada como seus grãos, criados na fazenda Bom Retiro, e outros sustentarem ter sido uma homenagem às listas das calçadas de Copacabana, "semelhantes aos seus grãos", o motivo foi outro. Na época, trabalhavam em Ibirarema muitos lavradores procedentes de Nova Friburgo.

Como se sabe, aquela cidade do estado do Rio de Janeiro, na Serra Fluminense, foi colonizada por famílias suíças do cantão de Friburgo. Eram homens de pele clara que tinham sardas no rosto pela exposição diária aos raios solares. Um desses lavradores, justamente o que exibia mais manchas pigmentadas, era chamado de Carioca. Por associação, batizou-se o feijão com seu apelido. Quem conta isso é o fazendeiro Waldimir Coronado, proprietário da Bom Retiro, hoje arrependido do nome. "Se fosse agora, eu daria outro", garante.

Bolinho de Feijoada (*)

Rende cerca de 20 unidades

INGREDIENTES

- 2 copos de feijão bem cozido (de uma feijoada) com um pouco de caldo
- 1/2 copo de carne-seca cozida e bem desfiada
- 1/2 copo de couve cozida cortada finamente
- 2 ovos
- 1 cebola bem picada
- 1 colher (chá) fermento em pó químico
- Salsinha picada a gosto
- Cebolinha verde picada a gosto
- Trigo para quibe o quanto baste para dar o ponto
- Sal a gosto
- Óleo para fritar

ACOMPANHAMENTO

- Rodelas de laranja

PREPARO

Em uma tigela coloque o feijão, a carne-seca, a couve, os ovos inteiros, a cebola, a salsinha, a cebolinha verde e o sal. Mexa bem. Acrescente aos poucos o trigo, sem parar de mexer, até ficar no ponto de cair da colher, como bolinho de chuva. Por último, misture o fermento em pó. Mexa bem, modele os bolinhos na mão, frite-os, poucos por vez, em óleo quente e escorra-os em papel absorvente. Sirva com rodelas de laranja.

(*) Receita do chef Souza, da churrascaria North Grill, de São Paulo, SP.

Os Caminhos da Canja

Entre os mantimentos que Pedro Álvares Cabral levou na viagem de descobrimento do Brasil, em 1500, havia galinhas. Os índios que o navegador e explorador português encontrou na costa se assustaram quando alguém desembarcou de uma caravela aquela ave cacarejante que desconheciam. "Não lhe queriam pôr a mão", relatou o escrivão da frota, Pero Vaz de Caminha, na carta enviada ao rei D. Manuel I, a certidão de nascimento do Brasil. Os índios já tinham visto aves desajeitadas, mas não como aquela, que bicava o chão sem parar e não voava. É possível que a frota de Cabral também transportasse arroz. Afinal, os portugueses conhecem esses grãos desde a dominação árabe e teriam começado a cultivá-los regularmente no reinado de D. Dinis.

Não por acaso, muitos supõem que a receita da canja – o delicioso caldo de galinha com arroz – tenha chegado ao Brasil com seu descobridor. Ou, então, com o alentejano Martim Afonso de Sousa, primeiro colonizador do País, donatário. Ele plantou arroz em 1532, na Capitania de São Vicente, da qual era o donatário, e introduziu a galinha. Hoje, a canja continua a ser o prato mais saboreado no Brasil. Supera em popularidade até mesmo a feijoada, habitualmente consumida às quartas-feiras e sábados. A canja pode ser feita todos os dias, sobretudo se existir um doente ou convalescente em casa, pois tem fama de alimento revigorante. A família real portuguesa já acreditava nesse efeito. "Na cozinha do Palácio Nacional da Ajuda, em Lisboa, havia sempre canja fresca confeccionada para a Rainha D. Maria Pia de Saboia, esposa de D. Luís I, pois acreditava que a canja era fundamental para a manutenção da saúde e, portanto, consumia-a diariamente", afirma o gastrônomo transmontano Virgílio Nogueiro Gomes.

Talvez por ser muitas vezes o único prato da refeição, a canja brasileira é mais substanciosa do que a portuguesa. O caldo de arroz costuma ser enriquecido com louro, alho, aipo, alho-poró, cebola, salsinha, cebolinha, pimenta-do-reino, tomate, tomilho, cenoura, batata etc. Além disso, incorpora diferentes pedaços da ave: peito, asa, coxa, sobrecoxa, pescoço e miúdos. A receita portuguesa não reúne tantos ingredientes, embora também admita canja de bacalhau (na Estremadura), pescada (Alentejo), moluscos (Algarve) e carnes variadas (em todo o País). No Brasil, agora só existe a de galinha ou frango. Em Portugal, uma surpresa desagradável do século XX foi a tendência à substituição do arroz por massinhas em formato de letrinhas ou estrelinhas. Continua a ser canja? Provavelmente, mas com jeito de comida italiana.

O prato nasceu na Índia, na Costa de Malabar, onde se encontra a ex-colônia de Goa, dominada por Portugal entre 1510 e 1961. Originalmente, era um "caldo quente e salgado", no qual ia arroz. Foram os portugueses do século XVI que lhe acrescentaram a galinha ou o frango. Chamava-se kengi e não kanji, como escrevem certos dicionários. É palavra da língua malaiala, falada na Costa do Malabar. Seu registro de nascimento se encontraria no livro *Colóquio dos Simples e Drogas e Coisas Medicinais da Índia*, de Garcia da Orta (cerca de 1500-1568), dividido em 57 capítulos e editado em Goa no ano de 1563. A última edição saiu em 1983, pela Imprensa Nacional/Casa da Moeda, de Lisboa, e se encontra esgotada. O autor, médico, naturalista, sábio e judeu português alentejano, mudou-se para a Índia fugindo da Santa Inquisição.

Quem espalhou essa informação foi o botânico e homem de letras português Conde de Ficalho, autor do livro *Garcia de Orta e o seu Tempo*, publicado em 1886. "Tinha (Garcia da Orta) além disso numerosas servas, que seriam todas, ou quase todas escravas", escreveu ele. "Entre estas havia primeiramente Antônia, a sua criada valida, a quem confiava as chaves, que conhecia as árvores da horta e sabia onde estava guardado o *hashish* e outros objetos das coleções de história natural. Depois a cozinheira, peritíssima na sua arte, sabendo fazer a galinha com *caril*, o caldo de arroz, ou kenji, e as conservas em vinagre, ou de *achar*."

Na obra *Colóquio dos Simples e Drogas e Coisas Medicinais da Índia*, Garcia da Orta se atém às origens, características e propriedades terapêuticas de plantas como benjoim, cânfora, gengibre, ópio, ruibarbo e tamarindo; descreve pela primeira vez a cólera asiática. E faz a que seria a primeira menção documental à canja. Assim, cai por terra a versão de que os portugueses conheceram a receita na China, onde existe até hoje, com o nome "congee", uma espécie de mingau para o desjejum. Da mesma forma que a canja, é ministrado aos doentes, convalescentes e mulheres após o parto. Leva arroz, água, sal; pode ser enriquecido com ervas, legumes, peixes, carnes; comporta diferentes guarnições, como o amendoim quebrado grosseiramente.

Em Portugal e no Brasil, o sabor da canja tem surpreendido estrangeiros ao longo dos séculos. Quando o Duque de Wellington estabeleceu seu quartel-general em Lavos, perto de Coimbra, na campanha contra as tropas invasoras francesas, as mesmas que obrigaram D. João VI a mudar com a corte para o Brasil, ofereceram-lhe uma canja fumegante. Deslumbrado com o prato, ele o descreveu em uma carta à mulher, mencionando os ingredientes. Ao ler a correspondência, a duquesa ficou assombrada – e revelou isso em suas memórias. O marido não sabia cozinhar, e ela nem sequer imaginaria que se interessasse "tecnicamente" por um prato, sobretudo estrangeiro e, para a esposa, exótico.

Quando esteve no Brasil, em 1913, após ser duas vezes presidente dos Estados Unidos, Theodore Roosevelt se apaixonou pela canja. Viajando pelo interior de Mato Grosso e do Amazonas, em companhia do marechal e sertanista mato-grossense Cândido Mariano da Silva Rondon, para pesquisar a flora e a fauna e localizar o então enigmático rio da Dúvida, atualmente rio Roosevelt, saboreou o prato diversas vezes. "Enquanto houve galinha, canja de galinha no almoço e no jantar", escreveram Odylo Costa, filho, Carlos Chagas Filho, Pedro Costa e Pedro Nava, no livro *Cozinha do Arco-da-Velha* (Editora Nova Fronteira, Rio de Janeiro, 1997). "Mas, no antigo rio da Dúvida, faltou galinha e o então coronel Rondon precisou dar um jeito. Caçava jacu e jacutinga (aves selvagens galiformes) para a canja do visitante que estava, sem saber, comendo o prato predileto de D. Pedro II".

Sim, o segundo imperador do Brasil adorava canja. Saboreou-a desde criança, em diferentes circunstâncias. Curiosamente, em vez de galinha ou frango, a sua era de jacu, jacutinga e macuco (ave brasileira grande como o peru, conhecida pelo pio de uma nota só, os ovos azuis e a carne deliciosa). Raimundo Magalhães Júnior, no livro *Artur Azevedo e Sua Época* (Edição Saraiva, São Paulo, 1953) lembra que nos espetáculos teatrais o soberano habitualmente se entregava a "uma canja quente entre o segundo e o terceiro ato, que só começava, por isso mesmo, ao ser dado o aviso de que Sua Majestade terminara a ceiazinha".

Já a sua irmã D. Francisca Carolina de Bragança – filha, como ele, de Dom Pedro I do Brasil, o D. Pedro IV de Portugal, e D. Maria Leopoldina de Áustria, portanto também irmã de D. Maria II, rainha de Portugal – preferia a de papagaio. Casando-se com Francisco Fernando Filipe de Orléans (1818-1900), príncipe de Joinville, filho do rei Luís Filipe I de França, trocou a América pela Europa. Em 1843, ao desembarcar com o marido no porto bretão de Brest, provocou risadas ao pedir, porque tinha frio, um "remédio" a que se acostumara na terra natal: canja de papagaio. O príncipe de Joinville contou anos depois que ofereceram à princesa brasileira *soupe au poulet et riz*, ou seja, à base de frango, arroz e servida com um molho no qual entram manteiga, farinha de trigo, gema de ovos e creme de leite. Enfim, uma preparação que, se tinha parentesco com a canja brasileira, era de quinto grau.

Os irmãos Pedro II e Francisca revelavam predileções de um tempo que passou. Atualmente, como já observamos, os brasileiros apreciam só a "canja" de galinha ou frango, até mesmo porque trocar esses ingredientes por um animal selvagem se tornou crime inafiançável contra a fauna nativa. Lembramos dos gostos de Pedro II e Francisca apenas porque "tem piada", como se fala em Portugal. Por sinal, a palavra canja recebe acepções divertidas no vocabulário brasileiro. São populares de norte a sul. "Dar uma canja" significa fazer alguma coisa de graça, como no caso do cantor famoso que se apresenta em público sem receber cachê. "É canja" virou sinônimo de algo fácil de fazer. Exatamente como o preparo da receita.

Canja de Galinha à Brasileira (*)

Rende 6 porçõess

INGREDIENTES
CALDO

- 2 carcaças de galinha lavadas com vinagre e limão
- Pés de galinha lavados com vinagre e limão
- 1 cebola inteira com casca
- 3 dentes de alho inteiros com casca
- 3 talos de aipo
- 1 alho-poró (use a parte branca)
- 1 folha de louro
- 1 amarrado de talos e folhas de salsinha
- 1 pitada de sal
- Sal e pimenta-do-reino moída na hora a gosto
- Cerca de 4 litros de água

CANJA

- 600g de peito de galinha sem pele (se preferir, use carne escura como a das cobrecoxas, por exemplo)
- 2 colheres (sopa) de azeite de oliva
- 1 cebola picada
- 2 dentes de alho picados
- 2 talos de aipo cortados em pequenos cubos
- 1/2 alho-poró cortado em pequenos cubos (use a parte branca)
- 4 galhinhos de tomilho fresco
- 1 xícara (chá) de arroz
- 2 tomates sem casca e sem sementes cortados em pequenos cubos

(*) Receita preparada pelo chef Léo Filho, em São Paulo, SP.

- 3 cenouras médias raladas
- Salsinha e cebolinha verde picadas a gosto
- 1 fio de azeite de oliva para regar
- Sal a gosto

PREPARO

CALDO

Em uma panela, coloque todos os ingredientes do caldo e leve ao fogo. Deixe ferver por meia hora, depois coe e reduza um pouco o caldo em fogo lento, para melhor concentração dos temperos. Cuide para não reduzir demais e reserve para a finalização do prato.

CANJA

Corte o peito de galinha em cubos médios. Em uma panela grande, aqueça o azeite de oliva e junte a cebola e depois o alho. Quando a cebola murchar, adicione o aipo, o alho-poró e o tomilho. Refogue um pouco mais e acrescente o peito de galinha, o arroz e o caldo que estava reservado. Ajuste o sal.
Assim que o arroz estiver cozido, adicione o tomate, a cenoura ralada, a salsinha e a cebolinha verde. Deixe levantar uma rápida fervura, regue com um fio de azeite de oliva e sirva quente.

As Raízes da Mandioca

Quando aportaram no Brasil, no início do século XVI, os portugueses ficaram admirados com as grossas e longas raízes da mandioca (*Manihot esculenta*). Julgaram-na exótica, acreditaram ser uma espécie de pau. Não entendiam por que os índios comiam aquilo com tanto prazer. Eles aproveitavam integralmente a mandioca. Espremiam seu líquido leitoso em um recipiente de barro e desidratavam no fogo para fazer beiju. Cozinhavam a raiz inteira, comiam pura ou coberta de mel; ou transformavam em um purê que acompanhava diversos alimentos. Mas a grande surpresa dos portugueses foi ver a farinha comestível que os índios obtinham descascando, raspando, secando e espremendo a mandioca.

No livro *Comidas, Meu Santo!* (Editora Civilização Brasileira, Rio de Janeiro, 1964), o dramaturgo e ensaísta carioca Guilherme de Figueiredo afirma que por algum tempo eles chamaram aquele exótico pó branco de "farinha de pau". O escritor e pastor protestante francês Jean de Lery, que esteve no Brasil na segunda metade do século XVI, ainda como seminarista da igreja reformada de Genebra, na fase inicial da Reforma Calvinista, contou admirado na *História de uma Viagem Feita na Terra do Brasil*, publicada na França em 1578, como os índios a saboreavam.

"Tomam-na com quatro dedos na vasilha e a atiram mesmo de longe com tal destreza na boca que não perdem um só farelo", escreveu. "E se nós, franceses, os quiséssemos imitar, não estando como eles acostumados, sujaríamos o rosto, as ventas, as bochechas, as barbas". Outro estrangeiro, o botânico austríaco Emmanuel Pohl, que percorreu o Brasil entre 1817 e 1821, deu nome científico à mandioca inspirado em uma lenda indígena. "Manihot é a forma latinizada de mani-oca", como os nativos chamavam a planta. "Esculenta, em tradução livre, significa alimento."

Enfurecido com a filha solteira que garantia ter engravidado sem um parceiro masculino, o cacique a condenou à morte. Na noite anterior à execução, um homem branco apareceu-lhe no sonho. Afiançou que a moça continuava virgem e a gravidez ocorrera magicamente. Ao acordar, o cacique perdoou a filha. Meses depois ela lhe deu uma neta branca chamada Mani. Quando completou 1 ano de idade, a criança morreu e, seguindo a tradição, foi enterrada na tenda da mãe. Dias depois, brotou da terra uma planta desconhecida e o solo começou a rachar.

Os índios cavaram e encontraram as raízes da mandioca. Como acharam as formas semelhantes ao corpo de Mani, batizaram-na de mani-oca ou manioc, ou seja, a casa de Mani. Hoje, o nome da raiz do Brasil varia segundo a região: aipi, aipim, castelinha, macaxeira, mandioca-doce, mandioca-mansa, maniva, maniveira, pão-de-pobre etc. Os brasileiros distinguem duas principais variedades da planta, conforme a quantidade de ácido cianídrico – que aliás desaparece no longo cozimento. A primeira é a mansa, de uso culinário, na qual o teor da substância tóxica não ultrapassa 50 miligramas por quilo de raiz fresca.

A outra é a mandioca brava ou venenosa. Seu ácido cianídrico chega a 100 miligramas a cada quilo. Um teste para descobrir a variedade perigosa consiste em mastigar um pedacinho da raiz depois de arrancada. Quanto mais amarga, mais elevado o teor da substância tóxica. A mandioca, que antes da descoberta da América já tinha sido espalhada no continente pelos tapuias, seus prováveis descobridores, é uma das mais importantes plantas alimentícias nacionais. No momento, mais de 80 países a cultivam. Na África e na Ásia foi introduzida pelos portugueses. Só os europeus não a plantam. Hoje, a Nigéria ocupa o primeiro lugar na sua produção mundial. Seguem-na a Tailândia, o Brasil, a Indonésia e a República do Congo.

A mandioca oferece aos habitantes desses países alto teor energético e pouca proteína. É rica em substâncias nitrogenadas e graxas, fibras, minerais e isenta de glúten. Contém dois carboidratos importantes – a amilose e a amilopectina –, que liberam a glicose lentamente no corpo, evitando picos de açúcar no sangue e sendo, portando, recomendada para os diabéticos. Proporciona altos teores de caroteno (pró-vitamina A), importante para a saúde dos olhos, pele e mucosas.

Os bandeirantes iam plantando mandioca a medida em que se embrenhavam no interior, em busca de índios, ouro e pedras preciosas. Ficavam atrás enormes plantações. Se voltassem pelo mesmo caminho, encontravam um alimento que combatia o cansaço. Até hoje a raiz do Brasil tem importância em nossa dieta. É consumida frita, inteira ou em pedaços, como tira-gosto; ou cozida em água e sal, para acompanhar pratos; ou banhada no melado, em um casamento feliz. Nordestinos e nortistas têm purês de mandioca; fermentam a raiz em água para fazer carimã; socam no pilão até transformá-la em paçoca, misturada com carne-seca, castanha-do-pará, amendoim ou rapadura; espremem e cozinham lentamente a mandioca brava para fazer tucupi, o molho de cor amarela que glorifica a cozinha paraense.

Em muitas regiões do País se esmaga sua raiz para obter a goma ou polvilho, ingredientes de apetitosos bolos e doces, biscoitos, roscas, broas, sequilhos, mingaus e pães, entre os quais o pão de queijo mineiro. O supremo produto da mandioca, porém, é a farinha que os índios lançavam à boca com pontaria certeira. Para nós, representa um alimento de significado histórico. No século XVI, lotava os porões das caravelas que regressavam a Portugal, como farnel de reforço. Os navios que iam à África levavam fumo em corda para trocar por escravos e sacolões de farinha para alimentá-los na volta.

"A farinha é a camada primitiva, o basalto fundamental na alimentação brasileira", proclama o mestre do folclore e da etnografia Luís da Câmara Cascudo, no livro *História da Alimentação no Brasil* (Global Editora, São Paulo, 2004). Ela serve para fazer farofas. Dourada no fogo, temperada com sal, recebe o nome do ingrediente que a complementa. Torna-se farofa de manteiga, de miúdos, de ovos, de azeite-de-dendê etc. Presta-se a pirões de caldo de carne, ave ou peixe, que acompanham pratos de caça, moquecas do mar e vários cozidos; reforça escaldados ou engrossados, sejam de hortaliças ou carnes; enriquece as frituras quando empana alimentos; é essencial no cuscuz paulista, combinada à farinha de milho; enobrece cozidos, ensopados e caldeiradas; integra-se às paçocas salgadas ou doces e jacubas; viabiliza tutus, virados e feijão tropeiro; engalana o lombo de porco frito, recheia o leitão e o peru assados no forno.

Os gaúchos não a dispensam no churrasco. Passam a carne assada na farinha antes de levar à boca. "Faz uma cama para a gordura e ressalta, por contraste, o sabor da carne", dizem. Feijoada sem farinha perde a graça. No livro *Chão de Ferro* (Editora José Olympio, Rio de Janeiro, 1976), o memorialista mineiro Pedro Nava venera a santidade dessa harmonização. Primeiro manda comer a feijoada em prato fundo, de sopa, e nele esmagar quatro a cinco pimentas malaguetas, tirando as sementes. Depois recomenda derramar em cima o suco de um limão.

"Então, farinha em quantidade, para deixar embeber", ensina ele. "Retira-se seu excesso que volta para a farinheira. Sobre a crosta que ficou, vai a primeira camada de feijão e mais uma de pouca farinha. Edifica-se com superposições de couve, de farinha, de feijão, de farinha, das carnes e gorduras, e do respaldo mais espesso da cobertura final de farinha. Espera-se um pouco para os líquidos serem chupados, aspirados, mata-borrados e come-se sem misturar."

O precioso trabalho universitário *A Mandioca na Cozinha Brasileira* (Instituto Agronômico de Campinas, 1983), do professor Araken Soares Pereira e colaboradores, só lamenta que os imigrantes europeus desembarcados aqui no século XIX não se tenham interessado pela raiz do Brasil. Atribui a indiferença ao fato de eles não estarem habituados a consumi-la no Velho Mundo. Entretanto, foi só questão de tempo. Seus descendentes acabaram se rendendo a ela. Tamanha é a unanimidade desfrutada hoje pela planta e seus derivados que se poderia fazer até uma paródia do samba antológico do baiano Dorival Caymmi e endereçá-la aos raros destoantes: quem não gosta de mandioca bom sujeito não é!

Pudim de Mandioca (*)

Rende 8 porções

INGREDIENTES

- 90 g de açúcar para caramelar a fôrma (distribua o açúcar no fundo de uma fôrma redonda furada no meio e leve ao fogo brando, mexendo sempre, até o açúcar ficar completamente derretido. Apague o fogo e espalhe a calda pelas laterais da fôrma, cobrindo-a por igual)
- 450 g de açúcar
- 200 ml de água
- 10 ovos
- 1 colher (sopa) de manteiga
- 500 g de mandioca ralada e depois espremida em um pano para perder o excesso de líquido

PREPARO

Misture os 450 g de açúcar com a água e leve ao fogo brando, sem mexer, até obter uma calda em ponto de fio (para saber o ponto certo, segure uma pequena porção de calda entre os dedos polegar e indicador e separe-os. Estará no ponto certo quando se formar um fio entre os dedos). Passe a calda para um bowl (tigela) e deixe esfriar um pouco. Bata os ovos em outro bowl e acrescente a manteiga. Junte os ovos à calda, batendo com um fouet (batedor manual), e depois incorpore a mandioca ralada.

Coloque a massa na fôrma caramelada, leve ao forno brando, preaquecido a 140°C, e asse em banho-maria, com a água já fervendo, por cerca de 45 minutos. Depois de pronto, desenforme e sirva.

(*) Receita de Helena Barattino, preparada por seu neto, o chef José Barattino, de São Paulo, SP.

A Viagem do Acarajé

Dificilmente o turista que visita Salvador, capital da Bahia, não prova o acarajé – bolinho à base de feijão-frade moído, cebola, sal, frito no azeite de dendê, cortado ao meio para ser recheado com molho de camarão seco e pimenta malagueta. É vendido nas ruas por mulheres negras, descendentes de escravos, que usam saia comprida e rodada, blusa rendada, xale de algodão colorido, turbante, sandálias fechadas na frente e abertas atrás, tendo vistosos colares de contas no pescoço.

Mas elas não estão fantasiadas para os forasteiros. Vestem paramentos rituais do candomblé, a religião herdada dos iorubás, seus ancestrais do grupo sudanês, oriundos da África Ocidental. Antigamente, vendiam acarajé nas ruas e praias de Salvador apenas por "obrigação" ou dever votivo. Agora, também realizam esse trabalho por razão de subsistência. O contingente atual das chamadas "filhas de Iansã" ou "baianas de acarajé" alcança cinco mil pessoas.

São mulheres a serviço dos orixás, semideuses e deuses iorubanos com importante papel na doutrina do candomblé. Fazem a intermediação entre os devotos e a suprema divindade, inacessível às súplicas humanas, simbolizam as forças naturais. Para a rainha Iansã, também conhecida por Oiá, guerreira incansável, orixá dos ventos e tempestades, uma das mulheres do forte, autoritário, ágil, generoso e sensual rei Xangô, comandante dos trovões e da justiça, vão os acarajés pequenos e redondos; para seu companheiro, destinam-se os maiores e alongados.

O quitute foi trazido para a Bahia há trezentos ou quatrocentos anos, por influência dos negros da África Ocidental transformados em escravos no Brasil. Mas há uma contradição: eles não sabiam fritar. "A cozinha africana do início do século XVI se baseava no assado, no tostado e no cozido", diz Guilherme Radel, no livro *A Cozinha Africana da Bahia* (Press Color, Salvador, 2006). Portanto, os portugueses, que lhes ensinaram a técnica de fritar, participaram da introdução da especialidade no País.

A palavra "acarajé" veio do iorubá. Resultou da fusão de *acará* (bola de fogo) e *jé* (comer). Portanto, significa "comer bola de fogo". Quem já provou o quitute "quente" (com muita pimenta) sabe a propriedade da designação. Hoje, tem a autenticidade defendida. Não faz muito tempo, a Associação das Baianas de Acarajé conseguiu que o Instituto do Patrimônio Histórico e Artístico Nacional (Iphan) do Brasil declarasse o quitute "patrimônio cultural".

Teoricamente, a receita não poderá ser modificada a nenhum pretexto. Entre as desfigurações que ameaçam sua autenticidade se encontra uma versão light, na qual se substitui o feijão-frade pela farinha de soja. Além disso, as "baianas de acarajé" enfrentam duas concorrências desleais: a venda da especialidade pelos adeptos das religiões evangélicas, com o nome trocado para "bolinho de Jesus"; e por homens que usam batas africanas e até podem ser adeptos do candomblé, mas ocupam um lugar privativo das mulheres. Por último, o acarajé já é encontrado nos bares, restaurantes, supermercados, banquetes e celebrações familiares de Salvador.

O quitute descende em linha direta do falafel – bolinho frito, temperado com especiarias, inventado no Oriente Médio, cuja massa incorpora fava seca ou grão-de-bico – ou, então, combina os dois grãos. A diferença do acarajé é levar feijão-frade. Jamais haverá unanimidade sobre o local exato da invenção do falafel. Os árabes o consomem como um dos mezzés (os variados antepastos de sua apetitosa culinária) ou na condição de lanche, dentro do pão árabe, com tomate, cebola, pepino, salsinha e tahine (pasta de gergelim).

Certos autores gastronômicos, porém, tendem a acreditar que o falafel veio à luz no Egito. É preparado naquele país desde a época bíblica, apenas com fava. A população o chama de ta'miyya, exceto a da cidade de Alexandria, que o denomina falafel, palavra derivada de uma raiz árabe e que significa "algo temperado" ou "algo apimentado".

Já a enciclopédia *The Oxford Companion to Food* (Oxford University Press, Nova York, 1999) informa que os coptas, cristãos ortodoxos do Egito, reclamam a paternidade do falafel. Outros autores sustentam que nasceu no Líbano. Enfim, há ainda quem localize o seu nascimento no Iêmen, na Síria e, sobretudo, na Palestina. O fato é que os árabes espalharam o falafel até a África Ocidental, na região onde atualmente se encontram Camarões, Benim (antigo Daomé), Nigéria e Togo, que eles invadiram centenas de vezes entre os séculos VII e XIX.

O bolinho foi incorporado pela culinária de algumas etnias, a começar pela dos iorubas, trocando seu principal ingrediente pelo feijão-frade e sendo batizado de akkrá. Até hoje é conhecido por esse nome em Camarões, conforme o livro *The Essential African Cookbook* (Anness Publishing, Londres, 2001), da chef e pesquisadora Rosamund Grant. No Brasil, já aportou chamado de acará ou acarajé e com função sagrada no candomblé. Eparrê Oiá!

Acarajé (*)

Rende cerca de 40 unidades

INGREDIENTES

- 2 kg de feijão-frade
- 4 cebolas
- 3 litros de azeite de dendê para a fritura
- Sal a gosto
- Molhos de camarão seco e de pimenta-malagueta para rechear os acarajés

PREPARO

Escolha o feijão e deixe-o de molho por uma hora ou duas. Tire todos os olhos pretos e descarte todas as cascas que saíram durante o tempo em que ele ficou de molho. Passe o feijão pela máquina de moer. Coloque a massa numa panela e bata-a com uma colher de pau. Bata a cebola no liquidificador com o sal a gosto e misture-a à massa do feijão. Continue batendo até obter um composto macio e o mais claro possível. Quanto mais leve a massa ficar, mais saboroso será o acarajé.
Deite o azeite de dendê no tacho ou numa panela de fundo grosso e leve-o para aquecer. Vá formando bolos com a massa e fritando-os no azeite bem quente até ficarem com a crosta entre os tons dourado e avermelhado. Abra-os ao meio antes de esfriar, pois assim estarão crocantes, recheado-os com os molhos de camarão seco e pimenta-malagueta.

(*) Receita oficializada pela Associação das Baianas de Acarajé (BA).

Codo Meletti

Dendê, o Falso Baiano

É sabido que os negros trazidos da África como escravos enriqueceram a cozinha brasileira e influenciaram amplamente a da Bahia, sobretudo a de Salvador. O que se ignora é como eles teriam transportado de lá os ingredientes para prepará-la, a começar pelo mais importante, o azeite de dendê, ou simplesmente dendê. Duvida-se que pudessem embarcar com alguma coisa nos navios negreiros. Aprisionados por tribos rivais, eram entregues aos traficantes portugueses, brasileiros e depois holandeses, em troca de aguardente, espingardas, facas, tecidos e até roupas usadas. Esses intermediários os vendiam como mercadoria nos portos de Salvador, Rio de Janeiro, Recife e São Luís do Maranhão.

Ao serem embarcados na África, acentuavam-se as condições degradantes. Manuel Querino, no livro *Costumes Africanos no Brasil* (Editora Civilização Brasileira, Rio de Janeiro, 1938), citando um certo Dr. Cliffe, contemporâneo da escravatura, assinala que os negros viajavam amontoados nos porões, em uma mistura de braços e pernas, sendo impossível um deles se movimentar sem remexer os outros. Mais da metade morria e não chegava ao destino. Dr. Cliffe mencionou um carregamento de 100 negros dos quais apenas 16 sobreviveram à travessia oceânica.

O ingrediente de vinda mais instigante foi justamente o dendê, conhecido lá fora como *palm oil*. É extraído da polpa do fruto da palmeira *Elaeis guineensis*, nativa da costa ocidental da África (Golfo da Guiné). Hoje tem diferentes usos não só na preparação da comida, mas ainda na fabricação de margarinas, pães e sorvetes, na produção de medicamentos, sabão em pó, sabonete, condicionador para cabelos, xampu, vela, tinta e detergente. É também matéria-prima para a obtenção da estearina, oleína, glicerina, ácido láurico e ácido oleico.

A *Elaeis guineensis* aportou no Brasil no século XVII, adaptando-se maravilhosamente ao clima tropical úmido do litoral baiano. Roedores como a cotia e aves como o urubu espalharam as sementes e ajudaram a torná-la subespontânea. Guilherme Radel, no livro *A Cozinha Africana da Bahia* (Press Color, Salvador, 2006), observa que seu óleo dá às receitas soteropolitanas "aquele colorido encantador, o odor penetrante e o sabor especial, incomparáveis, que as faz diferentes de todas as demais do mundo e as tornam insuperáveis".

Duas versões procuram explicar como o dendezeiro desembarcou no Brasil, para ter o fruto convertido em óleo. A primeira atribui o feito aos negros. Guilherme Radel, na obra citada, contesta: "Que condições teria o escravo, nesta viagem infernal, de estar carregando plantas ou sementes da África para a Bahia? Acredita-se que nenhuma". A segunda hipótese obtém o aval de Edson Carneiro, no livro *Ladinos e Crioulos* (Editora Civilização Brasileira, Rio de Janeiro, 1964). "Não o trouxeram os escravos, mas os traficantes", afirmou ele. Guilherme Radel também discorda: "Não havia o menor interesse dos traficantes em trazer para o Brasil o dendezeiro, seja através de sua semente, seja através de muda".

O que eles certamente transportavam com os negros era outra mercadoria requisitada na Bahia: o dendê. Por muito tempo esse óleo foi usado apenas na iluminação e só mais tarde na culinária e comidas votivas do candomblé. Ingressou no cardápio baiano graças às mucamas, as escravas tiradas da senzala para cozinhar e auxiliar nos serviços da casa-grande ou do sobrado. Quem, então, importou da África a planta ou sementes da *Elaeis guineensis*?

Provavelmente os colonizadores portugueses, os mesmos que nos trouxeram do Oriente a banana, a carambola, o coco, a jaca, a manga e aí por diante. Por sinal, eles deveriam reivindicar sua parte na formação da cozinha africana da Bahia, na qual alguns pratos emblemáticos, ao contrário da crença generalizada, são adaptações indiscutíveis de tradicionais receitas lusitanas. Na prática, o dendê é um falso baiano.

Moqueca Baiana (*)

Rende 6 porções

INGREDIENTES

MOQUECA

- 300 g de camarões limpos
- 1 kg de badejo limpo em postas
- 3 cebolas médias em rodelas
- 3 tomates maduros grandes em cubos
- 1 pimentão verde em cubos
- 2 pimentões vermelhos em rodelas
- 3 dentes de alho picados
- 1 maço de coentro picado
- Suco de 2 limões
- 1 xícara (chá) de azeite de dendê
- 2 xícaras (chá) de caldo de peixe
- 3 talos de cebolinha verde picada
- 2 xícaras (chá) de leite de coco
- 300g de camarões limpos
- Sal e pimenta-do-reino moída na hora a gosto

PIRÃO

- 300 g de farinha de mandioca crua (aproximadamente)
- Molho da moqueca o quanto baste

FAROFA DE DENDÊ

- 1 colher (sopa) de cebola picada
- 1 dente de alho picado

(*) Receita preparada pelo chef Luiz Pereira Barbosa, de São Paulo, SP.

- 2 colheres (sopa) de azeite de dendê
- 1 xícara (chá) de farinha de mandioca crua (aproximadamente)
- Sal a gosto

ACOMPANHAMENTO
- Arroz branco
- Molho de pimenta-cumarim (ou malagueta) sem as sementes

DECORAÇÃO
- Rodelas de pimentão verde e vermelho
- Ramos de coentro

PREPARO
MOQUECA

Lave os camarões e reserve. Tempere as postas de peixe com uma cebola, um tomate, o pimentão verde, os dentes de alho, metade do coentro e o suco dos limões. Reserve nesses temperos. Em um recipiente, de preferência de barro, junte o azeite de dendê, o restante das cebolas e dos tomates, os pimentões vermelhos e o caldo de peixe. Refogue por cerca de três minutos, em seguida incorpore as postas do badejo com seus temperos e deixe em fogo médio, mantendo a panela tampada, por cerca de seis minutos. No final do cozimento, agregue o restante do coentro, a cebolinha verde, o leite de coco e os camarões. Tempere com sal, pimenta, misture delicadamente e deixe no fogo por mais uns três minutos, aproximadamente.

PIRÃO

Retire uma parte do molho da moqueca e leve-o ao fogo. Quando o molho estiver próximo da fervura, agregue aos poucos a farinha de mandioca, mexendo sempre até formar um pirão consistente.

FAROFA DE DENDÊ

Em uma panela, refogue a cebola e o alho no azeite de dendê. Junte a farinha de mandioca aos poucos, tempere com sal e misture bem.

FINALIZAÇÃO

Distribua os ingredientes da decoração e sirva a moqueca com o pirão, a farofa de dendê, o arroz branco e o molho de pimenta-
-cumarim.

Reinaldo Mandacaru

Bauru, um Sanduíche do Brasil

Os atuais frequentadores do Ponto Chic, no Largo Paissandu, um bar popular no Centro de São Paulo, não fazem ideia do luxo que a casa ostentava ao ser aberta em 1922, no mesmo ano da Semana de Arte Moderna. Os sanduíches continuam ótimos, mas a elegância do lugar sofreu arranhões do tempo. Funcionando no térreo de um prédio de três andares, o Ponto Chic tinha balcão e mesas em mármore de Carrara, azulejos e cristais também importados. A clientela era constituída de homens vestidos de terno, gravata, chapéu e sapatos reluzentes. As mulheres não apareciam, exceto as "francesas" regidas pela cafetina Madame Fifi e encarapitadas no prédio. Às vezes surgiam enfurecidas para cobrar clientes esquecidos de pagar pelo relacionamento de instantes atrás.

O lugar era tão chique que, por isso mesmo, acabou batizando o ponto. As pessoas iam ao bar do Largo Paissandu para discutir política, arte, economia e esportes ou entabular negócios e mesmo contratar jogadores de futebol. Odílio Cecchini, o dono, integrava a diretoria do Palestra Itália, e os torcedores do antigo Palmeiras recebiam tratamento diferenciado. A casa foi obrigada a fechar em 1977, por uma ação de despejo, pois estava em prédio alugado. O proprietário do Ponto Chic morreu pouco depois. Entretanto, um ex-funcionário de Cecchini, seu braço direito, Antônio Alves de Souza, adquiriu o direito de reabrir o Ponto Chic no bairro de Perdizes, em 1978. Dois anos depois, o estabelecimento voltou a existir no Largo Paissandu. Até hoje os dois endereços pertencem a Alves de Souza, assim como a filial do Paraíso.

A fama do bar, porém, que sobreviveu anos a fio no coração de São Paulo, suportando a decomposição urbanística da zona e as modas no comer e beber na cidade, deve-se a um sanduíche inventado ali: o bauru. A receita manda tirar parte do miolo de um pãozinho francês e rechear com cinco lâminas de rosbife, duas rodelas de tomate, outras duas de pepino curtido no vinagre e porções iguais de três queijos (prato, suíço e estepe) amalgamados em água quente com manteiga. Essa é a fórmula verdadeira. Existem pelo menos seis variações, preparadas, sobretudo, fora de São Paulo, já que a clientela local exige autenticidade. Mas não deveriam usar o nome de *bauru*.

O tradicional sanduíche já foi consumido e aplaudido por ilustres personalidades, a começar pelos escritores Mário de Andrade, Oswald de Andrade e Anthony Bourdain (autor do best-seller *Cozinha Confidencial*); as pintoras Tarsila do Amaral e Anita Malfatti; os compositores Adoniran Barbosa e Paulo Vanzolini; os cantores Nélson Gonçalves e Sérgio Reis; os presidentes Jânio Quadros, Fernando Henrique Cardoso e Luiz Inácio Lula da Silva; os governadores Ademar de Barros e Mário Covas; os treinadores de futebol Oswaldo Brandão e Telê Santana; a banda Titãs; e diferentes estrelas da música, artes em geral, literatura, política, economia e esporte. O Ponto Chic prepara outros dois sanduíches: o rococó (rosbife, alice, queijo gorgonzola, tomate e pepino) e o seleto (rosbife, presunto, tomate, pepino e uma mistura de queijos fundidos). Nenhum se compara ao bauru.

Sua criação teve como protagonista o radialista e tabelião Casimiro Pinto Neto, o Bauru, que ganhou esse apelido em São Paulo de tanto contar histórias da cidade homônima, onde nasceu em 1914, situada no interior do Estado, a 321 quilômetros da capital. Ele chegou a São Paulo na adolescência, trabalhou na Rádio Record e a seguir na Rádio Panamericana. Foi locutor e executivo em ambas as emissoras. Na Record, sua voz encorpada e vibrante apresentou o Repórter Esso, "a testemunha ocular da história", como anunciava o noticioso patrocinado pela Standard Oil of New Jersey. Milhões de brasileiros o ouviam diariamente. Ao ser lançada a televisão no Brasil, em 1952, Bauru também apresentou o Repórter Esso no monitor. Advogado formado pela Faculdade de Direito da USP, no Largo de São Francisco, nos tempos da faculdade ele frequentava, com os colegas, o concorrido Ponto Chic. Era, ainda, titular de cartório em São Paulo.

Pouco tempo antes de morrer, em 1983, contou como surgiu o legendário sanduíche. No final de 1936, tarde da noite, entrou faminto no Ponto Chic. A tradição acredita que vinha de uma partida de sinuca, sua obsessão. "Cheguei e falei diretamente ao sanduicheiro Carlos", recordou Bauru. "Eu lhe disse: abre um pão francês, tira o miolo e bota um pouco de queijo derretido dentro. No momento em que ia fechar o sanduíche, interrompi: calma, falta um pouco de albumina e proteína nisso, põe umas fatias de rosbife. Carlos ia terminando de novo e eu tornei a falar: falta vitamina, bota aí umas fatias de tomate." O pepino curtido no vinagre entrou depois, para dar à combinação de ingredientes um contrastante sabor acre. A mesma tradição supõe que Bauru estava influenciado pelos conceitos nutricionais divulgados por um livreto sobre a alimentação infantil escrito por outro cliente do Ponto Chic, o médico e prefeito Wladimir de Toledo Pisa.

Ele traçava o segundo sanduíche quando apareceu Antônio Boccini Jr., o Quico, um dos muitos amigos que colecionava. Também faminto, pediu-lhe um pedaço para provar. Gostou e encomendou um ao garçom Alex, descendente de russos. "Me vê um desses do Bauru", ordenou-lhe Quico. Na mesma noite, outros clientes fizeram o mesmo. O nome pegou imediatamente. Na cidade de Bauru, a criação do conterrâneo ilustre chegou em 1957, introduzida por José Francisco Júnior, cujo estabelecimento, O Bar do Skinão, tornou-se seu principal centro de difusão. O Conselho Municipal de Turismo (Comtur) da terra natal do inventor criou um selo de certificação do bauru, concedido a estabelecimentos "que o preparam segundo a receita tradicional, descrita e protegida por lei municipal". O primeiro, obviamente, contemplou o Ponto Chic do Largo Paissandu. Além disso, encaminhou ao Instituto do Patrimônio Histórico e Artístico Nacional (Iphan) um pedido para dar ao sanduíche o honroso *status* de bem imaterial. Espalhando-se pelo Brasil, o bauru se tornou um grande sanduíche nacional. Em número de preparações, só enfrenta a concorrência do beirute, surgido em 1950 no restaurante árabe Bambi, de São Paulo: pão sírio (aquele de formato redondo, chato e oco) aberto, recheado com fatias finas de rosbife, rodelas de tomate, lâminas de mozzarella e orégano, e cortado em quatro partes. Mas permanece no alto do pódio.

Bauru do Ponto Chic

Rende 1 porção

INGREDIENTES

- 1 colher (café) de manteiga
- 1 fatia de queijo estepe
- 1 fatia de queijo prato
- 1 fatia de queijo suíço
- 1 pãozinho francês, de preferência um pouco maior que o normal, pesando entre 55 e 60 g
- 5 fatias finas de rosbife de lagarto, assado sem tempero
- 2 rodelas de tomate
- 2 rodelas grandes de pepino em conserva
- Água quanto baste
- Sal a gosto

PREPARO

Coloque cerca de 100 ml de água numa frigideira ou panela rasa. Junte a manteiga e leve ao fogo. Aqueça até que se forme uma camada de gordura por cima. Diminua o fogo. Acrescente os queijos, aos poucos, mexendo sempre e colocando mais água quando necessário, até obter uma pasta uniforme. Cuide para o queijo não derreter demais. Corte o pão ao meio, no sentido do comprimento. Retire um pouco do miolo. Acrescente dentro do pão as fatias de rosbife, polvilhando-as com um pouco de sal. Depois, coloque o tomate e o pepino. Finalmente, incorpore a pasta de queijo. Feche o bauru e sirva-o cortado na diagonal.

Beirute É Aqui

Desde que Lorde John Montagu teve a ideia de pedir um sanduíche, no século XVIII, enquanto jogava whist, a receita já mereceu inúmeras variações pelo mundo afora. Ele ordenou ao mordomo que abrisse um pão ao meio, colocasse sobre uma metade lâminas de rosbife, fechasse com a outra e entregasse o produto final para comer, pois desejava recuperar o dinheiro perdido e não podia afastar-se das cartas do baralho. Certamente não foi o inventor da especialidade. Na Roma Antiga existia até uma Via Panisperna, nome latino que significa pão com presunto. Mas o quarto Conde Sandwich – o título nobiliárquico que mais o orgulhava – foi quem a batizou.

A revolução industrial e o desenvolvimento do comércio impulsionaram a difusão do sanduíche nos centros urbanos. Com pouco tempo para almoçar, os operários, comerciários e funcionários de repartições públicas necessitavam fazer refeições rápidas, ao meio-dia ou nos demais intervalos do trabalho. A emergente classe média também assimilou a novidade, junto com estudantes, boêmios e aí por diante. Assim o sanduíche se estendeu democraticamente a todas as classes sociais. Surgiram nessas circunstâncias o hambúrguer e o cachorro-quente, ambos nos Estados Unidos, no século XIX. E, na primeira metade do século XX, apareceram no Brasil o bauru e o beirute, entre outros. Não por acaso, o fenômeno começou em São Paulo, quando a cidade se industrializava e o comércio se desenvolvia.

O bauru foi criado em 1936, no Largo Paissandu, no ainda hoje existente bar Ponto Chic. Já o beirute, lançado beiruth, teria surgido na extinta lanchonete Dunga, no Paraíso, e depois migrado para o Bambi; ou então nasceu no segundo estabelecimento. Os descendentes dos fundadores das duas casas divergem quanto ao berço do sanduíche. Em que ano? Entre 1945 e 1950, data da fundação do Bambi. Também se destacaram no preparo inicial do beirute o Flamingo e o Frevo ou Frevinho, ambos nos Jardins. O sanduíche consiste em um pão árabe (aquele de formato redondo, chato e oco) aberto, recheado com fatias finas de rosbife, rodelas de tomate, lâminas de mozzarella e orégano, e cortado em quatro partes.

Seus criadores foram os irmãos libaneses Fares e Louis Sader, que imigraram para o Brasil na primeira metade do século XX. Eles trabalharam primeiro na Dunga e a seguir abriram o Bambi, que foi por muito tempo um dos melhores restaurantes de cozinha árabe de São Paulo. Nazima Buraad Sader, viúva de Fares, porém, defende o primado do marido. "Ele foi o verdadeiro inventor do beirute", assegura "Deu-lhe o nome da capital do Líbano para homenagear a terra natal". Até hoje, a clientela é saudosa de outras delícias do Bambi: kibe cru, michui, kafta, homus, steak siberiana e a voluptuosa salada de tomate, além de sobremesas exclusivas à base de sorvete, como hagibaba, lollobrigida e chocolt (chocolate) mou (pastoso) mud (lama), popularizado como chocolamur.

Os fundadores do restaurante eram do ramo. O pai deles havia sido sócio da confeitaria A. F. Sader & Fréres, uma das melhores e mais refinadas da capital libanesa. Destacava-se tanto pela produção de chocolates e doces como pela cozinha do restaurante anexo. Convidava pâtissiers e chefs estrangeiros para exibições grandiosas em Beirute. Depois da morte do pai, Fares correu o mundo. Esteve em Bagdá, Caracas, Montevidéu e, finalmente, instalou-se em São Paulo, onde o irmão já se encontrava. Conheceu Nazima, filha de libaneses e cuja mãe também assinava Sader. Casaram em 1955 e tiveram três filhos.

Era talentoso pâtissier, tendo sido um dos primeiros chocolatiers do Brasil (fazia inclusive gianduia), e excelente cozinheiro. Quando morreu, em 1970, com apenas 52 anos, a mulher e os filhos passaram a cuidar do Flamingo, que funcionava na rua Augusta, outro endereço famoso de cozinha árabe em São Paulo. Mantiveram a casa até 1983, quando encerraram o negócio. Louis e os filhos ficaram com o Bambi, que acabou registrando a marca chocolamur no INPI (Instituto Nacional de Propriedade Industrial) em 1985. Enquanto as duas casas existiram, os cardápios se assemelhavam. Mudavam apenas os nomes dos pratos.

"Hoje, chamam de beirute quase tudo o que é feito no pão árabe", lamenta Nazima. No seu restaurante, as variações do sanduíche se intitulavam flamingo (mozzarella, ovo frito, kafta e tomate); e augusta (mozzarella, presunto, filé mignon picadinho, tomate e orégano). Na casa-mãe, figuravam como bambi 54 e bambi 59. Continuam a existir excelentes beirutes em São Paulo. Os do Frevinho, Arabesco, rede América e Farabbud se destacam pela qualidade.

Ao contrário do bauru, o beirute ainda não se espalhou por todo o território nacional. Em compensação, já debutou internacionalmente. Quando abriu as portas em Londres, no luxuoso bairro de Knightsbridge, em janeiro de 2007, com o propósito de ser "uma referência da cozinha brasileira no mundo", o restaurante Mocotó o colocou no seu cardápio. Touché!

Beirute Original (*)

Rende 1 sanduíche

INGREDIENTES

- 1/2 kg de lagarto limpo, sem gordura (essa quantidade de carne dá para uns 6 ou mais sanduíches)
- 1 tomate
- 1 pão árabe
- 5 fatias finas de mozzarella
- Orégano para salpicar
- Sal a gosto

PREPARO

Em uma panela (pode ser usada a de pressão), cozinhe a carne em água com sal, até ficar macia. Evite que passe demais, para não perder o suco. Depois de fria, corte a carne em finas fatias. Para 1 beirute serão utilizadas 4 a 5 fatias. Corte o tomate, com casca, em 4 fatias finas e salpique-as com sal.
Abra o pão árabe ao meio. De um lado do pão, coloque 4 a 5 fatias de rosbife e, em cima, as rodelas de tomate. Do outro, disponha as fatias de mozzarella e salpique com um pouco de orégano. Leve as duas metades (abertas) ao forno quente (250°C), por cerca de 5 minutos. Retire, feche o beirute e retorne com ele ao forno, por mais 5 minutos. Sirva o sanduíche imediatamente, cortado em quatro partes.

(*) Receita preparada por Nazima Buraad Sader, viúva de Fares Sader e ex-sócia do Bambi e do Flamingo, de São Paulo, SP.

Codo Meletti

Aviú, o Caviar do Brasil

Quando as chuvas anuais param de cair no Pará, entre julho e setembro, emergem à superfície dos estuários dos rios Tapajós, perto de Santarém, e Tocantins, próximo de Cametá, os cardumes de aviú ou avium (*Acetes americanus*). É um microcamarão que mede de 1 a 4 centímetros de comprimento, tem um par de olhos negros e diminutos pigmentos vermelhos no corpo. Os pescadores habitualmente o capturam com o puçá – pequena rede artesanal em forma de cone curto, presa a um aro circular dotado de cabo, feita com mosquiteiro de algodão (o cortinado que nos protege à noite do ataque dos pernilongos). Milhares de minicrustáceos são capturados anualmente.

Fresco, congelado ou seco (forma comum à venda nas feiras e mercados do Pará, mais segura para o armazenamento), o aviú se presta à elaboração de inúmeras receitas: omelete, torta, sopa e farofa, além de enriquecer o arroz, o guisado e a mojica (caldo engrossado com qualquer tipo de fécula). Cozinheiros estrelados o transformam em pratos de autor. O chef Thiago Castanho, dos restaurantes Remanso do Peixe e Remanso do Bosque, em Belém, faz um saboroso caranguejo com farofa de aviú e beiju de queijo curado na folha de bananeira. Em 2013, o microcamarão ganhou um admirador peso-pesado em São Paulo. O chef Laurent Suaudeau passou a prepará-lo em sua escola de arte culinária da rua Groenlândia, no Jardim Europa. "É o caviar do Brasil", afirma ele. "Pena ser tão pouco conhecido entre nós, fora do Pará."

O cheiro do aviú seco evoca o do camarão seco da Bahia. Para torná-lo mais delicado, o chef Paulo Martins (1946-2010), de Belém, embaixador itinerante da culinária paraense e um dos chefs responsáveis – junto com Laurent, Claude Troisgros e Alex Atala – pelo movimento de valorização da cozinha brasileira, mandava lavar o minicrustáceo em água e limão antes do preparo. Mas o sabor é particular. Lembra um pouco o da botarga (ovas da tainha).

O aviú também é encontrado no Maranhão, Ceará, Rio Grande do Norte, Alagoas, São Paulo, Santa Catarina e Rio Grande do Sul. Nesses estados, porém, não tem importância culinária. Foi o Pará que o promoveu a excelência gastronômica, até porque em nenhum lugar se revela tão abundante como naqueles pontos do Tapajós e Tocantins.

Estuários e áreas costeiras tropicais, subtropicais e temperadas de vários países do mundo produzem camarõezinhos assemelhados ao aviú, cujas espécies foram cientificamente classificadas em 14. As populações do Sudeste da Ásia e do Sul da China, por exemplo, pescam intensamente uma delas (*Acetes japonicus*), para transformar em pasta alimentar essencial à elaboração de muitos curries. Esses camarõezinhos recebem diferentes nomes: terasi na Indonésia, ngapi na Birmânia, bagoong alamang nas Filipinas, mam tep ou mam tom no Vietnã e jeung em Cantão (China).

Todos os anos são capturadas no Sudeste da Ásia e no Sul da China cerca de 560 mil toneladas do minicrustáceo, inclusive pelo fato de seus instrumentos de pesca não revelarem a mesma precariedade dos utilizados pelos caboclos do Pará. Do outro lado do mundo, existem redes de saco e de cerco, muitas vezes de nylon. A pasta alimentar é bastante disputada no mercado. O caviar do Brasil, porém, oferece uma vantagem: preço baixo. Em Belém, o quilo de aviú seco sai por aproximadamente 15 reais – verdadeira barbada se levarmos em conta que se trata de uma preciosidade.

Omelete de Aviú

Serve 2 porções

INGREDIENTES

- 200 g de aviú
- 1/2 litro de água
- Suco de 2 limões
- 6 ovos
- 2 colheres (sopa) de azeite de oliva
- 1 colher (sopa) de cebola bem batidinha
- Salsinha picada para polvilhar
- Sal a gosto

PREPARO

Em uma bacia, lave o aviú, delicadamente, na água com o suco dos limões. Escorra e reserve. Em uma tigela, bata bem os ovos com um fouet (batedor manual) e tempere com sal.
Em uma frigideira, doure a cebola no azeite de oliva, junte o aviú, refogue rapidamente e misture os ovos. Assim que a omelete encorpar, vire-a com a ajuda de uma prato, para que cozinhe do outro lado. Sirva-a salpicada com a salsinha.

Içá, o Caviar de Taubaté

A primeira farofa de içá ninguém esquece, até porque a primeira reação é sempre de espanto. Comer a bundinha repleta de ovas da saúva – a formiga conhecida também por tanajura, cujo ataque voraz os agricultores comparam ao efeito de uma nuvem de gafanhotos – assusta qualquer um. Iguaria dos índios que Pedro Álvares Cabral encontrou no Brasil, foi assimilada pelos colonizadores portugueses instalados na região sudeste, principalmente em São Paulo, onde a tradição subsiste no Vale do Paraíba do Sul.

Qual o sabor da bundinha da saúva? Sobre esse quesito, os apreciadores nunca chegaram a um consenso. Auguste de Saint-Hilaire, o explorador francês que percorreu o Brasil no início do século XIX realizando pesquisas botânicas e fitogeográficas, comparou-o ao mais delicado dos cremes. O livro *Cozinheiro Nacional*, atribuído a Paulo Salles e talvez editado em 1884, ao publicar uma receita de "tanajura frita", afirma assemelhar-se ao camarão. Outros dizem lembrar o leite condensado. Já a população instalada às margens do Paraíba do Sul acha o sabor do içá parecido com o piruá, o grão de milho que não estoura ao ser feita a pipoca.

No livro *Caminhos e Fronteiras* (Companhia das Letras, São Paulo, 1994), o sociólogo e historiador Sérgio Buarque de Holanda levanta a hipótese de a campanha para erradicar as saúvas das lavouras, promovida pelos jesuítas estabelecidos em São Paulo a partir do século XVI, ter estimulado o consumo da bundinha da formiga. Segundo ele, até o século XIX o quitute era vendido no centro da capital paulista, em tabuleiros, pelas negras quitandeiras, ao lado de comidas típicas como biscoito de polvilho, pé de moleque, cuscuz de bagre ou camarão, pinhão quente, batata assada no forno e cará cozido. Não por acaso, os cariocas chamavam os paulistanos de "comedores de içás".

O militar, escritor e folclorista mineiro José Vieira Couto de Magalhães, no livro *Viagem ao Araguaya* (Tipographia Provincial, 1863), registrou o prestígio desse hábito alimentar entre a população da cidade de São Paulo. Primeiro, ela saboreava a bundinha da saúva em público; depois, às escondidas. Mas os paulistanos detestavam ser chamados de "comedores de içás". Segundo Couto de Magalhães, em meados do século XIX, o estudante de Direito Júlio Armando de Castro, apelidado de O Bocage Acadêmico, "em pleno teatro de gala, pois era um 7 de setembro, bateu palmas e, no meio de pasmo geral, seguido de gargalhadas dos estudantes, daí resultando formidável rolo, começou a recitar um soneto que principiava assim: Comendo içá, comendo cambuquira, / Vive a afamada gente paulistana, / e aqueles a que chamam caipira, / que parecem não ser de raça humana". Couto de Magalhães afirmou que o jovem irreverente nem pode concluir a declamação. Ameaçado de linchamento, fugiu às pressas, escoltado pelos colegas. E não só do teatro. Precisou concluir o curso no Recife.

O escritor Monteiro Lobato, figura de relevo na literatura do Vale do Paraíba do Sul e do Brasil, chamava a bundinha da saúva de "caviar de Taubaté". Em 1945, escreveu uma carta à prima Bijoca, residente naquela cidade. Agradeceu o envio de uma latinha com a iguaria já torrada e fez este comentário: "Como você sabe, o famosíssimo e apreciadíssimo caviar da Rússia é a ova dum peixe de nome esturjão; e o que é o abdome (vulgo bundinha) do içá senão a ova da formiga saúva?".

As revoadas do içá na bacia do Paraíba do Sul acontecem no final do ano. Preparadas para a reprodução, as fêmeas virgens da saúva aproveitam os dias de sol para sair dos ninhos e encontrar os sabitus – os machos –, igualmente alados. O acasalamento acontece no ar. Os machos morrem em seguida, completamente extenuados, enquanto as fêmeas que eles fecundaram, cheias de vitalidade, libertam-se das asas e usam o poderoso ferrão para cavar novos formigueiros. Nesse momento são atacadas pelos pássaros e capturadas pela população. Antigamente, as crianças trocavam as aulas nas escolas pela sua caça. A farofa não é a única destinação das bundinhas da saúva. Elas também podem ser fritas e batidas no pilão; acrescidas de farinha de mandioca, viram paçoca de içá.

No século XIX, o Brasil exportou para os Estados Unidos içás cobertos de chocolate. Outros países do continente também apreciavam o docinho. Mas, em sua terra natal, o hábito de consumir o "caviar de Taubaté" está ameaçado. A região banhada pelo Paraíba do Sul passou por vertiginoso desenvolvimento. Hoje, concentra 3.000 indústrias, muitas de grande porte (automobilísticas, farmacêuticas, alimentícias etc.) e 1,5 milhão de habitantes. Por esse motivo e pelo fato de a população do interior, com receio de passar por ignorante ou atrasada, agora se esconder para comer içá, o consumo diminui. Arrefece mais uma tradição. Seu desaparecimento representaria uma perda para o patrimônio cultural do Brasil.

Farofa de Içá

Rende 4 porções

INGREDIENTES

- 2 xícaras (chá) de içás (traseiros das fêmeas da formiga saúva)
- 1 colher (sopa) de sal
- 2 colheres (sopa) de óleo
- 1 xícara (chá) de farinha de mandioca
- Água quanto baste

PREPARO

Descarte as cabeças, as perninhas e as asas dos içás. Separe os traseiros (abdomes) das formigas e coloque num recipiente. Cubra com água, junte o sal, misture e deixe de molho por cerca de 30 minutos. Escorra e reserve.
Numa panela de fundo grosso, de preferência de ferro, aqueça o óleo, junte os traseiros bem escorridos e vá misturando em fogo forte, delicadamente, até ficarem bem torradinhos. Acrescente a farinha de mandioca aos poucos, diminua o fogo e continue mexendo, até os sabores se mesclarem.

Sardella, o Caviar dos Pobres

Os imigrantes calabreses que desembarcaram no Brasil entre os anos de 1876 e 1920 e se concentraram, sobretudo, no bairro do Bixiga, em São Paulo, trouxeram uma cozinha de forte personalidade. Sua região natal, localizada no sul da Itália, no bico da bota formada pelo mapa daquele país, desenvolveu-a isolada dos grandes centros e subjugada por uma economia feudal. Não se trata de uma cozinha refinada.

Oferece pratos antigos, muitos deles severamente condimentados, porém muito saborosos. Caiu no gosto da população paulistana. Um embutido introduzido pelos imigrantes, a linguiça calabresa, espalhou-se pelo país. Cobre pizza, recheia sanduíche, serve-se no aperitivo etc. Já o prato calabrês mais prestigiado em São Paulo é um antepasto: a sardella. Cremosa e picante, ela enriquece o couvert de uma infinidade de restaurantes paulistas, em especial daqueles de inspiração italiana. O sabor é ardente. Mas a cozinha calabresa não foi criada para os paladares frouxos.

A sardella é preparada em São Paulo com pimentão vermelho, tomate, alice (antes era sardinha), pimenta calabresa ou dedo-de-moça, louro, alho, erva-doce, azeite e sal. Mas a receita comporta outros ingredientes. Come-se espalmada sobre fatias de pão italiano, às vezes ligeiramente torrado. Alguns incorporam cebola picada ou em rodelas. Outros poucos a diluem em azeite quente para convertê-la em molho de macarrão.

Historicamente, a receita surgiu na comuna de Crucoli, província de Crotone, atualmente com pouco mais de três mil habitantes. Localidade muito antiga, tem origem romana. Todos os anos, no segundo domingo de agosto, realiza-se em seu centro histórico a festa popular Sagra della Sardella, instituída em 1972. Além do picante antepasto, a culinária de Crucoli tem outros pratos que enriquecem o cardápio típico italiano. Entre eles, o maccarruni a' ferretti, o pitti fritti e os crustuli.

A receita da sardella difundiu-se por toda a região, alcançando a província de Catanzaro, de onde vieram muitos dos calabreses que imigraram para São Paulo. Hoje, é conhecida em todos os lugares do mundo para onde eles imigraram, como os Estados Unidos e Canadá. Os italianos a chamam de caviar de Crucoli, caviar do sul e, mais frequentemente, caviar dos pobres.

A palavra sardella significa, em português, sardinha. O antepasto recebeu o mesmo nome do peixe. Em Crucoli, que se autodenomina "il paese della sardella", preparam-no com bianchetto (filhote de sardinha), peperoncino (variedade ardente da *Capsicum annuum*, com 150/200 mm de comprimento e 30/35 mm de diâmetro), pimentão vermelho assado no forno, erva-doce selvagem e sal. Entretanto, em outros lugares da região, as receitas mudam o ingrediente principal. Exemplo: substituem o bianchetto por alice (filezinho da anchova curtido em muito sal e azeite de oliva). A época do ano e o peixe da ocasião influenciam na troca.

Os melhores filhotes de sardinha são capturados em abril, ainda pequeninos. "Devem ter o tamanho de uma folha de oliveira", recomendam os calabreses. Lavados em água fresca e secos, vão para um tabuleiro de madeira onde descansam cobertos com uma toalha. A seguir, são transferidos para um recipiente de terracota, entremeados de sal. A água que liberam se transforma na salmoura que os conserva. Em setembro, prepara-se o antepasto. A sardella também pode ser feita com sardinhas adultas, mas nesse caso se torna menos prestigiada.

O baixo custo, a facilidade de preparo e o sabor apetitoso tornaram a sardella diluída em azeite quente o molho do macarrão dos pobres de Crucoli. Na terra natal, também enriquece as pitte (fogaças de massa de pão). Outra preparação com a qual vai bem: o ovo frito. Mas a melhor maneira de comer sardella é geralmente como antepasto, espalmada no pão. Foi dessa maneira que seduziu o gastrônomo, crítico de vinhos e escritor milanês Luigi Veronelli (1926-2004). "A sardella alcançou o máximo da minha avaliação", afirmou ele. Na década de 90, visitando o Brasil, Veronelli provou e aprovou a que lhe ofereceram em São Paulo.

Sardella

Rende cerca de 500 g

INGREDIENTES

- 8 pimentões vermelhos grandes
- 1 kg de tomates maduros
- 3 folhas de louro
- 4 dentes de alho grandes amassados grosseiramente
- 50ml de azeite de oliva
- 250g de alice (passe o alice ligeiramente em água corrente para perder o excesso de sal)
- Pimenta-dedo-de-moça picada a gosto
- Erva-doce seca a gosto
- Azeite extravirgem de oliva o quanto baste
- Sal a gosto
- Fatias de pão para acompanhar

PREPARO

Corte os pimentões ao meio e retire as sementes e a membrana branca. Descasque os tomates, descartando as sementes. Corte os pimentões e os tomates em pedaços e bata-os no liquidificador, até obter um composto uniforme. Se for necessário, pingue um pouco de água, cuidando para a mistura não ficar líquida. Leve esse composto ao fogo brando, com o louro, a erva-doce, o sal, a pimenta e deixe reduzir, até tomar consistência. Em uma frigideira, frite o alho em 50 ml de azeite de oliva e junte-o à pasta de pimentões. Amasse delicadamente o alice com um garfo e misture-o, também, à pasta de pimentões. Sempre em fogo baixo, deixe levantar fervura e, se necessário, reduza um pouco mais. Passe a sardella para um recipiente com tampa e cubra-a com azeite extravirgem de oliva. Espalhe-a sobre fatias de pão antes de comer.

As Gostosas Coxinhas Francesas

Separados por rivalidades políticas, os ex-presidentes Luiz Inácio Lula da Silva e Fernando Henrique Cardoso, antigos companheiros de oposição ao regime militar, hoje concordariam só em um ponto: ambos gostam de coxinha. O senador Eduardo Suplicy, o ex-ministro Delfim Netto e muitos outros paulistanos natos ou adotivos demonstram igual apreço por esse salgadinho à base de carne de galinha, empanado com massa de farinha de trigo e frito.

Foi o pitéu reconfortante solicitado pelo publicitário Washington Olivetto ao ser libertado do sequestro, em fevereiro de 2002. Ele permaneceu 53 dias em um cubículo da Rua Kansas, no bairro do Brooklin, da capital paulista, alimentado com comida ruim. O cronista Matthew Shirts, um americano radicado na Pauliceia, identificou o significado subliminar do gesto de Olivetto. "A coxinha é, para mim (e para muitos, desconfio), uma das 'madeleines' da cultura paulistana" (*Veja São Paulo*, Editora Abril, 18 de julho de 2012).

São Paulo promoveu o salgadinho a porta-bandeira dos seus bares, botecos e lanchonetes. Virou o mais amado da cidade. Bate em popularidade o bolinho de bacalhau, o pastel, a empadinha e o quibe frito. No Rio de Janeiro acontece o contrário. Preferem-se o bolinho de bacalhau, o pastel e a empadinha. As coxinhas são encontradas nas bancas de caldo de cana das feiras livres. Em compensação, o Rio de Janeiro foi a primeira cidade do Brasil a preparar o salgadinho, no início do século XIX. A Confeitaria Colombo, instalada no velho centro carioca, prepara-o ininterruptamente há 118 anos, ou seja, desde a inauguração. Daí por que suas receitas ilustram esta reportagem. Foram elaboradas pelo mineiro Renato Freire, chef executivo daquele estabelecimento histórico.

Não existe um único tipo de coxinha, mas pelo menos três: a creme, a comum e a villerroy. Aí as opiniões se dividem. A primeira, considerada pioneira, que é feita com a coxa inteira, envolta em creme e empanada, deve incluir a sobrecoxa para virar refeição completa? E a comum, à base de carne desfiada ou picada na faca, pode levar esse ingrediente moído? Na massa vai só farinha de trigo e de rosca ou purê de batata? A villerroy (homenagem ao marechal homônimo, súdito do rei Luís XV) presta-se só ao consumo no aperitivo? E que tal uma camada interna de Catupiry, para o queijo "vazar queixo abaixo", como descreve o jornalista Humberto Werneck, um mineiro que vive há anos em São Paulo?

Para completar, como chamar o salgadinho? Coxinha de galinha ou de frango? Alguns defendem o primeiro nome, argumentando tratar-se do original; outros o segundo, pelo fato de hoje se utilizar mais a ave jovem. E quem faz a melhor coxinha em São Paulo? O restaurante Attimo, o Bar Número, o Bar do Luiz, a churrascaria Dinho's Place, os bares Veloso e Frangó, as confeitarias Dulca e Di Cunto? Ou seria a Padaria Real, de Sorocaba, a 96 quilômetros da capital, cujo salgadinho mais famoso tem crosta crocante, massa leve e recheio de frango desfiado, com tempero de cheiro verde e sal? Impossível um consenso. E no Rio de Janeiro? A veterana Confeitaria Colombo ou a rede Viena?

Outro motivo de discussão é onde surgiu a coxinha. Antigas padarias, bares, lanchonetes e confeitarias paulistas e cariocas disputam sua invenção. Até hoje, porém, nenhuma apresentou prova da paternidade. Por último, espalha-se a versão de que o salgadinho foi inventado no final do século XIX em uma fazenda do município paulista de Limeira, a 144 quilômetros da capital. Teria sido criado para um dos filhos da princesa D. Isabel, mantido longe da família por ser deficiente mental. "A mãe não queria mostrar o filho doente à corte do Rio de Janeiro", dizem. "Por isso, entregou-o aos cuidados de amigos de Limeira."

Enjoado à mesa, o garoto só comia coxas fritas, sem empanar. Não havia galinha que chegasse. Afinal, cada animal fornece apenas duas coxas. Ora, o rapaz tinha o sangue dos Bragança, uma linhagem apaixonada pelos galináceos (Galliformes), ordem de aves com 61 gêneros e 215 espécies no mundo, que inclui a galinha, o peru, o faisão e a perdiz. O rei D. João VI, trisavô do suposto filho de D. Isabel, por exemplo, devorava seis frangos por dia, três no almoço e os demais no jantar, embora registros mexeriqueiros garantam que chegavam a nove.

Certo dia a cozinheira da fazenda de Limeira, dispondo só de uma penosa, desfiou-lhe a carne, dividiu em porções, envolveu em massa, moldou no formato de coxa (alguns falam pera) e depois fritou. O rapaz gostou tanto que comeu sem parar! Diz-se que sua mãe conheceu a novidade quando o visitou na cidade, em 1878 ou 1886, aderindo ao cordão de fãs. Essa versão foi publicada por Maria Nadir Galante Cavazin no simpático livro *Histórias e Receitas – Sabor, Tradição, Arte, Vida e Magia* (Sociedade Pró-Memória de Limeira, 2000). Nos últimos anos, as revistas e a internet a espalham.

Entretanto, não passa de lenda estadual. Falta-lhe sustentação histórica. Só é certo que D. Isabel esteve em Limeira, no final do século XIX, hospedando-se na Fazenda Morro Azul, também conhecida por Fazenda do Imperador, por igualmente receber seu pai, D. Pedro II. Mas a visita, como as realizadas a outras cidades da região, entre as quais Rio Claro e Araras, tinham o objetivo político de estreitar laços com as famílias aristocráticas e legitimar o poder monárquico.

Mais: os três filhos de D. Isabel – os príncipes D. Pedro de Alcântara, D. Luís Maria Filipe e D. Antônio Gastão Filipe – moravam com ela no Paço Isabel, atual Palácio da Guanabara. Ali residiram até a Proclamação da República, em 15 de novembro de 1889. Todos desfrutavam de excelente saúde mental e física. O mais velho, D. Pedro, rapaz esperto e sensível, tinha 14 anos quando a República foi proclamada. Deve-se a ele um gesto tocante na partida para o exílio. Sob os aplausos dos pais e avós, soltou uma pomba na altura de Fernando de Noronha, que levava para o Brasil uma mensagem com "as últimas saudades da Família Imperial".

O segundo filho da princesa, D. Luís Maria, tornou-se o herdeiro do extinto trono imperial com a renúncia do irmão mais velho, exigida pela mãe por motivos dinásticos: casou-se com uma mulher da média nobreza, que, portanto, não estava à altura de ser a rainha da monarquia brasileira. A partir de então, preparou-se para assumir o governo nacional. A Família Imperial nunca perdeu a esperança de voltar ao Brasil, "para corrigir os desastres dos governos republicanos". D. Luís Maria era chamado de "Príncipe Perfeito". O terceiro filho de D. Isabel, D. Antônio Gastão, enveredou para a carreira militar. Alistou-se no Exército do Império Austro-húngaro e depois na Marinha Britânica, como piloto de aviões.

Sim, havia um deficiente mental na Família Imperial do Brasil – mas que igualmente nunca deixou de residir no Rio de Janeiro, nem de receber até mesmo o afeto do avô, D. Pedro II. Era filho de d. Leopoldina, única irmã da rainha que o Brasil não quis ter. Chamava-se D. Pedro Augusto e a ameaça republicana o perturbava. R. Magalhães Júnior, no livro *O Império em Chinelos* (Editora Civilização Brasileira, Rio de Janeiro, 1957), conta que o príncipe sofria de terrores noturnos e chegou a dormir debaixo da cama, apavorado com os comícios republicanos. "Não podia compreender que a monarquia caísse pacificamente", diz o autor. "Via em tudo sinais de tragédia, profecias sinistras, antecipações de acontecimentos funestos."

Entretanto, a família nunca o despachou para longe e nem sequer o escondeu. Ao contrário: como D. Pedro Augusto gostava de dançar, foi levado por d. Pedro II ao último baile da monarquia, no Palácio da Ilha Fiscal, em 9 de novembro de 1889. O príncipe era pé de valsa, mas dava passos desengonçados nas quadrilhas, polcas e mazurcas. Os distúrbios mentais chegaram ao extremo com a proclamação da República. D. Pedro Augusto morreu em um hospício nos arredores de Viena.

Até prova em contrário, a receita da coxinha aportou no Brasil em 1808, quando a trisavó de D. Isabel, a rainha D. Maria I, e seu bisavô, o príncipe regente D. João, escapando das tropas de Napoleão que invadiram Lisboa, instalaram o governo no Rio de Janeiro. A corte lusitana já saboreava a coxinha. Tudo indica que ela foi introduzida em Portugal (onde até hoje a preparam) pelo francês Lucas Rigaud, cozinheiro de D. Maria I. Portanto, D. Isabel, nascida no Brasil em 1846, conhecia a coxinha desde criança, décadas antes de ir a Limeira.

No ano de 1780, Rigaud lançou em Lisboa o livro *Cozinheiro Moderno ou Nova Arte de Cozinha*, reeditado em 1999 pela Colares Editora, de Sintra, Portugal. Nas páginas 107 e 108 da última edição, há uma receita de "coxas de frangas ou galinhas novas". Desossam-se 10 ou 12 aves, conservando a pele, e se recheia com um "picado fino". Mergulha-se no béchamel (molho branco) ligado com gemas. Fecha-se com barbante, passa-se em ovos batidos, pão ralado fino e frita-se em banha. Qualquer semelhança com a nossa coxinha não é mera coincidência.

Portanto, a coxinha não foi inventada no Brasil, porém na França. "Não tenho a menor dúvida quanto a isso", afiança o chef Laurent Suaudeau. Sua convicção se apoia no livro *L'Art de la Cuisine Française au XIXème Siécle – Traité des Entrées Chaudes* (Dentu, Librairie, Palais-Royal, Galerie d'Orléans, Paris, 1844), do parisiense Antonin Carême (1784-1833). Nas páginas 268, 269 e 270, o maior cozinheiro de todos os tempos chama a coxinha de "croquette de poulet" (croquete de frango) e já aconselha a moldá-la "en forme de poires" (em forma de peras). "Obviamente, a receita foi modificada no Brasil", diz Laurent. "Do ponto de vista técnico, porém, é a mesma". Guilherme Figueiredo, no capítulo "As aves que aqui gorjeiam", do livro *Comidas, Meu Santo!* (Editora Civilização Brasileira, Rio de Janeiro, 1964), já sabia disso: "Quanto à coxinha de galinha, esta sim é seguramente de origem francesa. Hoje, carioquíssima". E completou com uma brincadeira maliciosa: "A melhor é a tostada ao sol, em Copacabana".

Reinaldo Mandacaru

Coxinha Creme (*)

Rende 10 unidades

INGREDIENTES

GALINHA E CALDO

- 10 pernas inteiras (coxa e sobrecoxa) de galinha
- 1 xícara (chá) de alho-poró picadinho
- 1/2 cebola picadinha
- 1 cenoura picadinha
- 1 xícara (chá) de aipo picadinho
- 2 folhas de louro
- 20 grãos de pimenta-do-reino inteiros
- Água o quanto baste
- Sal e pimenta-do-reino moída na hora a gosto

CREME

- 1 1/2 litro de caldo de galinha
- 1/2 litro de leite integral
- 150 g de farinha de trigo
- 150 g de amido de milho
- 4 gemas
- Sal a gosto

EMPANAR E FRITAR

- 4 claras ligeiramente batidas
- Farinha de trigo o quanto baste
- Farinha de rosca o quanto baste
- Óleo abundante para fritar

(*) Receita da Confeitaria Colombo, do Rio de Janeiro, preparada pelo chef Renato Freire.

PREPARO

GALINHA E CALDO

Limpe bem as pernas das galinhas, tirando as peles e as cartilagens. Raspe com uma faca afiada o osso da ponta da coxa para dar um bom acabamento. Tempere com sal e pimenta-do-reino moída. Reserve por pelo menos uma hora. Coloque os demais ingredientes em uma panela grande e leve ao fogo até ferver. Nesse momento, adicione as pernas (coxas e sobrecoxas) que estavam reservadas. É importante que elas fiquem bem submersas no líquido. Cozinhe-as em fogo baixo, sem ferver, até ficarem macias. Retire-as do caldo e deixe-as amornar. Em seguida coloque-as na geladeira até esfriarem.
Coe o caldo do cozimento e retire o excesso de gordura que ficou na superfície.

CREME

Em uma panela, leve ao fogo o caldo do cozimento da galinha com metade do leite. Em um recipiente, misture o restante do leite frio com a farinha de trigo, o amido de milho e as gemas. Passe essa mistura por uma peneira e despeje sobre o caldo fervente. Mexa vigorosamente com um batedor de arame até formar um creme liso e espesso. Ajuste o sal, se necessário. Retire a panela do fogo e mexa o creme para baixar um pouco a temperatura. Segure cada perna pela extremidade do osso limpo e passe no creme para formar uma película. Repita o procedimento com todas as pernas e deixe esfriar totalmente.

EMPANAR E FRITAR

Passe as pernas na farinha de trigo, depois nas claras e finalmente na farinha de rosca. Deixe na geladeira por 15 minutos. Frite-as em óleo abundante a 160°C até ficarem douradas e sequinhas.

Sal, Mandinga e Futebol

Dirigentes do São Paulo F. C. espalharam sal grosso em um dos degraus da escada do Estádio do Morumbi, através da qual os jogadores têm acesso ao gramado, no dia 25 de agosto de 2013. Era para esconjurar o jejum de vitórias no Brasileirão, que já durava 12 partidas. A mandinga funcionou. O São Paulo venceu o Fluminense do Rio de Janeiro por 2 a 1.

Não é pouco o poder que a fé do povo atribui ao sal grosso, ao contrário. "Afasta o azar, a inveja, o mau-olhado, a doença e as energias negativas", sustentam os crentes. Alguém atravessa um momento difícil na vida? Que tome banho de sal grosso! Uma mulher disputa um homem com outra? Que ponha sal grosso na porta da casa da outra! A rival será abandonada pelo homem.

Turbina-se o efeito do sal grosso associando-o a outra crendice. No Estádio do Morumbi, foi estendido no terceiro degrau da escada, contado debaixo para cima. Três é um número propiciador, com magia fundamentada na saga cristã. O mistério da Santíssima Trindade preconiza que Deus é único, mas reunido em três figuras distintas: o Pai, o Filho e o Espírito Santo. Três reis magos levaram presentes a Jesus ao nascer. As Sagradas Escrituras contam que Cristo foi pregado na cruz "na terceira hora" (Mc 15.25). Três mulheres cuidaram do seu corpo. Ele ressuscitou ao terceiro dia.

Na magia, sal grosso ou fino, que são a mesma substância (cloreto de sódio), têm destinação ambivalente. Servem também para amaldiçoar. Os executores de Tiradentes salgaram o terreno da casa onde ele morava, em Vila Rica, para que nada voltasse a nascer ali. Luiz da Câmara Cascudo, em um dos capítulos do livro *Superstições e Costumes* (Antunes & Cia., Rio de Janeiro, 1958), mostra uma faceta diferente do sal.

Conforme o mestre do folclore, comê-lo junto com uma pessoa reforça laços de convivência. Na França, aconselha-se comer "un miud de sel" com o futuro amigo. Em uma das histórias orientais das *Mil e Uma Noites*, um homem participa de um assalto ao tesouro do rei. No meio da escuridão, vislumbra alguma coisa branca que brilha e a toca com a língua. Muda imediatamente de lado. Considera-se hóspede do rei, ligado a ele pelo laço da hospitalidade estabelecida pelo sal. Enfrenta os outros ladrões e os obriga a interromper o assalto.

Segundo Cascudo, justamente pelo fato de ser um símbolo de amizade, derramar sal é um gesto de repúdio, de traição. Leonardo da Vinci, no afresco *Última Ceia*, pintou um saleiro entornado diante do cotovelo de Judas. O traidor de Cristo se matou a seguir. Acredita-se que a Igreja Católica tenha assimilado esse e outros significados do sal para incorporá-lo aos seus rituais. Até 1973, empregou-o no batismo das crianças. O oficiante tomava o sal na mão e fazia o batizando provar uma pitada. Simbolicamente, purificava as culpas e pecados, acendia a luz da fé e promovia a aliança com Deus.

Na raiz das superstições em torno do sal se encontra a perplexidade do homem primitivo com seus prodígios na alimentação. Até o século XX, foi a mais importante substância para conservar e manter o sabor dos alimentos. Sem o sal não haveria o charque e o bacalhau, por exemplo.

Os exércitos e os navegadores de antigamente teriam passado fome em suas expedições sem dispor da comida preservada pelo sal. Ele também beneficiou a indústria moderna. Do pão de fôrma ao presunto, nenhuma substância natural prolonga mais a validade dos alimentos e lhes dá tanto sabor.

O organismo humano precisa do cloreto e do sódio reunidos no sal para manter o equilíbrio do corpo, a atividade dos músculos e nervos. Mas a medicina quer acabar com ele. Alega que seu consumo excessivo aumenta a pressão arterial e causa problemas renais, arritmia, infarto etc. Se o sal for banido, porém, nossa comida ficará insípida e, nos próximos encontros, o São Paulo levará goleadas do Fluminense.

Robalo ao Sal (*)

Rende 4 porções

INGREDIENTES

- 1 robalo inteiro com cerca de 1 kg, limpo e desviscerado. Mantenha as barbatanas e as escamas
- 8 claras
- 30 g de farinha de trigo
- 2 kg de sal grosso
- Folhas de alecrim
- Sal fino a gosto

ACOMPANHAMENTOS (OPCIONAIS)

- Verduras e legumes grelhados
- Alcaparras
- Azeite extravirgem de oliva para regar

PREPARO

Com um fouet (batedor manual), bata as claras em neve e depois misture a farinha de trigo. Misture o sal grosso. Amasse com as mãos até obter uma pasta homogênea

Tempere o interior da barriga do peixe com um pouco de sal fino e com algumas folhas de alecrim. Cubra a abertura com um pedaço de papel-alumínio, para que a barriga não entre em contato com a pasta de sal.

Forre uma assadeira com papel-alumínio e coloque por cima um pouco da pasta de sal. Deposite o robalo sobre essa pasta, cobrindo-o completamente com a pasta restante.

Asse o peixe em forno quente, previamente aquecido, a 190°C, por cerca de 45 minutos, ou até que a crosta de sal fique levemente dourada. Depois de pronto, quebre a crosta de sal. Sirva o peixe imediatamente, com um fio de azeite extravirgem e o acompanhamento desejado.

(*) Receita preparada pelo chef Daniel Colli, de São Paulo, SP

Mães da Cozinha Brasileira

Quando se estabeleceram no Brasil, no século XVI, os portugueses entregaram a cozinha doméstica às índias que escravizaram no País. Chamadas de cunhãs, ensinaram aos novos donos da terra a técnica de moquear, ou seja, de assar e secar lentamente as caças, peixes, moluscos e crustáceos, e receitas à base de mandioca e milho; ao mesmo tempo, aprenderam com eles a refogar, ensopar, fritar e fazer doces.

Mas as cunhãs duraram pouco. Os índios não se adaptaram ao trabalho sedentário e os colonizadores não conseguiram segurá-los. As mulheres os acompanharam. Então, vieram os escravos da África e com eles as segundas cozinheiras dos portugueses e seus descendentes: as mucamas, negras requisitadas para cuidar dos serviços caseiros, do fogão e forno, para acompanhar pessoas da família, às vezes também amas de leite.

O fato de serem escravas não representava uma exclusividade nacional, pois o trabalho doméstico teve origem servil. Foi assim desde a Mesopotâmia, origem da nossa civilização, cujo território correspondia ao moderno Iraque, parte da Síria, Turquia e Irã. Ali ocorreu a transição fundamental da caça para a agricultura, ergueram-se os primeiros templos e cidades, trabalhou-se o metal, apareceram os impérios pioneiros e as receitas mais antigas de cozinha. Inimigos derrotados nos combates pelos mesopotâmicos acabavam presos, escravizados e incorporados ao serviço doméstico. Egípcios, gregos e romanos consagraram essa prática.

O mesmo sucedeu com os eunucos, servos castrados que zelavam pelos haréns dos sultões. Eles também faziam serviços de copa e cozinha. As odaliscas, camareiras escravas a serviço das mulheres dos príncipes muçulmanos, igualmente faziam a comida. Quanto às nossas mucamas, uma das suas originalidades foi a maneira como ampliaram a área de atuação.

No Nordeste brasileiro, com o arrefecimento da exploração agrícola, em virtude de crise no setor, elas se multiplicaram nas cidades. Após a abolição da escravatura, as que continuaram morando com os senhores, em troca de local para dormir e comer, transformaram-se nas primeiras empregadas domésticas do Brasil. Outras partiram para trabalhar em outras casas no mesmo ofício, ou viraram quituteiras autônomas. A formação da cozinha brasileira deve muito a essas mulheres negras.

Segundo Darwin Brandão, no livro A *Cozinha Baiana* (Livraria Universitária, Salvador, 1948), a mais famosa quituteira da Bahia foi Maria de São Pedro. Neta de escravos, nasceu em 1901. Na década de 40, abriu um restaurante no Mercado Modelo, de Salvador, hoje tocado por um filho. Suas especialidades eram vatapá, caruru, efó, xinxim de galinha, moquecas de peixe e de camarão. Quando Getulio Vargas assumiu a Presidência da República, em 31 de janeiro de 1951, convidou-a para fazer o seu banquete de posse.

Outra quituteira da mesma cepa e época, na Bahia, foi a gorda e risonha Maria José, imortalizada pelo compadre Jorge Amado em *Bahia de Todos os Santos* (Livraria Martins Editora, São Paulo, 1945). O escritor baiano contou que a comida do seu restaurante era barata. "Mais gostosa não acredito que exista", acrescentou.

A lista de quituteiras divinas inclui outra figura notável, apesar de imaginária, nascida em São Paulo: Tia Nastácia, "que nunca queimou feijão nem coisa nenhuma", como afirmou seu inventor, o escritor Monteiro Lobato. Era mestra em leitões assados com rodelas de limão, frango capão com farofa e bolo de milho. Narizinho, Pedrinho, a boneca Emília, Visconde de Sabugosa, o suíno Rabicó e todos os que passavam pelo Sítio do Picapau Amarelo disputavam seus bolinhos de chuva. Não por acaso, ao criá-la, Monteiro Lobato se inspirou em uma mucama de carne e osso, chamada Anastácia, provavelmente neta de escravos, que trabalhou em sua casa como cozinheira e babá dos seus filhos. "A ficção imita a vida", diz o provérbio.

Vatapá (*)

Rende 10 porções

INGREDIENTES

- 700 g de bacalhau
- 1 cebola grande cortada em pedaços
- 2 dentes de alho
- 2 tomates grandes, sem pele e sementes, cortados em pedaços
- 1 pimentão vermelho médio, sem sementes, cortado em pedaços
- 1/2 de xícara (chá) de folhas de coentro
- 2 pães de fôrma sem casca
- 1 xícara (chá) de água
- 3 xícaras (chá) de leite de coco
- 1/2 xícara (chá) de azeite-de-dendê
- 1 xícara de camarões secos defumados sem casca e sem as cabeças
- 2 colheres (sopa) de gengibre fresco ralado
- 1 xícara (chá) de castanhas de caju picadas
- Sal e pimenta-do-reino a gosto

PREPARO

Ponha o bacalhau com a pele voltada para cima numa tigela, cubra com água fria e deixe de molho por 36 horas, trocando a água 3 a 4 vezes por dia (se o tempo estiver quente, deixe a tigela na geladeira). No dia do preparo, escorra o bacalhau e elimine a pele e as espinhas. Passe o bacalhau na máquina de moer ou no processador de alimentos junto com a cebola, os dentes de alho, os tomates, o pimentão e as folhas de coentro. Ponha a mistura numa tigela, cubra com filme plástico e deixe pegar gosto. Enquanto isso, numa tigela grande, esmigalhe o pão com as mãos. Umedeça com a água e 1 xícara do leite de coco e deixe de molho por, no mínimo, 30 minutos. Ponha o pão no copo do liquidificador, bata em velocidade alta até triturar bem e passe para uma tigela. Numa panela grande, deite o azeite-de-dendê, leve ao fogo alto, coloque para aquecer e junte a mistura de bacalhau e os camarões secos defumados. Cozinhe, mexendo de vez em quando com uma colher de pau, por 15 a 20 minutos. Acrescente o pão e o leite de coco restante e continue a cozinhar, mexendo sempre, até surgirem bolhas na superfície da mistura. Junte o gengibre e as castanhas de caju, cozinhe por mais 5 minutos, verifique o tempero e acrescente sal e pimenta a gosto. Tire do fogo, passe para uma tigela de barro, de preferência, e leve à mesa.

(*) Receita de Caloca Fernandes, publicada no livro *Viagem Gastronômica Através do Brasil* (Editoras SENAC/Robatto, 6ª edição, São Paulo, 2004).

Uma Africana Nascida no Brasil

Sempre que nos referimos à cozinha tradicional da Bahia ressaltamos sua influência africana. Mas esquecemos de algo essencial: muitos pratos que a caracterizam denotam ascendência portuguesa. Por que dizer que o vatapá veio com os escravos da etnia ioruba, quando ele descende da açorda lusitana? Sua receita, conforme Guilherme Radel, no livro *A Cozinha Africana no Brasil* (Press Color, Salvador, 2006), teve os ingredientes trocados na Bahia por produtos nacionais.

Além disso, o vatapá passou a ir ao fogo, ao contrário do prato que o inspirou. Em vez da água em ebulição da açorda, recebeu leite de coco, o azeite de dendê destronou o de oliva, o pão molhado continuou a ser usado, às vezes cedendo lugar à farinha de rosca e ao fubá, as ervas aromáticas deram espaço às especiarias baianas. Da mesma forma que a matriz europeia, o vatapá incorpora bacalhau, camarão etc. Segundo Radel, o mesmo sucedeu com o caruru, que deriva do esparregado português, no qual as nabiças, espinafres e outras verduras picadas e reduzidas a purê foram substituídas por quiabo, o azeite de oliva pelo dendê, o alho por castanha, amendoim e camarão seco.

Os pratos tradicionais da Bahia têm como principal ingrediente caracterizador o azeite de dendê. Radel e Darwin Brandão, autor de *A Cozinha Baiana* (Livraria Universitária, Salvador, 1948), acreditam que toda a culinária à base desse óleo, espalhada em torno de Salvador – a partir de Feira de Santana, rumo ao sul, já começa a comida sertaneja – tenha alguma contribuição lusitana. Para Radel, as únicas receitas com correspondentes na África seriam as do abará e do acarajé.

Quando ocuparam o Brasil, os portugueses escravizaram os índios para suprir a necessidade de mão de obra e encarregaram as cunhãs, as cozinheiras nativas, de preparar sua comida. Foram elas que começaram a adaptar as receitas europeias aos ingredientes tupiniquins. Entre outras coisas, aprenderam com o colonizador a técnica do ensopado e aperfeiçoaram a moqueca, que antes preparavam como guisado, enrolada em folhas de plantas. Tornaram-na úmida. Entretanto, como não se adaptaram à vida sedentária e ao trabalho braçal, os índios migraram para o sertão. As cunhãs os acompanharam.

Por isso os portugueses trouxeram escravos da África e entregaram suas cozinhas às mucamas – negras habilidosas requisitadas para os serviços na casa-grande ou no sobrado. Encontrando-se em estágio cultural superior ao das cunhãs, elas prosseguiram a adaptação culinária. O resultado, conforme Brandão, foi "uma comida misto de português e africana, mais africana, porque era a negra quem fazia".

Como as mucamas geralmente eram filhas dos orixás – divinizações das forças da natureza ou de um ancestral que em vida obteve controle sobre elas – levaram a comida para os terreiros da sua religião, o candomblé. "A cozinha baiana transformou-se em cozinha dos deuses", sublinha Radel. Hoje, pensa-se que as receitas da comida africana de Salvador e arredores sejam do século XVII e não do anterior, como se acreditava, e que os orixás só começaram a saborear acarajés e abarás nos terreiros da cidade a partir de 1850.

Restam interrogações. Por que em Minas Gerais, Rio de Janeiro e Maranhão, que também receberam milhares de escravos negros, não se desenvolveu uma cozinha de cunho africano? Muitos autores atribuem isso ao fato de não terem uma população homogênea do ponto de vista étnico, de não praticarem a mesma religião, como na Bahia.

Segunda pergunta: por que Cuba, que recebeu os mesmos iorubanos, de idêntica fé, não desenvolveu uma cozinha afro-cubana? Radel pode ter decifrado o enigma. Nenhum desses lugares dispunha de azeite de dendê. No caso de Cuba, houve outra lacuna: faltou o português. Politicamente ecumênico, ele se adaptava a tudo, desde que não lhe tomassem o controle da terra e da produção.

Caruru (*)

Rende 10 porções

INGREDIENTES

- 100 quiabos em pedaços
- 7 quiabos inteiros
- 600 ml de azeite-de-dendê
- 4 cebolas grandes trituradas
- 300 g de camarão seco, um pouco triturado e o restante inteiro (adquira em casas de produtos do Nordeste)
- 250 g de amendoim
- 250 g de castanha-de-caju
- Gengibre ralado a gosto
- Sal a gosto

PREPARO

Depois de picar os quiabos, refogue-os no azeite-de-dendê com os quiabos inteiros, as cebolas e o gengibre.
Acrescente um pouco de água e deixe cozinhar.
Junte os camarões, o amendoim e a castanha, triturados ou batidos no liquidificador. Mexa sempre com a colher de pau.
Corrija o sal, deixe apurar e sirva.

(*) Receita preparada pelo chef baiano Léo Filho, de São Paulo, SP.

Os Cozinheiros de D. João VI

Diz a lenda que, ao longo dos 13 anos, 1 mês e 19 dias vividos no Rio de Janeiro, inicialmente como príncipe regente, depois na condição de rei de Portugal, Brasil e Algarve, D. João VI, homem contido nas emoções, só chorou duas vezes. A primeira foi em 20 de março de 1816, no velório de sua mãe, a rainha D. Maria I, a Louca. A outra, em 26 de abril de 1821, ao regressar à Europa, quando se despediu da cozinheira negra que preparava sua comida cotidiana. Ao conceder-lhe, por gratidão, uma pensão vitalícia, os olhos do guloso D. João se encheram de lágrimas.

O choro pela mãe faz sentido. O príncipe regente sentiu bastante a morte de D. Maria. Sua mãe, chamada inicialmente de "a Piedosa", devido à profunda devoção religiosa e dedicação às obras sociais, foi a primeira mulher a exercer concretamente o poder em Portugal. Sempre o tratou com grande afeto. Afastaram-na do trono no fim do século XVIII, após 15 anos de governo, por apresentar problemas mentais devidos ao pavor de ver implantado em Lisboa o mesmo clima de terror da Revolução Francesa de 1789, assinalado pelas sucessivas execuções da nobreza.

Apesar de viver no Rio de Janeiro, ela não fazia ideia de onde se encontrava. Chegou ali em 7 de março de 1808, ao lado de D. João, o filho extremoso, na nau capitânia Príncipe Real, com os netos Pedro e Miguel. Sua nora, a princesa espanhola Carlota Joaquina, veio na nau Afonso de Albuquerque, com as filhas. A delirante D. Maria I se recusava a sair de Lisboa. Imaginava que pretendiam levá-la ao inferno. Embarcaram-na à força. A esquadra acossada pelas tropas de Napoleão Bonaparte transportava 10 ou 15 mil pessoas, apinhadas em 8 naus, 3 fragatas, 2 brigues, 1 escuna, 1 charrua de mantimentos e 21 navios mercantes, além dos 4 navios de guerra britânicos da escolta. Segundo Laurentino Gomes, no best-seller *1808* (Editora Planeta, São Paulo, 2007), só na nau capitânia, que levava D. João e a mãe, iam 1.054 criaturas. Era um mar de gente. O Rio de Janeiro tinha apenas 50 mil habitantes. Entretanto, já a bordo, D. Maria demonstrou paradoxal tranquilidade. "Não corram tanto", teria pedido. "Vão pensar que estamos fugindo."

Entretanto, é provável que o episódio envolvendo D. João e a cozinheira brasileira não passe de fantasia, até porque a preparação da comida real era tarefa de homem. O acervo de utensílios pesados, de metais variados, formado por caldeirões, panelões, tachos, potes, peneiras, alguidares, almofarizes, fôrmas para bolo, fumeiros, trempes, tripés, prateleiras e fogões a lenha, as enormes moringas de barro, gamelas e pilões de madeira para descascar arroz, triturar o grão do café e fazer paçocas, requeriam braços musculosos em seu manuseio. Ainda em Portugal, nos tempos de lucidez, D. Maria contratou os serviços do francês Lucas Rigaud, autor do livro *Cozinheiro Moderno ou Nova Arte de Cozinhar*, publicado em 1798. O chef estrangeiro achou indigesta a culinária lusitana. Procurou torná-la mais leve, eliminando ingredientes antigos como cominho, gengibre, anis e malagueta. Trocou-os pelo aipo, alcachofra, alecrim, aspargos, chicória, coentro, funcho e manjericão. Além disso, reforçou o uso das sopas, das quais era fã, e substituiu a carne de porco, que detestava, pelas das aves, caças, ovinos e peixes. Sua contribuição foi controvertida. Gilberto Freyre, no livro *Açúcar* (Global Editora, São Paulo, 2007), acusa-o de promover um afrancesamento da cozinha portuguesa, "tão lamentado mais tarde por Eça de Queirós e Ramalho Ortigão".

Existem autores que levantam a hipótese de Rigaud ter vindo ao Brasil com D. João, mas não conseguem saber se o chef francês estava vivo em 1808, quando a corte atracou no Rio. Na verdade, o "mestre dos cozinheiros" ou "das cozinhas", como se falava, que embarcou em Lisboa com o príncipe regente chamava-se Vicente Paulino e o alimentou a bordo lidando com os ingredientes possíveis na travessia: peixe seco ou em salmoura, carne-de-sol, paio, chouriço, presunto, toucinho, galinha e porco, temperados com alho, cebola, alecrim, pimenta, azeite, vinagre e sal. Falecendo em 1813, sucedeu-lhe José da Cruz Alvarenga. Não foi uma substituição tranquila. Outro chef disputou com ele o honroso posto. "Ontem faleceu Vicente Paulino, mestre das cozinhas em cujo lugar hão de haver grandes cacheiradas entre Torres e o Alvarenga, porque ambos querem campar", informou Luiz Joaquim dos Santos Marrocos, o bibliotecário real, em sua correspondência particular. Perdedor na disputa, Torres se conformou em ser ajudante de Alvarenga. "Isso tudo se encontra documentado em nosso acervo", assegura o historiador Carlos Ditadi, pesquisador do Arquivo Nacional, do Rio de Janeiro. Alvarenga não quis voltar para Lisboa. Aposentou-se e continuou a viver no Rio. Segundo a voz do povo, "amancebou-se com uma negra formosa".

C. J. Dunlop, no livro *Rio Antigo*, em três volumes (Editora Rio Antigo, Rio de Janeiro, 1960), assinala que d. João tinha apetite avassalador. "O almoço constava de três frangos, sem molho, acompanhados de fatias de pão torrado, sem manteiga", diz. "Completava a refeição com quatro ou cinco laranjas-da-baía". Alguns textos as trocam por mangas. No final da tarde, repetia o cardápio depois de um passeio pela cidade na carruagem real.

Na merenda, voltava a devorar "três frangos e outras tantas laranjas-da-baía". Elogiava sempre o preparo das aves e, por isso, afeiçoou-se ao cozinheiro. "Só o Alvarenga sabe fazer os frangos como eu gosto", afirmava D. João. O príncipe regente e depois rei comia com as mãos e jogava os ossos no chão. A seguir, lavava as mãos na água de uma bacia de prata ou as limpava diretamente em um guardanapo ou toalha. Os galináceos sempre lhe deram água na boca. Era uma predileção familiar, que vinha de D. João IV (1608-1656), primeiro soberano da dinastia, e alcançaria o neto D. Pedro II (1825-1891), imperador do Brasil, fanático por canja de macuco. Os Braganças comiam aves grelhadas ou assadas no forno, ensopadas, desfiadas, com arroz. Gostavam particularmente de duas velhas receitas de galinha: a albardada, envolvida com gemas e claras batidas, frita na manteiga e temperada com açúcar; e a mourisca, montada em pedaços dispostos sobre fatias de pão, coroados por ovos escalfados.

No Rio, a predileção gastronômica causou transtorno. Os comerciantes reclamaram que a mantearia (casa onde se guarda tudo o que pertence à mesa real) e a ucharia (despensa, especialmente para carnes) arrematavam todos os galináceos nos mercados e feiras, prejudicando o fornecimento aos demais fregueses. Acontece que a casa real também destinava os galináceos ao consumo dos criados e soldados a seu serviço, bem como às ordens religiosas, orfanatos, asilos e hospitais. A carne da galinha era considerada imprescindível no combate às doenças e na dieta de parturientes e convalescentes. Por outro lado, é injusto afirmar que D. João comia só frangos. Luiz Edmundo, na obra *A Corte de d. João no Rio de Janeiro*, em três volumes (Imprensa Nacional, Rio de Janeiro, 1939), mostra que o governante também apreciava arroz-de-chouriço. Há possibilidade de que outros pratos fossem elaborados com esses grãos preciosos, harmonizados com as carnes de galinha, perdiz e pato. A oricicultura floresceu no Brasil antes de a corte aportar aqui. Em 1766, funcionou no Rio de Janeiro a primeira descascadora de arroz autorizada pela coroa portuguesa.

D. João encerrava as refeições fazendo o sinal-da-cruz, pois era muito católico e acreditava que suas funções reais vinham do Direito Divino. Amava o Brasil e, apesar de triste e tímido, foi um governante aplicado, preocupado com a justiça e movido por impulsos de bondade. Entretanto, tem sido maltratado por historiadores esquecidos de que ele patrocinou os melhoramentos favorecedores da independência do País. Aos que o caricaturam pejorativamente, mostrando-o apenas como um soberano que "fugiu" de Portugal para escapar da invasão militar francesa, a fim de saborear em paz no solo carioca os seis frangos diários (há quem diga que seriam nove), lembramos a referência que lhe fez Napoleão Bonaparte em suas memórias: "Foi o único que me enganou."

Arroz-de-chouriço

Rende 4 porções

INGREDIENTES

- 50 ml de óleo
- 4 dentes de alho picados
- 2 xícaras (chá) de arroz
- 1 chouriço (médio) cortado em finas rodelas
- 1 pimentão verde sem pele e sem sementes cortado em cubos
- 2 xícaras (chá) de caldo de costela de boi
- 2 xícaras (chá) de água
- 2 colheres (sopa) de cebolinha-verde picada
- 4 colheres (sopa) de salsinha picada
- Suco de 1/2 limão
- Sal a gosto

PREPARO

Numa panela, de preferência de ferro, aqueça o óleo, junte o alho e deixe alourar. Acrescente o arroz e misture bem, até os grãos se soltarem completamente. Coloque o chouriço e misture. Acrescente o pimentão, o caldo de costela e a água (ambos quentes), a cebolinha-verde, a salsinha e o suco de limão. Tempere com sal, misture mais uma vez, tampe a panela e cozinhe em fogo brando, até o arroz secar. Sirva bem quente.

Cuscuz com Sotaque Caipira

É uma receita tão típica da cozinha brasileira quanto o arroz de carreteiro, o barreado, o camarão à São Luís, a feijoada completa, o frango com quiabo, a galinha ao molho pardo, o leitão pururuca, o mocotó, as moquecas baiana e capixaba, o pato ao tucupi, o vatapá – e aí por diante. Grande ou pequeno, tem a forma de um bolo salgado. Mas, pela sua excelência, transcende a essa preparação. Deve ser chamado pelo nome – e ponto final!

Referimo-nos ao divino cuscuz-paulista. Cozinha no vapor, na boca do fogão, em recipiente especial de barro ou metal; ou em uma fôrma com furo no centro; ou dentro do forno; ou, então, na versão herética, em panela de pressão. A receita mais característica combina as farinhas de milho e mandioca. Leva ainda camarão ou peixe, habitualmente sardinha em lata, azeite, cebola, tomate, camarão, ovo cozido, azeitona, ervilha, salsinha, sal e pimenta-do-reino. Algumas receitas acoplam frango desfiado.

Para Ocílio Ferraz, de Silveiras, no Vale do Paraíba, especialista em cozinha tradicional paulista, no começo o prato incorporava apenas farinha, sal e pimenta-do-reino. Depois, acrescentaram-se cebola, alho e as pimentas cambari ou dedo-de-moça e, para dar cor, urucum. A sardinha em lata entrou pelo prestígio social: importada de Portugal, era iguaria refinada.

Há também um cuscuz-paulista à base de lambari e manjuba, bagre, traíra ou acará, enfim, com peixes do rio que atravessa o Vale do Paraíba. Outra variante incorpora carne de porco salgada e carne-seca bovina. Os dois tipos podem ter o acompanhamento de taioba. "Tornou-se quase uma receita de aproveitamento", diz Ocílio Ferraz.

O cuscuz-paulista descende do prato homônimo dos berberes, denominação geral dos povos que viveram (e ainda vivem) no Norte da África a partir do século XIV. Alguns deles se dedicavam à pirataria e hostilizavam as embarcações, exigindo tributos para navegar no Mediterrâneo. Moravam na mesma região onde hoje se encontram Marrocos, Argélia e Tunísia. Ao invadirem outras regiões do continente, os berberes espalharam seu cuscuz, atualmente chamado de marroquino.

Os brasileiros foram apresentados a ele pelos portugueses, que o descobriram no norte da África e já o consumiam quando descobriram nosso país. Gil Vicente, pioneiro da dramaturgia lusitana, citou-o na peça O Juiz da Beira, ou Farsa do Juiz da Beira, de 1525. Mas o cuscuz marroquino e o brasileiro são diferentes. O primeiro é uma espécie de farofa, feita com farinha granulada de trigo. Deve ser comido sozinho ou acompanhando aves, peixes e carnes, sobretudo de carneiro, legumes e verduras. Divide-se em uma infinidade de receitas. No Marrocos, cada família tem a sua, que passa de mãe para filha. Há até salada de cuscuz e uma sobremesa que mistura uva-passa, amêndoa, canela e açúcar à farinha de trigo.

No Brasil, o cuscuz virou um bolo salgado. Além disso, mudou o ingrediente principal. Trocou a farinha de trigo pela de milho e, na variante paulista, acrescentou a de mandioca. Se bem que O Cozinheiro Imperial, primeiro livro brasileiro de cozinha, na edição de 1874, traz uma receita com farinha de trigo. Temos ainda o cuscuz só de mandioca, de inhame e de arroz, menos prestigiados. Existe também o nordestino, à base de milho, ensopado de leite de coco ou servido com as carnes de sol ou de bode.

Uma teoria romântica sustenta que o cuscuz-paulista nasceu espontaneamente, dentro do farnel – o saco para provisões dos bandeirantes e tropeiros dos séculos XVI, XVII e XVIII, no qual eles transportavam farinha de milho e mandioca, frango guisado, feijão e ovo cozido, tudo dentro de um grande guardanapo. Desamarrado o pano, os ingredientes estavam misturados e convertidos no que seria o cuscuz-paulista.

Salvo prova em contrário, porém, o prato surgiu no Vale do Paraíba, a partir da substituição dos ingredientes da receita berbere, a começar pela farinha de trigo. Como não existiam no Brasil, foram trocados pelos encontrados no País. O naturalista francês Auguste de Saint-Hilaire, viajando entre 1816 e 1822 pelo Vale do Paraíba, notou serem tão fortes as culturas do milho e da mandioca na região que ajudavam a criar a identidade da cozinha brasileira.

Até pouco tempo, as cidades vale-paraibanas de Caçapava, Jambeiro e Cunha abasteciam o estado de São Paulo com os antigos cuscuzeiros de barro, que o faziam *comme il faut*. O cuscuz-paulista confirma a sua superioridade gastronômica quando preparado no vapor, se estiver granulado, aerado e, acima de tudo, suficientemente úmido.

Cuscuz-paulista (*)

Rende 12 porções

INGREDIENTES
- 1 xícara (chá) de azeite extravirgem de oliva
- 6 xícaras (chá) de farinha de milho
- 1/2 xícara (chá) de farinha de mandioca crua
- 1 colher (sopa) de sal
- 1 cebola grande em cubinhos
- 2 dentes de alho bem picados
- 1 xícara (chá) de salsinha e cebolinha picadas
- 250 g de camarão pequeno limpo (ou de frango cozido cortado em lascas)
- 600 g de molho pronto de tomate
- 1 lata de ervilha
- 1 vidro grande de palmito picado
- 1/2 xícara (chá) de azeitonas verdes em lascas
- 1 fio de azeite de oliva para o refogado
- Molho de pimenta-vermelha a gosto
- Sal e pimenta-do-reino moída na hora a gosto
- Folhas de couve (opcional)

MONTAGEM
- Rodelas de tomate
- Rodelas de ovo cozido
- Rodelas de palmito
- Tiras de banana
- Lascas de azeitona
- Sardinhas em conserva
- Cubos de pimentão
- Folhas de salsinha
- Ervilhas
- Minimilhos

(*) Receita de família da chef paulista Heloísa Bacellar.

PREPARO

Em uma panela pequena, aqueça bem uma xícara (chá) de azeite de oliva, em fogo baixo, para não queimar.
Enquanto o azeite aquece, junte em uma tigela grande as farinhas de milho e de mandioca, com o sal, misturando e esfarelando com as pontas dos dedos até obter um pó fino. Faça uma cavidade no centro e ali coloque metade da cebola, do alho, da salsinha e da cebolinha. Quando o azeite estiver quase fervendo, retire-o do fogo, despeje-o sobre os temperos e misture até deixar toda a farinha bem umedecida. Reserve.
Em uma panela média, aqueça um fio de azeite, junte a cebola, depois o alho, a salsinha e a cebolinha restantes. Deixe dourar e acrescente a esse refogado parte do molho de tomate, reservando 1 1/2 xícara (chá) do refogado, para servir no final como molho do cuscuz. Incorpore, então, à panela o camarão (ou o frango), misture bem, espere o camarão mudar de cor e junte a ervilha e o palmito. Deixe ferver por cinco minutos, coloque as azeitonas e ajuste o sal e as pimentas. Junte toda essa mistura, aos poucos, às farinhas que estavam reservadas na tigela, mexendo com uma colher de pau até obter uma massa macia e alaranjada, cuidando para que não fique esfarelada e encharcada. Coloque água na base de um cuscuzeiro ou até metade da altura de uma panela média e leve ao fogo para aquecer.

MONTAGEM

Para montar o cuscuz, decore o fundo e as laterais de um cuscuzeiro (ou de um escorredor de massa) com rodelas de tomate, de ovo cozido e de palmito, tiras de banana, lascas de azeitona, sardinha em conserva, cubos de pimentão, folhas de salsinha, ervilhas e minimilhos. Preencha a cavidade com a massa do cuscuz, pressionando delicadamente com as mãos para firmar, sem desmanchar a decoração e sem socar demais. Coloque o cuscuzeiro sobre a panela com água fervente (tendo cuidado para não deixar a água tocar a base do cuscuz), cubra o cuscuz com um pano limpo ou com folhas de couve, tampe e deixe no fogo, nesse banho-maria, por cerca de uma hora, até que o pano ou as folhas fiquem bem úmidos. Retire o cuscuz do fogo, aguarde cinco minutos e desenforme sobre um prato. Sirva o cuscuz com o refogado de tomate que estava reservado.

Um Avião de Manteiga

Ela é um "avião" de manteiga. E não só no sentido figurado, no qual a palavra avião define algo bonito. No caso, apetitoso. Além disso, tem avião no rótulo, um Douglas DC-3, velho conhecido aos céus brasileiros entre as décadas de 40 e 70. Aparece voando sobre arranha-céus (como se dizia antigamente) de uma cidade, havendo no solo uma vaquinha leiteira. Há muito conquistou os brasileiros pela apetitosa cor amarelada, consistência pastosa à temperatura de 20° C, textura lisa e uniforme, aroma suave, sabor delicado. Apesar de ser produzida há quase 90 anos, não ameaça sequer descer do pódio. É a mais vendida do País.

Sua fabricante, a Fábrica de Laticínios Gonçalves Salles S.A., de São Sebastião do Paraíso, em Minas Gerais, não sabe quando iniciou a produção, se foi em 1921 ou 1922. Mas esse detalhe carece de importância. A manteiga Aviação é a mesma de sempre. A receita leva creme de leite de vaca (nata) puro, padronizado, batido e acrescido de sal. Embora também possa ser adquirida em embalagem de papel parafinado ou potinho plástico, os consumidores tradicionais seguem preferindo a da lata alaranjada, com peso líquido de 200 g, 500 g e 1 kg. Oferece o conforto de dispensar a geladeira, quando ainda não tiver sido aberta e, de quebra, é infinitamente mais charmosa.

No quesito antiguidade, porém, a manteiga Aviação só perde para o requeijão Catupiry da caixinha redonda de madeira, cuja produção se iniciou em 1911; e talvez empate com o Guaraná Antarctica, lançado em 1921. Os três produtos têm em comum a sobrevivência vitoriosa. O nome Aviação e o velho aeroplano do rótulo foram adotados numa época em que a navegação aérea fascinava a humanidade. A Gonçalves Salles também não consegue identificar quem criou os dois itens. Sabe apenas que a rebuscada letra "A" do logotipo foi desenhada por um antigo funcionário. Até a década de 40, o velho aeroplano do rótulo era um biplano monomotor, inspirado nos aviões alemães Junkers.

Com o atual bimotor Douglas DC-3 voaram companhias aéreas do nosso país no passado e, inclusive, a FAB. Se depender dos atuais administradores da Gonçalves Salles, nunca será retirado do rótulo. Entre os anos 1977 e 1995, outros produtos da empresa (doce de leite, ricota, queijos de minas frescal, prato e mozzarella) apresentavam na embalagem uma aeronave modernizada, misto dos aviões franceses Mirage e Concorde. Os funcionários da fábrica a apelidaram de Micorde. Entretanto, a Gonçalves Salles voltou atrás. Descobriu que seu apelo forte de venda – e de sedução dos consumidores – continuava sendo o inesquecível Douglas DC-3.

A história da manteiga da lata alaranjada começou em São Paulo, com Augusto Salles, seu filho Oscar e o genro Antônio Gonçalves. Nascidos em Minas Gerais, eles viviam na cidade, onde, em 20 de setembro de 1920, fundaram a Gonçalves Salles. Inicialmente, dedicaram-se ao comércio atacadista de secos e molhados. Depois, voltaram-se à indústria de laticínios. O grupo manteve a dupla atividade até 1975, quando fechou o negócio de São Paulo para se concentrar na fabricação da manteiga e derivados do leite.

A empresa abriu as portas na rua XV de Novembro; a seguir, mudou-se para a avenida Washington Luís; finalmente, instalou-se na rua Paula Souza. Um ou dois anos após a fundação, comprou uma indústria de laticínios desativada na cidade mineira de Passos. Recolocando-a em funcionamento, lançou a manteiga Aviação. Hoje, a sede fica em São Sebastião do Paraíso, onde dispõe de amplas instalações e equipamentos de tecnologia avançada. O primeiro mercado importante foi São Paulo. Agora, a Aviação pode ser encontrada em todo o Brasil, de Porto Alegre a Manaus.

Não foi a primeira manteiga industrial produzida no Brasil. Curiosamente, durante o Segundo Império e até o começo da República Velha, a que consumíamos no País vinha da Europa. Pelas dificuldades de armazenamento e inexistência do refrigerador – a primeira geladeira doméstica foi lançada nos Estados Unidos em 1913, com o nome de Domelre –, era vermelha, salgada e muitas vezes rançosa.

Até onde se sabe, a primeira fábrica de manteiga no País (ou pelo menos de qualidade) começou a ser construída em fins do século XIX, pelo fazendeiro José Bonifácio de Azevedo, grande proprietário de terras no sul de Minas Gerais, na região de Andrelândia. Encantado com o leite muito gordo das suas vacas, devido à excelência do capim nativo, difícil de encontrar em outras paragens, ele mandou vir da Alemanha um técnico chamado Guilherme Hilker.

"Nos primeiros anos do século XX estava pronta a fábrica da manteiga Veado, nome este tirado do partido político do qual José Bonifácio era o chefe", contou a este autor, em 2007, uma conhecedora da história, D. Regina Villela de Andrade, 85 anos de idade. "Em 1902, José Bonifácio enviou a São Paulo seu filho mais velho, então com 18 anos, Lincoln de Azevedo. A cidade já despontava como a grande metrópole que um dia seria. O rapaz fundou, junto com um sócio, Abelardo Alves, a firma Alves Azevedo e Cia., com o capital de 5 contos, para comercializar a manteiga Veado." Foi um sucesso, até o desaparecimento, décadas depois."

D. Regina chamou a atenção para uma coincidência. "Antonio Gonçalves (um dos três fundadores da Gonçalves Salles, da manteiga Aviação) foi empregado da firma Alves Azevedo e Cia.", afirmou. Preferência nacional, a sobrevivência da latinha alaranjada se reveste de significados. Para muitos brasileiros, o sabor do seu conteúdo mistura o prazer gustativo com as saudades que gostamos de ter: a infância na casa dos pais, o café da manhã com pão recém-saído do forno, aqueles tios na varanda evocados na genial canção de Milton Nascimento.

Gnocchi al Burro e Salvia (*)

Rende 6 porções

INGREDIENTES PARA OS GNOCCHI

- 1 kg de batatas holandesas (não devem ser usadas batatas novas, porque soltam muita água)
- 1 ovo
- 200 g de farinha de trigo
- Farinha de trigo para enfarinhar a mesa
- Sal a gosto

PARA O MOLHO

- 100 g de manteiga
- 16-20 folhas de sálvia, aproximadamente
- Queijo parmigiano ralado para polvilhar

PREPARO DOS GNOCCHI

Cozinhe as batatas em água fervente, com uma pitada de sal. Descasque-as e passe-as no espremedor. Espere esfriar, abra a massa e acrescente o ovo inteiro. Misture bem. Junte a farinha de trigo aos poucos e vá amassando até obter um composto homogêneo. Polvilhe a massa com farinha de trigo. Divida a massa em porções e faça rolinhos de aproximadamente três centímetros de espessura. Corte-os em cubinhos de dois a três centímetros. Cozinhe os gnocchi em panela grande, com bastante água fervente, ligeiramente salgada. Vá retirando-os à medida que forem subindo à superfície. Coloque-os nos pratos.

DO MOLHO

Enquanto cozinha os gnocchi, aqueça a manteiga em uma frigideira, dourando-a levemente. Introduza as folhas de sálvia e deixe por alguns instantes até levantar o aroma.

MONTAGEM

Derrame a manteiga com a sálvia sobre os gnocchi, polvilhe com queijo ralado e sirva imediatamente.

(*) Receita que era preparada pela chef Laura (Lalla) Giarelli, de São Paulo, SP.

A Moqueca É Tupiniquim

Toda vez que alguém se refere aos pratos com DNA brasileiro, o primeiro lembrado é a moqueca. Luís da Câmara Cascudo, no capítulo "Preceitos da Alimentação Brasiliense", de *História da Alimentação no Brasil* (Global Editora, São Paulo, 2004), afiança ser receita indígena. Afirma que o nome deriva do tupi *pó-kêca*, que significa feito embrulho, embrulhado. "Partiu (a moqueca) dos peixes enrolados em folhas e assados no calor do borralho", assegura. Antônio Gonçalves Dias, o mesmo autor do poema "Canção do Exílio", de 1843, em um dos verbetes do seu *Diccionario da Lingua Tupy*, chamada lingua geral dos indígenas do *Brasil* (F.A. Brockhaus, Leipizig, 1858), disse o mesmo: "Mokéka, melhor pokéca, embrulho. Hoje significa guisado de peixe". Outros autores discordam. Aurélio Buarque de Holanda Ferreira, no seu homônimo *Dicionário* (Editora Positivo, 5ª edição, Curitiba, 2010) acredita que a palavra veio de *mu'keka*, vocábulo quimbundo, uma das línguas faladas na costa ocidental da África. Portanto, a receita teria influência africana. Por razões históricas, ficamos com as explicações de Câmara Cascudo e Gonçalves Dias.

Ficará surpreso quem for ao litoral sul de São Paulo e visitar o Vale do Ribeira entre a primavera e o verão, quando os cardumes de manjuba – pequeno peixe da família *Engraulidae*, a mesma da acciuga ou alice dos italianos – sobem o Rio Ribeira de Iguape em busca de lugares para desovar. Sua população continua a preparar a moqueca indígena ou de folha, ali batizada de caiçara. É nome quinhentista. Os índios da família linguística tupi chamavam de caiçara os troncos e galhos de espinhos de árvores fincados no chão para proteger suas tabas. Com o tempo, os mamelucos (mestiços de brancos e índios) receberam igualmente a denominação, e hoje ela se aplica aos habitantes do município de Cananeia no litoral sul de São Paulo, e aos pescadores da região.

Na moqueca caiçara, filés de manjubas são temperados com limão, sal, salsinha e ervas (às vezes alfavaca, cebolinha, assa-peixe e coentro espinhoso), além de pimenta-de-cheiro e vermelha. Recebem tomates em pedaços e cebola picada. Ligados por farinha de mandioca e empacotados em folha da bananeira, cozinham na grelha. Antigamente, a preparação ia para o moquém (daí o nome do prato), a grelha de varas dos índios, usada para assar ou secar peixe e carne no borralho, ou melhor, em brasas cobertas de cinzas e sem labareda. Há também uma variação heterodoxa que a faz aberta para colocá-la no forno em travessa refratária. Nesse caso, dispensa a folha de bananeira, usada desde o século XVI, quando os portugueses trouxeram as variedades da erva musácea que cultivamos até hoje no Brasil. Antes, a moqueca utilizava as folhas grandes de outras plantas, como por exemplo as de uma herbácea ornamental denominada caeté.

Joaquim da Costa Pinto Netto, no *Caderno de Comidas Baianas* (Tempo Brasileiro, Salvador, 1986), complementa as explicações de Câmara Cascudo e Gonçalves Dias: "A moqueca de folha [...] era o peixe pequeno com muita pimenta, enrolado em folha de bananeira e depois moqueado". Só mais tarde, por influência da caldeirada portuguesa, o prato virou o atual ensopado de peixe feito pelos baianos e capixabas. A transformação aconteceu nos tempos coloniais. Quando ocuparam o Brasil, os portugueses escravizaram os índios para suprir a necessidade de mão de obra e encarregaram as cunhãs, as cozinheiras nativas, de preparar sua comida. Foram elas que começaram a adaptar as receitas europeias aos ingredientes tupiniquins. Entre outras coisas, aprenderam com o colonizador a técnica da caldeirada e aperfeiçoaram a moqueca, que antes preparavam como guisado, enrolada em folhas de plantas, tornando-a úmida.

Mas, como não se adaptaram à vida sedentária e ao trabalho braçal, os índios migraram para o Sertão. As cunhãs os acompanharam. Então, os portugueses trouxeram escravos da África e entregaram suas cozinhas às mucamas – escravas tiradas da senzala para cozinhar e auxiliar nos serviços da casa-grande ou do sobrado. Encontrando-se em estágio cultural superior ao das cunhãs, elas prosseguiram na adaptação culinária. Ou seja, as duas moquecas de peixe mais famosas do País – a baiana e a capixaba, que não leva azeite de dendê nem leite de coco – são adaptações de uma receita indígena feita primeiro pelas cunhãs, depois pelas mucamas. Evidentemente, fizeram isso sob as ordens dos seus "donos", os colonizadores do Brasil, e respeitando os seus gostos.

No início, ambas as receitas levavam azeite de oliva. Todavia, em razão da pouca disponibilidade e do encarecimento do produto, os baianos o eliminaram da sua receita. Substituíram-no por outro óleo comestível. "Em algum instante do século XVIII, alguém trocou o azeite de oliva pelo azeite de dendê e, pimba!", escreve Guilherme Radel, no livro *A Cozinha Africana da Bahia* (Press Color, Salvador, 2006). Por muito tempo o azeite de dendê, extraído da polpa do fruto da palmeira *Elaeis guineensis*, nativa da costa ocidental da África e trazida ao Brasil pelos portugueses, teve uso restrito à iluminação. Só mais tarde entrou na culinária e nas comidas votivas do candomblé. Logo passou a existir o azeite de dendê nacional, farto e barato, pois a planta que o produz se adaptou maravilhosamente ao clima tropical úmido do litoral baiano. Roedores como a cotia e aves como o urubu espalharam as sementes e ajudaram a torná-la subespontânea.

Em sua obra fundamental para quem deseja conhecer a cozinha africana na Bahia, Guilherme Radel faz uma observação crucial: "Os temperos básicos da moqueca são: cebola, alho, tomate e coentro, os tradicionais portugueses", afirma. "Nela não estão os tradicionais temperos da cozinha africana na Bahia: camarão seco, castanha de caju e amendoim torrado". Guilherme Radel é fã do azeite de dendê. Sustenta que seu óleo dá às receitas soteropolitanas "aquele colorido encantador, o odor penetrante e o sabor especial, incomparáveis, que as faz diferentes de todas as demais do mundo e as tornam insuperáveis". Entretanto, não demonstra o mesmo entusiasmo por outro ingrediente da moqueca de peixe baiana: o leite de coco.

Afirma que, até o século XX, o prato tradicional não o incorporava. Segundo ele, foi Tião, no Bar e Restaurante Buteco do Tião, de Salvador, o primeiro a usar leite de coco na moqueca, seguido pelos concorrentes Bargaço, Yemanjá, Agdá e, finalmente, Dadá. "O leite de coco que Tião colocava em suas moquecas era na quantidade de 1/2 xícara [...] para 1 kg de peixe tratado", informa Guilherme Radel. "Dadá está usando o leite grosso de 2 cocos para 1 kg de peixe tratado!". Ultimamente, há moqueca de tudo: de mariscos, camarão, galinha, ovos, carne fresca de boi, maturi, ou melhor, a castanha verde e mole do caju, e aí por diante. Entretanto, seja feita com qualquer ingrediente, continua a ser receita nossa.

Moqueca Caiçara (*)

Rende de 6 a 8 porções

INGREDIENTES

- 1/2 kg de filés de manjuba limpos
- 1 cebola média picada
- 1/2 pimenta-de-cheiro bem picada sem as sementes
- 1/2 xícara (chá) de cheiro-verde (salsinha e cebolinha) picado
- 4 tomates médios picados com pele e sem sementes
- 1/4 de quilo de farinha de mandioca crua
- Sal a gosto
- Folhas frescas de bananeira

PREPARO

Corte 16 pedaços das folhas de bananeira, medindo cada um deles cerca de 22 cm x 30cm, no tamanho aproximado de uma folha de sulfite. Ferva as folhas em uma panela com água, para amaciarem e se tornarem maleáveis. Lave e reserve.

Tempere os filés de peixe com sal, pimenta e deixe-os marinar por cerca de 15 minutos nesses temperos.

Em uma panela, de preferência de barro, em fogo médio, coloque os filés, a cebola, o cheiro-verde e o tomate, mexendo bem a cada adição. Junte a farinha de mandioca aos poucos, sempre mexendo, até os ingredientes ficarem bem misturados. Coloque uma porção dessa mistura no centro de uma das folhas de bananeira (já preparadas), apertando bem com as mãos para obter o formato desejado.

Feche a folha sobre essa porção de peixe, dobrando os quatro lados (no sentido das fibras), como se fosse um pacote. Use uma segunda folha, para que esse invólucro não se rompa durante o

---

(*) Receita preparada por Remilton Rosa de Souza, pesquisador da cultura popular, em São Sebastião, SP.

cozimento. Se necessário, amarre com uma tirinha da bananeira ou com barbante cru.
Repita o procedimento, até terminarem os ingredientes.
Leve à churrasqueira, por cerca de 20 minutos de cada lado, ou na chapa do fogão, em fogo médio, por cerca de 12 a 15 minutos de cada lado ou, ainda, no forno do fogão, também em fogo médio, até crestar.
Estará pronto quando a folha se soltar naturalmente, sem colar na moqueca.

O Pãozinho Francês do Brasil

O turista brasileiro que pretender saborear em Paris o pãozinho branco chamado aqui de francês terá de voltar ao país natal para matar a vontade. Caso não suporte a espera, o jeito será comer o *pistolet*, redondo e leve, de origem belga. É a preparação mais assemelhada. Apesar do nome, nosso pãozinho francês, com cerca de 50 gramas de peso, crosta estaladiça e miolo flexível, só existe no Brasil. É feito do Oiapoque ao Chuí. Por que, então, nós o chamamos de francês? Há várias hipóteses, uma delas fantasiosa. Conta que a receita surgiu no Rio de Janeiro, no início do século XX, por encomenda de brasileiros que iam a Paris e voltavam querendo um pão com as características do consumido na Europa.

A explicação mais aceitável, porém, é que o nome estrangeiro deriva do tipo de farinha. Em toda a América de colonização ibérica, na Espanha e também na Inglaterra, empregou-se nos séculos XVIII e XIX a expressão "pão francês". Segundo o historiador Carlos Ditadi, do Arquivo Nacional do Rio de Janeiro, "designava um produto elaborado com farinha branca de trigo, dotado de casca crocante e miolo flexível, alvo ou creme".

Foram justamente os franceses que começaram a produzir farinha branca e fina, moendo e peneirando o trigo descascado e limpo. Isso aconteceu no século XVIII. O rei da época, Luís XIV (1638-1715), virou apreciador daquele pão feito com um ingrediente tão requintado e caro. Enquanto isso, a população seguia comendo o tipo tradicional, escuro e rústico, à base de diferentes cereais, colhidos simultaneamente para compensar os estragos das muitas doenças nas espigas. Nobres e plebeus abonados da Europa imitaram Luís XIV. Afinal, tudo o que vinha da França era chique e bom.

No Brasil, aconteceu o mesmo. Até o início do século XIX, poucas pessoas tinham acesso à farinha de trigo, vinda de Portugal, e ao pão feito com ela. O sociólogo pernambucano Gilberto Freyre mostrou que a popularização dos dois produtos só começou em 1808, quando a corte de D. Maria I e do então futuro rei D. João VI se estabeleceu no Brasil, fugindo das tropas de Napoleão Bonaparte que invadiram Lisboa. Os soberanos lusitanos eram adeptos do pão branco. E adoravam a França.

Luís da Câmara Cascudo, no segundo volume de *História da Alimentação no Brasil* (Editora Itatiaia de Belo Horizonte/Universidade de São Paulo, SP, 1983), esclarece a contradição. O inimigo da corte portuguesa era Napoleão Bonaparte, não a cultura francesa, cuja influência se estendia a tudo. "Da França vinha o modelo, perfumes, roupas, porcelanas, cabeleiras, mulheres, saudações, tapetes, panos d'Arras, sofás, cadeirões, armários cinzelados e um mundo de coisas graciosas e dispensáveis", diz Cascudo. "Essa influência na etiqueta, indumentária, alcançou a mesa, arranjos, decoração, iguarias."

Cardápio era chamado de menu, onde jacutinga e pombos caçados na Serra de Petrópolis e assados no forno de barro viravam jacutinga e pigeons sauvages à La Guanabara, enquanto salada de frutas em geleia se tornava *gelée macédoine aux fruits*. Segundo Cascudo, o padre Luís Gonçalves dos Santos, apelidado "o Perereca", historiador da época, jamais escrevia merenda ou sobremesa, por exemplo, embora nunca tivesse saído do Rio de Janeiro. "Só lhe acudia à pena de pato o dessert francês", divertiu-se. Sem esquecer que D. João VI era francófilo de batismo, pois teve como padrinho o rei Luís XV, da França.

Entretanto, foi lenta a difusão da farinha de trigo, quase toda importada, como até hoje acontece. Durante todo o século XIX, viajantes estrangeiros se queixaram da falta de qualidade do pão brasileiro, quando não o encontravam substituído pelos beijus, farofas e mingaus de mandioca. Habitualmente, derivava de outros grãos, inclusive do milho. A mudança começou no Rio de Janeiro. T. von Leithold e L. von Rango, no livro *O Rio de Janeiro Visto por Dois Prussianos em 1819* (Companhia Editora Nacional, São Paulo, 1966), documentaram a existência de padeiros franceses na então capital do Brasil e reclamaram do alto preço do pão, assinalando que a farinha vinha dos Estados Unidos. Já o historiador Ditadi informa que, em 1816, a cidade tinha meia dúzia de padarias; em 1844, o número saltou para 33.

Obviamente, o pão dito francês não era igual ao de hoje. Aconteceram mudanças. O trigo foi selecionado geneticamente, a agricultura se qualificou. Surgiram equipamentos modernos de panificação, reduziram-se os tempos de preparação, algumas vezes comprometendo a qualidade do pão. Em 1920, como lembra a enciclopédia francesa *Larousse Gastronomique* (Larousse-Bordas, Paris, 1996), apareceu a amassadeira mecânica. O forno, antigamente alimentado por lenha, depois a carvão, hoje é movido a eletricidade ou gás. O Brasil deixou de ter a França como modelo. Mas continuamos a tratar como se fosse estrangeiro nosso trivial pãozinho de cada dia.

Pãozinho Francês

Rende cerca de 10 pães de 50 gramas, o peso obrigatório

INGREDIENTES

- 15 g de fermento para pão
- 300 ml de água morna
- 20 g de açúcar
- 1/2 kg de farinha de trigo
- 15 g de sal
- 1 colher (sopa) de manteiga em temperatura ambiente
- Manteiga para untar

PREPARO

Dissolva o fermento em um recipiente com a água morna e o açúcar. Em uma tigela, misture o fermento (dissolvido) aos demais ingredientes. Trabalhe bem a massa com a palma da mão, levantando-a, alongando-a e dobrando-a sobre si mesma. A massa deve ficar leve e esponjosa, sem ficar pegajosa ou grudar nas mãos. Se for preciso, coloque um pouco mais de água ou farinha. Forme bolas com a massa e deixe descansar por cerca de 2 horas. Após esse tempo, amasse novamente e depois corte a massa, modelando os pães no formato desejado. Distribua os pães em tabuleiro untado e deixe-os descansar por mais 1 hora, aproximadamente.

Pincele os pães com água e leve-os ao forno quente (200 °C), preaquecido, por cerca de 30 a 40 minutos.

Parabéns a Você, Bertha

A música mais cantada no Brasil é de aniversário e se intitula *Parabéns a Você*. Bate de longe *Mamãe Eu Quero*, o maior sucesso carnavalesco de todos os tempos, e coloca no chinelo *Chiquita Bacana*, aquela que se veste com uma casca de banana nanica. Afinal, a população brasileira festeja quase 200 milhões de aniversários por ano. A melodia de *Parabéns a Você* é norte-americana. Foi composta em 1875 pelas professoras irmãs Mildred e Patricia Smith Hill, para seus alunos de Louisville, no Estado do Kentucky, cantarem de manhã, na chegada à escola. Tanto que se intitulava *Good Morning To All* (*Bom Dia Para Todos*). Em 1924, porém, um livro de partituras festivas a rebatizou de *Happy Birthday to You* (*Feliz Aniversário a Você*) e a canção mudou de finalidade. Nove anos mais tarde, espalhou-se pelo mundo, após virar tema da peça teatral homônima, apresentada na Broadway, em Nova York.

Mas a letra de *Parabéns a Você* é brasileira, graças a Deus! Para contar essa história nos socorremos de Sérgio Cabral, não o político do PMDB, atual governador do Rio de Janeiro, mas seu pai, o escritor e jornalista homônimo, um dos criadores de *O Pasquim*, com Tarso de Castro e Jaguar. Na obra *No Tempo de Almirante – Uma História do Rádio e da MPB* (Livraria Francisco Alves Editora, Rio de Janeiro, 1990), onde traça a biografia do falecido cantor, compositor e radialista carioca, ele nos revela detalhes curiosos. Almirante, nascido Henrique Foréis Domingues, intérprete de canções que até hoje fazem sucesso, como *O Orvalho Vem Caindo* e *Touradas em Madri*, ouviu pela primeira vez *Parabéns a Você*, ainda chamada *Happy Birthday To You*, em 1937, no Cassino da Urca – na época o maior centro de diversões do Brasil, com salões para jogos de azar, espaço para dança e shows, nos quais se apresentavam grandes nomes do show business nacional e internacional, a começar pela colorida baixinha Carmen Miranda.

Um grupo de americanos cantava *Happy Birthday To You*, obviamente saudando alguém que fazia aniversário. Sucesso total! "O maestro e compositor Vicente Paiva, que comandava a orquestra do Cassino da Urca, passou a executar a música em toda comemoração de aniversário naquela casa de jogo e de espetáculo: as luzes se apagavam e os músicos tocavam *Happy Birthday To You*, escreveu Cabral. "Os que sabiam a letra cantavam e os que não sabiam se limitavam a cantarolar." Ele também afirma que Almirante sempre sonhou que o Brasil tivesse uma canção própria de aniversário. Havia "Feliz Aniversário", de Alvarenga e Ranchinho, mas poucos simpatizavam com a música. Ao ver que a melodia de *Happy Birthday To You* exercia sobre as pessoas um fascínio que nenhuma outra canção conseguira, ocorreu a Almirante arranjar-lhe uma letra brasileira.

Para isso, realizou um concurso nacional que durou três meses. Na época, ele comandava um programa de grande audiência na Rádio Tupi do Rio de Janeiro. A fim de conferir-lhe respeitabilidade, formou um júri com os escritores Olegário Mariano, Cassiano Ricardo e Múcio Leão, todos da Academia Brasileira de Letras. As bases do concurso eram três: que a letra fosse uma quadrinha na qual cada verso tivesse seis sílabas; que existisse total correspondência com a melodia; que pudesse ser entendida e cantada por qualquer um, independentemente da idade e classe social. Candidataram-se cerca de 5 mil pessoas.

Venceu em 1942 a quadrinha "Parabéns a você / nesta data querida / muita felicidade / muitos anos de vida", enviada por Bertha Celeste Homem de Mello (1902-1999), moradora de Pindamonhangaba, em São Paulo. Diplomada em farmácia, mas sem trabalhar na profissão, ela levava a vida pacata de dona de casa do interior. Dedicava-se aos afazeres domésticos, cuidava da filha única, junto com o marido, passava o dia escutando o velho rádio de válvulas, pelo qual ficou sabendo que sua quadrinha havia sido escolhida. Concorrera com o pseudônimo de Léa Magalhães. Entretanto, o povo modificou a letra de Bertha. Até o final da vida ela reclamou das alterações: "Escrevi 'parabéns a você' e não 'pra você', como falam agora. Também não é 'nessa data querida', porém 'nesta data', ou seja, a que se festeja. Finalmente, em vez de 'muitas felicidades', deve-se falar 'muita felicidade', que é uma só".

Não se sabe o que Bertha acharia do barulhento "é pique, é pique, é pique, é hora, é hora, é hora!", acoplado mais tarde ao *Parabéns a Você*. Também é contribuição paulista. Originou-se em uma brincadeira do estudante Mário Ribeiro da Silva, da Faculdade de Direito do Largo de São Francisco, feita no bar Pérola do Douro, do centro da cidade. Nas horas de boêmia, ele formava um trio divertido, o Grupo do Pudim, com os colegas Aru Medeiros e Ubirajara Martins de Souza, apelidado de Pique-pique pelo bigode de pontas retorcidas – como se fossem duas lanças de pontas para cima.

As versões divergem nos detalhes. Uma delas conta que, por ser tarde, o Grupo do Pudim precisava ir para casa. Mas Ubirajara de Souza, o Pique-pique, queria ficar no Pérola do Douro para tomar mais uns goles. Afinal, era seu aniversário. Encerrando a comemoração, Mário da Silva fez um brinde ao amigo, gritando "pique-pique, pique-pique, pique-pique!". Ubirajara retrucou: "Meia hora, meia hora, meia hora!". Outra explicação assegura que falou assim "porque costumava brincar criando frases desconexas".

Em 2010, quando publicamos estas versões no caderno *Paladar*, do jornal *O Estado de S.Paulo*, recebemos uma contribuição do leitor Félix de Camargo Ferreira Júnior. Ele acrescentou que o jornalista e escritor Mário Donato (1915-1992), autor do romance *Presença de Anita*, transformado em minissérie da Rede Globo em 2002, divulgou na década de 80 uma terceira explicação, "talvez mais plausível". Eis o depoimento de Félix Junior: "Estava Ubirajara de Souza, o Pique-pique, a beber em companhia dos amigos, comemorando o seu aniversário, no Pérola do Douro. Dentre eles, havia um acadêmico apelidado Meia-hora. O fato é que este rapaz ergueu-lhe um brinde, bradando seu apelido por três vezes: 'é Pique, é Pique, é Pique. Os colegas acharam divertido".

Félix Júnior completou assim sua versão: "Ubirajara de Souza teria respondido à saudação, bradando ele mesmo: 'Meia-hora, meia-hora, meia-hora!' Em seguida, alguém completou: 'Rá-tim-bum!'" Os acadêmicos transformaram aquela batalha verbal num grito de saudação, mais tarde incorporado ao *Parabéns a Você*. Com o tempo, o povo apocopou o 'meia-hora' em 'meora' e hoje, pobre cultura, fala-se 'é hora'. Pergunto: hora de quê?. 'É pique, é pique, é pique, é pique, é pique! / É hora, é hora, é hora, é hora, é hora! / Rá-tim-bum!" Comentário de Félix Júnior: "Em breve, o povo vai começar a achar que a saudação advém do programa homônimo da TV Cultura de São Paulo".

Bertha, senhora educada, que compôs jingles e canções – é autora, também com o pseudônimo Léa Magalhães, de *Capelinha do Arraiá*, cantada por Rolando Boldrin –, jamais aceitaria um bordão tão deselegante. Ela também criticaria, pelo fato de não revelarem o mesmo entusiasmo, outros *Parabéns a Você*. Para quem não sabe, o de Bertha não é o único no Brasil. Há *Parabéns a Você* diferentes na Bahia, Maranhão, Rio Grande do Sul, além de uma versão católica que termina proclamando "Que Jesus abençoe / Essa nossa oração / Que Maria te guarde / Dentro do coração" e outra evangélica, cuja quadrinha final diz: "Com Deus ao seu lado / Num novo porvir / Que a vida lhe seja / Um eterno sorrir". E dê-lhe "É pique, é pique, é pique, é pique, é pique! / É hora, é hora, é hora! / Rá-tim-bum!".

Torta de Aniversário da Daía (*)

Serve cerca de 10 porções

INGREDIENTES

MASSA

- 4 claras
- 4 gemas
- 320 g de açúcar
- 100 g de manteiga em temperatura ambiente
- 5 colheres (sopa) de leite
- 200 g de aveia em flocos finos (levemente tostados)
- 1 colher (sopa) de fermento em pó
- 1 pitada de sal
- Manteiga para untar e farinha de trigo para polvilhar os aros

DOCE DE OVOS

- 480 g de açúcar
- 150 ml de água
- 10 gemas
- 3 colheres (sopa) de leite

CREME DE NOZES COM PASSAS E CONHAQUE

- 125 g de açúcar
- 125 ml de água
- 125 g de nozes moídas grosseiramente
- 30 g de manteiga
- 4 gemas (passadas pela peneira)
- 1 xícara (chá) de passas de uva sem sementes, deixadas de molho em um pouco de conhaque

(*) Receita original de Maria Etelvina Xavier Lopes, a Daía, tia do autor deste livro, interpretada pelo pâtissier **Marcelo Magaldi, do Buffet Fasano, de São Paulo.**

SUSPIRO

- 4 claras
- 120 g de açúcar

DECORAÇÃO

- Cerejas
- Nozes inteiras e picadas

PREPARO

MASSA

Bata as claras em ponto de neve consistente. Junte 80 g do açúcar e a pitada de sal e continue batendo até obter um merengue bem firme. Reserve.

Em um recipiente grande, misture as gemas, o açúcar restante, a manteiga e o leite. Bata muito bem em batedeira, até a massa ficar esbranquiçada e fofa. Retire e misture a aveia, o fermento e, por último, junte o merengue que estava reservado, misturando delicadamente com uma colher.

Distribua a massa dentro de dois aros de aproximadamente 20 cm de diâmetro, bem untados e enfarinhados.

Preaqueça o forno em temperatura alta (200°C) e, ao colocar a massa das tortas, reduza a temperatura para média (180°C). Asse por aproximadamente 20 a 30 minutos, ou até dourar. Retire e desenforme quente em papel-manteiga.

DOCE DE OVOS

Com o açúcar e a água, faça uma calda em ponto de pasta (a calda deve formar uma orla pastosa na colher e escorrer sem formar fio). Desmanche as gemas no leite, passe-as na peneira e misture-as à calda, já morna. Volte ao fogo brando, mexendo sempre, até engrossar. Retire e deixe esfriar.

CREME DE NOZES COM PASSAS E CONHAQUE

Leve ao fogo o açúcar e a água, até obter uma calda em ponto de fio fino. Acrescente as nozes e deixe cozinhar por alguns minutos. Incorpore a manteiga e mexa bem até derreter. Tire do fogo e adicione as gemas de ovos e as passas com o conhaque, mexendo sem parar, até que os ingredientes se mesclem, obtendo um creme. Reserve.

SUSPIRO

Em uma panela, misture as claras com o açúcar e leve ao fogo baixo, mexendo sempre. Retire instantes antes de ferver, para que as claras não cozinhem. Passe-as para a batedeira e bata-as até ficarem bem firmes. Preaqueça o forno a 80°C (temperatura bem baixa). Com o auxílio de um saco de confeitar, usando o bico liso, faça dois discos de 20 cm de diâmetro cada, sobre duas folhas de papel-manteiga (ou silicone) e leve ao forno até que fiquem bem secos.

FINALIZAÇÃO

Coloque uma das massas sobre uma bandeja ou prato para bolo. Sobre a massa, espalhe metade do doce de ovos, depois distribua metade do creme de nozes com passas e conhaque e, por fim, deposite um dos discos de suspiro. Repita essa operação, colocando a outra massa e os ingredientes que sobraram. Finalize decorando com as cerejas e as nozes inteiras e picadas.

O Estouro da Pipoca

Obrigatória nas festas juninas ao lado de outras benesses do milho, a começar pela canjica, a pipoca não traz apenas alegria às crianças e aos adultos. É também coadjuvante da magia. O presidente do Santos, Luis Álvaro de Oliveira Ribeiro, o Laor, que o diga. Desde 2010, ele come pipoca em campo enquanto torce pelo seu clube. A superstição começou na semifinal da Copa do Brasil contra o Grêmio. "Precisávamos vencer, mas estava difícil", conta. "Então, pedi que me trouxessem um saco de pipocas. Os gols do Santos saíram em seguida." Laor permanece convencido de que seu time só foi massacrado no ano passado pelo Barcelona, em Yokohama, na final da Copa do Mundo de Clubes, por falta da pipoca. "No Japão não existe carrocinha de pipoqueiro no estádio", lamenta.

Seu amuleto já havia produzido uma expressão esportiva. Em futebol, a palavra "pipoqueiro" não indica apenas o sujeito que estoura milho para vender à torcida. Designa também o atacante que "salta" nas bolas divididas, por temer o vigor do marcador. É, ainda, o time ou jogador que atua bem no campeonato inteiro e, quando os torcedores esperam dele um grande desempenho, decepciona-os. Boa parte da torcida do São Paulo chamava Kaká de pipoqueiro, pouco antes de o meia ser vendido ao Milan, onde acabaria eleito o melhor do mundo em 2007.

A magia da pipoca se deve ao fenômeno da sua transformação. O mais feio e duro dos grãos de milho, quando levado ao fogo, converte-se em uma florzinha branca, macia e deliciosa. Explode com o calor porque contém água no interior. O estouro acontece pela expansão do vapor dentro do grão. Simples, não é? Mas os povos nativos da América – o milho de pipoca e os demais surgiram há milênios em nosso continente – não pensavam assim. Os astecas e incas achavam que espíritos se escondiam dentro do grão e só o calor os expulsava. Nas cerimônias fúnebres e em variadas liturgias, ornamentavam as estátuas dos deuses com pipoca.

Os negros que vieram da África como escravos desconheciam aqueles grãos nutritivos que os índios inicialmente levavam ao fogo na espiga inteira, enfiada em um espeto, e depois passaram a lançar no borralho, antes do consumo, soprando as cinzas. Foi nessa modalidade de preparo que os conheceu Jean-Baptiste Debret, desenhista e pintor da Missão Artística Francesa (1816). "Os selvagens preparam as pipocas simplesmente jogando os grãos de milho nas brasas", escreveu.

Deslumbrados com aquele estouro, os negros a incorporaram aos seus cultos. A pipoca se converteu em comida ritual e oferenda predileta de Omolu, o orixá nagô que pode trazer e levar a doença. Passou a ser feita na panela com óleo, em outros lugares com areia, como antigamente. Depois, colocam a pipoca em um alguidar (recipiente de barro) enfeitada com pedacinhos de coco. Às vezes a jogam sobre o doente, como descarrego. Ela ainda figura nas homenagens aos pretos velhos (salgada) e nas festas de Cosme e Damião (doce).

Serve também para o banho de pipoca ou banho de Omulu, destinado a retirar a "carga negativa" que se abate sobre uma pessoa. Segue regras severas. O pai de santo ou babalorixá não pode ministrá-lo em mulheres que estejam no período menstrual, nem em homens que se encontrem sob o efeito do álcool. No candomblé, o banho costuma ser feito exclusivamente com pipoca estourada no dendê e sem sal. No final, ela é recolhida e "descarregada" em água corrente.

Para os adeptos das religiões afro-brasileiras, a pipoca simboliza as transformações da vida. Todos nós somos igualmente "estourados" pelo fogo. Rubem Alves, na crônica *A Pipoca*, um de seus textos mais inspirados, publicado no livro *O Amor que Acende a Lua* (Papirus Editora, Campinas, 12ª edição, 2006), interpretou essa reflexão: "O fogo é quando a vida nos lança numa situação que nunca imaginamos. Pode ser fogo de fora: perder um amor, perder um filho, ficar doente, perder um emprego, ficar pobre. Pode ser fogo de dentro: pânico, medo, ansiedade, depressão, sofrimentos cujas causas ignoramos". Mas a frase mais transcendente de Alves talvez seja esta: "Quem não passa pelo fogo fica do mesmo jeito, a vida inteira". Em um ponto o presidente do Santos está certo: para os brasileiros, pipoca não é só comida.

Tortinha de São João (*)

Rende 6 porções

INGREDIENTES

MASSA DOCE

- 160 g de farinha de trigo
- 50 g de farinha de caju
- 1/4 de colher (chá) de sal
- 1 colher (sopa) de açúcar
- 120 g de manteiga gelada
- 1 gema
- 2 colheres (sopa) de água

RECHEIO DE CHOCOLATE

- 200 g de chocolate amargo
- 100 ml de creme de leite fresco
- 10 g de manteiga
- 20 ml de açúcar invertido (na falta, substitua por Karo)

PIPOCA DOCE DE BAUNILHA

- 50 g de milho de pipoca
- 5 ml de óleo de girassol
- 15 g de açúcar cristal
- 15 ml de extrato de baunilha
- 3 gotas de corante (comestível) amarelo

(*) Receita do chef Ramiro Bertassin, de São Paulo, SP.

PREPARO

MASSA DOCE

Em uma tigela, peneire as farinhas, junte o sal, o açúcar e adicione a manteiga gelada. Misture na batedeira.
Em uma tigela, misture a gema com a água e junte essa mistura ao composto de farinhas. Trabalhe a massa até ficar bem maleável. Faça uma bola lisa, envolva-a em filme plástico e deixe-a descansar na geladeira por no mínimo 30 minutos. Abra a massa, formando círculos com espessura aproximada de 3 mm. Asse em forno moderado, preaquecido, a 160°C, por cerca de 10 minutos.

RECHEIO DE CHOCOLATE

Pique o chocolate. Ferva o creme de leite e junte-o ao chocolate, misturando com um mixer. Em seguida incorpore a manteiga e o açúcar invertido.

PIPOCA DOCE DE BAUNILHA

Coloque todos os ingredientes da pipoca em uma panela, misture e reserve.

FINALIZAÇÃO

Distribua o recheio de chocolate sobre cada uma das tortinhas e reserve na geladeira por 30 minutos. Leve a panela com os ingredientes da pipoca ao fogo e deixe estourar o milho. Finalize, cobrindo as tortinhas com a pipoca doce.

Tudo Já Terminava em Pizza

O Brasil esqueceu de festejar em 2010 o centenário da pizza no País. A "redonda", como dizem seus fãs, desembarcou em São Paulo trazida pelos imigrantes de Nápoles, na Itália, que se instalaram na cidade entre os séculos XIX e XX. Virou paixão nacional. Até prova em contrário, a primeira cantina a preparar comercialmente a pizza foi a Santa Genoveva, aberta em 1910 no bairro paulistano do Brás. Funcionava na avenida Rangel Pestana, esquina rua Monsenhor Anacleto, e pertencia a Carmino Corvino, o Dom Carmenielo. Ele nasceu em Salerno, a 56 quilômetros de Nápoles, e desembarcou em São Paulo em 1897. Como outros patrícios, começou a trabalhar na rua. Vendia pizza em pedaços. Assava-a no forno de barro, em sua casa, e a carregava em um tambor com carvão em brasa para não esfriar. Quando amealhou algum dinheiro, abriu a Santa Genoveva.

Sua casa virou ponto de reunião dos italianos acolhidos em São Paulo, sobretudo dos barulhentos e simpáticos napolitanos. Além de preparar a pizza em cinco variações tradicionais – mozzarella, napolitana, calabresa, alice e mezzo e mezzo (alice e mozzarella) – Don Carmenielo divertia a clientela com a tonitruante voz de tenor. Segundo o historiador Geraldo Sesso Júnior, no livro *Retalhos da Velha São Paulo* (Câmara Municipal de SP, 1983), uma das suas canções favoritas era "Marecchiare", sucesso na época. Outra faceta do pizzaiolo: socorrer os necessitados. Alto e corpulento, parecia um brutamontes. Na verdade, conforme Sesso Júnior, "era fonte de bondade". Morava nos fundos da cantina com Anunciata, sua mulher, também italiana do sul, e a família numerosa. Ali havia sempre um cômodo desocupado para acolher o patrício em dificuldades. Apesar de pródigo, comprou diversas casas da rua Monsenhor Anacleto. Mas acabou perdendo tudo. Morreu pobre.

A voz do povo dizia que foi à ruína por gastar demais com mulheres espertas. Incorrigível sedutor, veio para o Brasil fugindo da ameaça de morte do marido de uma napolitana com a qual se envolveu. Na viagem de navio conheceu Anunciata, companheira pelo resto da vida. As infidelidades do marido provocavam ciúmes na mulher e abalavam o relacionamento do casal. Mas, entre Dom Carmeniclo e Anunciata, os conflitos sempre "terminavam em pizza". Tiveram nove filhos. A Cantina Santa Genoveva fechou em 1940.

A propósito da expressão "terminar em pizza", usada entre nós para designar os escândalos públicos ou privados que acabam sem a punição dos culpados, também surgiu em São Paulo. Foi cunhada pelo falecido cronista esportivo Milton Peruzzi, o Polenta, do jornal, rádio e TV *Gazeta*, de São Paulo, e torcedor pelo Palmeiras. Em certo ano da década de 60, os dirigentes do Palmeiras, reunidos na sede do clube, digladiavam em mais uma batalha. A certa altura, movidos pelos clamores do estômago, foram juntos matar a fome na vizinha Cantina e Pizzaria Genovese. Ali finalmente se entenderam. Peruzzi estava lá e deu o furo por telefone. No dia seguinte, *A Gazeta Esportiva* afirmava em manchete: "Crise do Palmeiras terminou em pizza".

Peruzzi acabou originando uma metonímia – designar uma coisa através de palavra com a qual ela possui relação de causa e efeito – que se espalhou no Brasil. Hoje é usada até para designar maracutaias políticas. Também pode indicar a obtenção de consenso, entendimento, fazer as pazes etc. A pizza é uma unanimidade mundial. Impossível encontrar alguém que não a coma. Basta trocar a cobertura para ela se adaptar ao gosto de quem não a aprecia do outro jeito. Presta-se perfeitamente à figura de linguagem.

"A História se repete através dos séculos", diz o provérbio. Acrescentamos: entre plebeus e nobres. Os estremecimentos conjugais de Margherita di Savoia e Umberto I, reis da Itália, igualmente terminavam em pizza. O casal se dava bem. Mas as constantes infidelidades do marido às vezes perturbavam a sua paz. Umberto I herdara do pai, Vittorio Emanuele II, primeiro soberano da Itália reunificada, o extremo interesse pelas mulheres. Segundo os biógrafos, só se apaixonou fora de casa uma vez, pela duquesa Eugenia Bolognini-Litta. Os outros relacionamentos teriam sido inconsistentes. "Depois de cada aventura, quase para se fazer perdoar (ou para compensá-la), presenteava a esposa com um colar de pérolas", informa Sandro Doglio, no livro *La Storia in un Bicchieri* (Daumerie Editrice, Alba, 1988). Ela usava o regalo por vaidade e para disfarçar o pescoço comprido. Foi para a rainha Margherita que o pizzaiolo napolitano Raffaele Esposito inventou em 1889 a antológica pizza margherita. O seu centenário, sim, foi comemorado no Brasil.

Massa Básica de Pizza (*)

Rende 14 discos

INGREDIENTES

- 1,5 kg de farinha de trigo italiana tipo "0"
- 500 g de farinha de trigo italiana tipo "00" (adquira as farinhas em bons supermercados ou em importadoras de alimentos)
- 1 litro (aproximadamente) de água com gás
- 60 g de sal
- 60 g de açúcar
- 20 ml de azeite extravirgem de oliva
- 5 g de lievito di birra italiano (levedura de cerveja desidratada, especial para massas). Na falta, substitua por fermento biológico seco

FORMAÇÃO DA MASSA

Misture os 2 kg de farinha. Em uma vasilha grande, coloque 1 litro de água com gás, metade (1 kg) da farinha e os demais ingredientes. Misture bem com a ajuda de um garfo. O restante da farinha deve ser colocado gradualmente, até que a massa comece a se desprender dos dedos e da vasilha. Retire toda a massa da vasilha e coloque-a sobre uma superfície lisa, preferencialmente de mármore, previamente enfarinhada. A massa então deve ser bem sovada. Se ainda estiver pegajosa, acrescente mais um pouco de farinha e continue sovando, até resultar macia, lisa e elástica. Essa operação dura cerca de 30 minutos.

LEVEDAÇÃO

Devolva a massa à vasilha, cubra-a com filme plástico e deixe-a repousar na parte inferior da geladeira por cerca de 4 a 6 horas.

(*) Receitas do advogado e pizzaiolo de fim de semana Alexandre Novelli Bronzatto, de São Paulo, SP.

Duas horas antes de começar a fazer a pizza, retire a massa levedada da geladeira. Em seguida separe uma porção da massa levedada e dê a essa porção a forma de uma pequena bola (panetto), que deve ter cerca de 200 g. Coloque os panetti em caixas, bandejas ou recipientes plásticos grandes e deixe levedar novamente, em temperatura ambiente, cobertos com um pano de prato, por cerca de 1 hora e meia. Passado esse tempo, a massa estará pronta para ser utilizada.

ELABORAÇÃO DO DISCO DE PIZZA

Com um movimento do centro para a parte externa, e com a pressão dos dedos das duas mãos, faça um disco de massa com cerca de 35 cm, de modo que borda não seja superior a 1 ou 2 cm, ficando um pouco mais alta que o centro e formando assim o cornicione.

MOLHO DE TOMATE PARA PIZZA

Rende o suficiente para a cobertura de 14 discos

INGREDIENTES

- 2 kg de tomates (preferencialmente do tipo italiano, de formato alongado, maduros e firmes)
- 5 g de sal
- 10 g de açúcar

PREPARO

Para retirar a casca dos tomates, faça um corte superficial, em cruz, com uma faca afiada, na ponta de cada um deles. Em uma panela com água fervente, coloque os tomates (cerca de 3 por vez), deixando-os de molho por cerca de 30 segundos. Retire-os e transfira-os imediatamente para uma vasilha com água e muito gelo, interrompendo, assim, o cozimento. Quando esfriarem, a casca poderá ser retirada com facilidade, bastando puxá-la suavemente com as pontas dos dedos. Descarte então o pedúnculo, com o auxílio da ponta de uma faca. Corte os tomates ao meio, retire as sementes com os dedos e bata-os aos poucos, e brevemente, no liquidificador ou no mixer. Ou então passe-os uma vez pelo moedor manual de carne. O molho não deve ficar fluido, mas sim em pedaços grosseiramente desfeitos. Para finalizar, acrescente o sal, o açúcar e misture bem.

Reinaldo Mandacaru

¡Que Vengan los Argentinos!

Primeiro foi a empanada. Chegou recheada com carne, presunto, queijo, cebola, milho verde, roquefort ou frango. Depois, os suculentos cortes do contrafilé: os bifes de chorizo e ancho. A seguir, o assado de tira, o matambre recheado, as molleja, etc. Em breve virá a entraña, um corte do interior da costela, até pouco alimento de pobre, hoje sucesso nas churrascarias de Buenos Aires. Acompanharam as carnes a parrilla de lenha ou carvão e a grelha de canaleta, que baniu o espeto gaúcho, agora circunscrito aos rodízios. E dê-lhe tango e vinho Malbec!

A última novidade a desembarcar foi o alfajor, doce no qual dois ou mais biscoitos são recheados com doce de leite, geleia de frutas ou mousse; depois, recebem um banho de chocolate, glacê ou açúcar de confeiteiro. Em 2006 a marca Havanna abriu duas lojas em São Paulo e não parou de crescer. Não resta dúvida: os argentinos estão influenciando o Brasil em algumas coisas, tendo São Paulo como base de lançamento.

Voltemos ao alfajor. É talvez a contribuição dos vizinhos do Prata que se populariza com maior velocidade. Sua doçura, que chega a doer na garganta, agrada aos brasileiros, acostumados ao excesso de açúcar. Em São Paulo, é encontrado nos quiosques de inúmeros shopping centers. Estávamos habituados a trazê-lo da Argentina nas viagens de passeio. Continuamos seus maiores clientes no duty-free do aeroporto de Ezeiza, em Buenos Aires. Todos os anos, adquirimos ali, ao embarcar, cerca de 1,8 milhão de alfajores. Hoje, não precisamos mais viajar para saboreá-lo.

Feito em casa ou industrial, é doce que desfruta há tempos de prestígio na América espanhola. Chilenos, mexicanos, peruanos, uruguaios e venezuelanos o preparam, seguindo diferentes receitas, dando-lhe apresentações variadas e nomes idem. Os argentinos, porém, transformaram-no em porta-bandeira da sua confeitaria. Consomem 6 milhões de alfajores por dia, de 34 tipos distintos, entre mais de uma centena de marcas. E ai de quem disser que não se trata de receita típica do País!

Entretanto, o alfajor surgiu muitos séculos atrás. Foi introduzido na Espanha pelos árabes depois que eles a invadiram, em 711. Portanto, sua invenção antecede a própria descoberta da América. Segundo Felipe Maíllo Salgado, no livro *Los Arabismos del Castellano en la Baja Edad Media* (Universidade de Salamanca, Espanha, 1983), o nome do doce deriva do hispano-árabe al-hasú, que significa recheado. Na cidade de Valverde del Camino, na espanhola Andaluzia, ainda hoje se prepara artesanalmente a torta de alfajor – duas obleas, ou seja, folhas muito finas de pão, semelhantes às hóstias da missa católica, recheadas com massa de mel, amêndoas, pão ralado, canela, cravo e anis. Mulheres chamadas de alfajoreras a vendem nas feiras da região.

Não por acaso, a especialidade aportou na Argentina com os imigrantes andaluzes. Mas o primeiro a industrializá-la foi o francês Augusto Chammás. Ele abriu em 1869 uma confeitaria em Córdoba e passou a vender alfajores redondos e não retangulares, como anteriormente. Cada região defende uma receita do doce. O alfajor de Córdoba leva recheio de doce de fruta, geralmente marmelo; o de Santa Fé o substitui pelo doce de leite e, em vez do banho de chocolate, envolve-o em glacê; e aí por diante.

São altamente conceituados os alfajores da costa atlântica, onde se encontra a cidade de Mar del Plata, sede da Havanna e da Balcarce, outra marca famosa. As opiniões divergem. Há quem considere o alfajor El Cachafaz, de Buenos Aires, o melhor de todos. Entretanto, o Jorgito é mais popular. As crianças o levam como lanche para a escola. Deve vender 1 milhão por dia.

¡Que vengan los argentinos! Afinal, é uma invasão apetitosa. Eles possuem uma gastronomia opulenta e variada. Na carne, começamos a dar o troco. Em Buenos Aires já se grelha a picanha, um corte lançado em São Paulo nos anos 60. Se os argentinos tiverem outras especialidades deliciosas, também serão bem-vindas. Mas, por favor, só não tentem nos convencer de que, no futebol, Maradona foi superior a Pelé.

Alfajores (*)

Rende 50 unidades

INGREDIENTES

- 200 g de manteiga
- 300 g de açúcar de confeiteiro
- 3 gemas
- 3 ovos inteiros
- 5 ml de essência de baunilha
- 400 g de farinha de trigo
- 100 g de amido de milho (Maisena)
- 10 g de bicarbonato de sódio
- Doce de leite quanto baste (para o recheio)
- Manteiga para untar e farinha de trigo para polvilhar a assadeira
- Pasta de glacear (pâte à glacer) quanto baste. Essa pasta é um derivado do chocolate e contem óleo na medida certa para manter uma boa fluidez. Adquira em casas especializadas em produtos de confeitaria.

PREPARO

Em uma batedeira, misture a manteiga e o açúcar, acrescentando, aos poucos, as gemas, os ovos e a baunilha. Em seguida incorpore a farinha de trigo, o amido de milho e o bicarbonato de sódio, peneirados juntos. Quando a massa ficar com uma consistência homogênea, embrulhe-a em filme plástico e reserve-a na geladeira, até esfriar. Retire a massa da geladeira e estique-a numa espessura de 3 a 4 milímetros. Corte discos de 5 centímetros de diâmetro na massa.
Distribua os discos em uma assadeira untada e enfarinhada. Asse em forno moderado (170°C) por 10 minutos, retire do forno e deixe os biscoitos esfriarem dentro da própria assadeira, cobertos com papel-manteiga. Coloque um pouco de doce de leite na parte

(*) Receita do pâtissier Fabrice Lenud, de São Paulo, SP.

central de cada um dos biscoitos. Deposite mais um biscoito sobre o doce de leite. Pressione-o delicadamente. Coloque os biscoitos recheados, aos poucos, na pasta de glacear, previamente derretida a 35°C. Com a ajuda de um garfo, mergulhe totalmente os biscoitos na pasta. Retire os alfajores e deixe-os esfriar sobre uma grade.

DICA: pode-se fazer uma variação, decorando os alfajores com chocolate ao leite, previamente derretido em banho-maria.

Carnevale Fa Rima con Maiale

Apesar de promover o maior carnaval do mundo, o Brasil não dispõe de um cardápio especial para os três dias da festa popular. Só um prato surgiu aqui para alimentar os foliões. É o barreado, pedaços de carne bovina temperados com alho, cominho, louro, pimenta e sal, colocados em panela de barro tampada e vedada (barreada) com massa de farinha e cozidos lentamente com toucinho e cachaça, até ficarem desfiados e úmidos. Vai à mesa com farinha de mandioca e banana-d'água, nanica ou caturra. Mas seu preparo se restringe ao Paraná, sobretudo à região de origem, os municípios de Antonina, Guaratuba, Morretes e Paranaguá, nos quais o prato virou atração turística e agora é feito o ano inteiro.

Outros países que caem na folia têm receitas dedicadas ao carnaval. Portugal, que nos legou a festa, reúne vários pratos, como mostram Maria de Lourdes Modesto, Afonso Praça e Nuno Calvet no livro *Festas e Comeres do Povo Português* (Editorial Verbo, Lisboa, 1999). Todos são substanciosos, até porque no Hemisfério Norte pula-se o carnaval no inverno. Vão da feijoada com couve à transmontana (suposta origem do prato nacional brasileiro) ao bucho (de porco) recheado (ancestral da buchada de bode pernambucana).

Em matéria de comilança carnavalesca, porém, nenhum país supera a Itália, sobretudo a cidade de Veneza, onde um doge (magistrado supremo) oficializou a diversão em 1094, mais de quatrocentos anos antes da descoberta do Brasil. Afinal, o carnaval nasceu no Império Romano. Descenderia da Saturnália, festival em honra do deus Saturno, que transcorria em dezembro, no solstício de inverno, e se caracterizava pela mesma alegria desbragada, ausência de censura e explosões de erotismo.

No Brasil, particularmente no Rio de Janeiro, o soberano do carnaval é o obeso Rei Momo, personagem tirado da mitologia grega que foi incorporado pela nossa folia depois de uma escala na Espanha, onde lhe deram a forma de um boneco que se queimava. Na Itália, o cetro fica com o porco. A escritora gastronômica egípcia Nessia Laniado, no livro *La Cucina delle Feste* (Arnoldo Mondadori Editori, Milão, 1990), cita uma pantomima (peça na qual os atores se manifestam com expressões corporais) do século XV na qual o soberano de Cuccagna (país lendário) aparece com o nome e a forma do suíno.

Chamava-se justamente rei Carnaval, era "gordo, redondo e colorido", combatia a Quaresma, "bruxa perversa, ossuda, desdentada e repressora". Governava com sabedoria e justiça um território onde os rios eram de vinho, os lagos de leite, os pães já "nasciam" assados etc. Rei Carnaval morria dramaticamente na quarta-feira de cinzas, não só pela chegada moralizante da quaresma. Seu sacrifício era também uma garantia de presuntos e embutidos que asseguravam a sobrevivência da população nos meses seguintes.

Durante séculos o carnaval foi representado pelo porco em toda a Europa. A ponto de começar em 17 de janeiro, festa de um dos mais ilustres eremitas da Igreja Católica, o egípcio Santo Antão ou Santo Antônio, o Abade, que viveu entre os séculos III e IV, chamado de "o santo do porquinho" por ser representado ao lado desse animal. A matança do suíno acontecia no dia dele. Comia-se uma parte da carne fresca, cozida ou assada, conservava-se a restante na forma de presuntos e embutidos. Utilizava-se a banha do animal em tudo, inclusive no preparo de peixes como a sardinha, a enguia e o bacalhau, além do caranguejo e diversos frutos do mar. Até os doces eram "gordos", ou seja, fritos.

Em Veneza, continuam a ser preparadas desse jeito as frittelle (bolinhos de farinha de trigo com uva passa e pinoli) e os galani (tirinhas retorcidas de massa de farinha de trigo). Quanto aos pratos de sal, o mais "leve" é o gnocchi de batata. Onde entra o porco? Nos molhos, apesar do avanço progressivo do azeite, que defenestra a banha em nome da saúde dos foliões. Já em Verona, na mesma região, realiza-se anualmente o Bacanal del Gnoco", com carros alegóricos requintados e a eleição do "Papa del Gnoco". Não por acaso, um velho ditado italiano sentencia: "Carnevale fa rima con maiale (porco)".

Galani (*)

Rende cerca de 6 porções

INGREDIENTES

- 500 g de farinha de trigo
- 6 g de fermento em pó químico
- 1 pitada de sal
- 25 ml de grappa
- 3 ovos
- 50 g de açúcar
- 50 g de manteiga
- Farinha de trigo o quanto baste para dar ponto à massa
- Óleo abundante para a fritura (antigamente se usava banha de porco)

PREPARO

Coloque em uma tigela a farinha e o fermento peneirados. Adicione os outros ingredientes, começando pelo sal e terminando com a manteiga. Misture tudo até obter um composto homogêneo. Passe para uma superfície limpa e continue trabalhando a massa, colocando mais farinha, aos poucos, conforme necessário, até que adquira uma textura bem lisa e homogênea. Envolva a massa com um filme plástico e deixe-a repousar por cerca de 30 minutos em local fresco. Abra a massa em uma máquina de preparar macarrão, manual ou elétrica, até obter uma espessura de 2 mm. A massa também pode ser aberta com um rolo. Corte a massa em retângulos finos e frite, aos poucos, em óleo quente. Retire, deixe escorrer em papel absorvente, passe para um prato e sirva.

DICAS:

Você pode dar mais graça aos formatos, dobrando a massa em nós, ou moldando-a com a ajuda de garfos, enquanto frita.
A massa também pode ser moldada em formato de máscaras de carnaval. Para isso basta preparar moldes de papelão e cortar a massa no formato deles.

(*) Receita preparada pelo chef Carlos Bertolazzi, de São Paulo, SP.

Truques contra o Porre

Uma caixinha de metal prateada contendo 18 cápsulas contra a embriaguez e a ressaca (nove vermelhas e as demais pretas) foi vista nas mãos de foliões que bebiam à beça em camarotes do carnaval de 2007 na cidade de São Paulo. Eles a trouxeram de Portugal, onde o suposto antídoto dispensava prescrição médica e tem venda livre, ao preço de 6 euros. Sua fórmula combinava dextrose ou glicose, carvão vegetal, ácido succínico, glutamina, ácido fumárico e ácido ascórbico. Especialistas no tratamento de pacientes em cujo organismo o álcool deixa as piores recordações julgaram a composição ineficiente. Outros, porém, ressaltavam que a dextrose ou glicose associada ao carvão vegetal já vinha sendo usada clinicamente contra os estragos do porre.

Os fãs do provável antídoto, batizado com o nome da KGB – a tenebrosa agência de informação e segurança da extinta União Soviética, que desempenhou a função de polícia secreta do governo entre 1954 e 1991, – também discordaram do parecer negativo. Alheios às críticas, seguiam as instruções da bula: ingeriam três cápsulas vermelhas com o primeiro gole e três pretas após o último, acompanhadas de um copo de água. Segundo diziam, elas não só funcionavam como seu efeito fora comprovado nos tempos da guerra fria, o longo período de tensão entre a extinta União Soviética e os Estados Unidos, que por pouco não resultou na Terceira Guerra Mundial. O contraveneno recebeu o nome de KGB porque teria sido usado pelos espiões soviéticos quando bebiam com os inimigos.

Os chineses também encontraram um antídoto que, segundo afiançam, cura a ressaca. Procurando saber de que modo 57 bebidas, entre chás, sucos e refrigerantes, interferem em nossa metabolização do álcool, cientistas da Universidade de Guangzhou, na cidade do mesmo nome, chegaram a algumas conclusões. Quando alcança o fígado, o álcool primeiro é transformado em acetilaldeído; depois, em acetato. Este não faz mal ao organismo humano. Entretanto, o acetilaldeído provoca dor de cabeça, náusea e vômito. Segundo os pesquisadores da Universidade de Guangzhou, há uma bebida denominada Xue bi, que acelera a decomposição do álcool. De que modo? Abreviando a ressaca por causa da menor exposição ao acetilaldeído. No resto do mundo, esse "remédio" leva o nome de Sprite, o popular refrigerante da Coca-Cola com sabor de limão. Dá para acreditar? Os chineses garantem que sim.

Há muito tempo se pesquisa um medicamento contra a ressaca. A principal dificuldade sempre foi o número de problemas que ela cria. O álcool em excesso ataca o sistema nervoso central e corrompe os mecanismos químicos cerebrais de maneira avassaladora. Provoca tantas alterações – dor de cabeça, cansaço, tontura, intolerância ao ruído, língua grossa, azia, garganta seca, sede insaciável, náusea, vômito, diarreia, remorso e dúvidas existenciais – que se torna difícil inventar uma droga capaz de corrigir todas ao mesmo tempo. Bicarbonato de sódio, sal de fruta, Sonrisal, Alka-Seltzer, Aspirina, Engov, Neosaldina, protetores hepáticos e aí por diante não operam milagres, pois revelam ação secundária. Ainda assim, são consumidos sistematicamente pelas vítimas contemporâneas da ressaca.

Uma, duas ou três gerações atrás, os bebedores experimentados se revelavam mais sábios. Preveniam-se da carraspana enchendo o estômago de proteínas (leite, ovo e carne) ou "forrando suas paredes" com uma colher de azeite. Só então caíam na gandaia. Na manhã seguinte, poderiam experimentar a sensação de arder no fogo do inferno. Mas tinham feito a sua parte. O escritor Luís Fernando Versíssimo, testemunha ocular da época, confirmou esse ato de coragem em uma crônica memorável e afirmou que, na sua juventude, considerava-se a ressaca "uma prova de que a retribuição divina existe e que nenhum prazer ficará sem castigo". Entretanto, nem todos demonstravam esse pragmatismo.

Dois elegantes brasileiros, o embaixador e escritor Maurício Nabuco, autor de *Drinkologia dos Estrangeiros* (Editora Nova Fronteira, Rio de Janeiro, 1982), e o mestre em etiqueta social, jornalista e colunista social Marcelino de Carvalho, que publicou *A Arte de Beber – Assim Falava Baco* (Editora Civilização Brasileira, Rio de Janeiro, 1963), difundiram no século passado o truque do "rebate", capaz de mitigar a tortura da dor de cabeça. Consiste em tomar na manhã da ressaca uma pequena dose de bebida. O mecanismo de funcionamento é controvertido. Uma explicação é que o novo trago devolve o equilíbrio vascular perdido pela queda abrupta dos níveis de álcool metabolizados durante o sono, fazendo a pessoa se sentir bem.

Ambos deram em livros conselhos nessa linha. Maurício sugeriu aos acometidos de ressaca um coquetel à base de gim, com algumas gotas de Angostura e água da bica gelada. Garantiu que a combinação restabelece imediatamente o organismo e brincou com sua influência terapêutica. "Não é, aliás, senão a aplicação da máxima homeopática *similia similabus curantur*", explicou. Marcelino difundiu quatro receitas. A primeira manda beber um grande copo de leite cru gelado, misturado com meio cálice de conhaque. E, com experiência doutoral, avisou: "A gente parece que ouve o 'chiii' de uma gota fria aplicada em uma chapa vermelha de fogão". A segunda receita é um *prairie-oyster*, que ele preparava usando meio cálice de molho inglês, uma gema de ovo inteira, para ser engolida sem estourar, pimenta-do-reino e uma pitada de sal. Bebe-se em um gole só. Depois, entorna-se um copo de cerveja preta amarga e geladíssima.

Já a terceira manda "rebater" com meia dúzia de ostras e um cálice de vinho branco seco. Enfim, a derradeira prescrição ensina juntar, em doses iguais, suco de laranja, champagne ou vinho branco seco. Marcelino só não apontou a fórmula mais eficiente. Em vez disso, pediu ao leitor de *A Arte de Beber – Assim Falava Baco* que enfrentasse quatro ressacas sucessivas e desse seu testemunho pessoal sobre as sugestões. Na mesma linha de Nabuco e Marcelino, muitos bebedores que avançavam o sinal do copo em São Paulo nos anos de 2011 e 2012 adotavam como "rebate" o refrescante Spritz – drinque à base de Prosecco, Aperol (aperitivo italiano à base de laranja amarga, genciana, ruibarbo e cinchona), água com gás e cubos de gelo.

Os dois saudosos personagens nacionais também concordavam em outro ponto. Pode-se "rebater" a ressaca, ou melhor, tratá-la, com comida boa, refrescante e revigorante. "O mal de quem bebe não é beber", teorizou Marcelino. "É não comer". Que opinião os dois ilustres profetas do bem viver teriam sobre o KGB? Talvez duvidassem do antídoto soviético, pois desconfiavam dos remédios. Além disso, ambos eram anti-comunistas até a raiz do cabelo...

Spritz

Rende 1 drinque

INGREDIENTES

- 3 partes de Prosecco
- 2 partes de Aperol
- 1 parte de água com gás
- 2 cubos de gelo
- 1 rodela de laranja

PREPARO

Em um copo longdrink, coloque os ingredientes, começando pelo Aperol, depois o Prosecco e finalmente a água com gás e o gelo. Misture-os com uma colher bailarina. Decore com a rodela de laranja e sirva.

Luiz Henrique Mendes

A Malandragem da Sopa de Pedra

Herói sem caráter, esperto, trapaceiro, simpático e imaginário, protagonista de antigas fábulas ibéricas, Pedro Malasartes saiu de moda. Só as pessoas mais velhas lembram das peripécias do personagem que por muitos séculos divertiu crianças e jovens em Portugal, Espanha e terras colonizadas pelos dois países. No Brasil, falou-se em Pedro Malasartes no primeiro livro infantil nacional, *Contos da Carochinha*, de 1894, escrito por Figueiredo Pimentel.

O herói sem caráter teria caído no ostracismo não fosse o socorro de Mazzaropi, que o representou no filme *As Aventuras de Pedro Malasartes*, de 1960; de Renato Aragão, que lhe dedicou um programa especial na TV Globo em 1998; e de Ana Maria Machado, que o recontou no livro *Histórias à Brasileira – 2* (Companhia das Letrinhas, São Paulo, 2004). Ninguém lembraria, por exemplo, da antológica sopa de pedra inventada por ele.

Luís da Câmara Cascudo, no *Dicionário do Folclore Brasileiro* (Global Editora, São Paulo, 2000), descreve-o como "o tipo feliz da inteligência despudorada e vitoriosa sobre os crédulos, os avarentos, os parvos, os orgulhosos, os ricos e os vaidosos, expressões garantidoras da simpatia pelo herói sem caráter". Diz também que a mais antiga referência lusitana a esse legítimo representante da literatura picaresca se encontra no *Cancioneiro da Vaticana*, do século XVI: "Chegou Payo de maas Artes...".

Na Espanha, onde aparece em um documento do século XII, chamam-no Pedro de Urdemalas ou Urdimalas; no Chile e México, vira Pedro Urdemales; na Argentina, Bolívia, Paraguai, Peru e Venezuela, é Pedro Rimales. Em todos os lugares, inclusive no Brasil, cria a sopa de pedra, exceto em Portugal, onde o trocam nessa fábula por um frade de uma ordem que, proibida de ter bens, obrigava os religiosos a viverem da caridade alheia.

Cansado e faminto, Malasartes bateu na porta da casa de uma mulher avarenta. "Consiga-me alguma coisa para comer", implorou. O galinheiro estava cheio, a horta repleta, o pomar carregado, porém ela respondeu não ter nada. "Sendo assim, vou fazer uma sopa de pedra", disse Malasartes. Então, pegou uma pedra no chão e lavou bem. Depois, pediu uma panela de barro e um fogão para cozinhar. "Ora, essas coisas eu tenho", admitiu a mulher.

Malasartes acendeu o fogo, colocou a pedra na panela, encheu-a de água e, quando começou a chiar, provou a "sopa". "Está ótima, mas ficaria melhor se tivesse um pouco de gordura", ponderou. A mulher trouxe um pedaço de toucinho. A seguir, ele solicitou orelha de porco, depois morcela, sal, feijão-mulatinho, batata, couve, coentro e pimenta-do-reino, sendo atendido. Preparada a sopa, ofereceu um prato à mulher, que a adorou. Na panela, restou apenas a pedra. Malasartes a lavou novamente e guardou no bolso. "Carrego-a comigo para fazer outra sopa no dia em que precisar enganar outra velha boba", explicou. Saiu disparado... Em Portugal, a sopa de pedra, preparada por um frade, como dissemos, e não pelo herói sem caráter, ao qual são atribuídas outras malandragens, é levada a sério. A cidade de Almeirim, no Ribatejo, a 70 quilômetros de Lisboa, transformou-a em atração turística. Quase todos os restaurantes a preparam. Louvada seja a sopa de pedra!

Sopa de Pedra (*)

Rende de 8 a 10 pratos

INGREDIENTES

- 1 kg de feijão encarnado (use o feijão mulatinho)
- 400 g de orelha de porco
- 300 g de chouriço (linguiça portuguesa)
- 1 morcela (chouriço em que o sangue de porco é o elemento principal)
- 150 g de toucinho entremeado (com veios de carne)
- 2 cebolas picadas
- 2 dentes de alho picados
- 1 folha de louro
- 750 g de batatas cortadas em pequenos cubos
- 1 maço pequeno de coentro picado
- Água quanto baste
- Sal e pimenta-do-reino moída na hora a gosto
- 1 pedra bem lavada

PREPARO

Deixe o feijão de molho em água durante a noite. Escorra. Escalde e raspe a orelha de porco. Numa panela grande, coloque o feijão, junte as carnes , a cebola, o alho e a folha de louro. Adicione água, tempere com sal, pimenta e cozinhe em fogo alto. Se for necessário, junte mais água (fervente) durante o cozimento. Retire as carnes à medida que forem cozinhando, corte-as em pequenos pedaços e reserve. Quando o feijão estiver praticamente cozido, acrescente as batatas e o coentro . Deixe as batatas ficarem macias, retire a panela do fogo e introduza as carnes. Passe para uma sopeira, coloque a pedra e sirva a sopa bem quente.

(*) Receita preparada no restaurante O Estribo, de Almeirim, em Portugal.

Uma Sopa Chamada Velloso

O escritor e autor teatral Guilherme Figueiredo (1915-1997), nascido em Campinas, São Paulo, mas carioca por adoção, dizia que um dos nomes próprios mais falados no centro da ex-capital do Brasil na hora do almoço era Leão Velloso. Até hoje é assim. Aqueles que o pronunciam, porém, sejam comerciantes ou comerciários, funcionários públicos ou profissionais liberais, comilões ou gourmets, não se referem a uma pessoa, mas a uma sopa, na verdade uma caldeirada à base de peixes e frutos do mar, preparada há quase 100 anos no Rio Minho, na Rua do Ouvidor, número 10.

O restaurante conserva sua decoração tradicional: as paredes forradas de madeira decoradas com conchas marinhas e as pilastras de porcelana azul. Segundo mais antigo da cidade, aberto em 1884 – o primeiro é o Café Lamas, de 1874 –, já tinha cerca de quatro décadas quando o embaixador Pedro Leão Velloso Neto (1887-1947) desembarcou da França com a receita da bouillabaisse, caldeirada típica de Marselha, na Provença, e pediu ao dono do Rio Minho que lhe preparasse o prato. Continuou delicioso, apesar das necessárias adaptações, sem alguns pescados fundamentais do Mediterrâneo, trocados pelos do Atlântico.

Fez sucesso, entrou para o cardápio do restaurante e nunca mais saiu. Por algum tempo, a preparação conservou o nome original, mas acabou rebatizada de Leão Velloso, não só em homenagem a seu patrono como pelo fato de os cozinheiros, garçons e inúmeros clientes não conseguirem pronunciar bouillabaisse. Sofreu outras adaptações ao longo do tempo – não faz muito, incorporou pimentão doce, vinho do Porto e amido de milho – e adquiriu certa personalidade própria.

Essa é a história provável da especialidade do Rio Minho, pois os registros históricos apresentam contradições quanto à data de sua chegada ao Rio de Janeiro e em relação ao responsável por sua introdução, que alguns já atribuíram a outros Leão Velloso. O espanhol Ramón Domínguez, atual proprietário do restaurante, assegura que a receita veio da França "quando o embaixador Leão Velloso foi transferido de Paris para o Rio de Janeiro", então sede do Itamaraty. Entretanto, não sabe precisar em que ano isso aconteceu. Guilherme Figueiredo, no livro *Comidas, Meu Santo!* (Editora Civilização Brasileira, Rio de Janeiro, 1964), faz várias especulações e conclui que ela estreou no Rio Minho "por volta de 1909-1910".

Segundo o grande escritor e autor teatral, seu introdutor teria sido Gil Vidal, pseudônimo de Leão Velloso Filho, primeiro redator-chefe do *Correio da Manhã*. Por que discordar dessa versão? Em primeiro lugar, Gil Vidal jamais foi embaixador, mas jornalista. Depois, o maior gourmet da família era Pedro Leão Velloso Neto. Outros autores creditam a receita ao senador imperial Pedro Leão Velloso, que também foi governador das províncias do Espírito Santo, Piauí e Rio Grande do Norte. Calculam que a incorporação da receita francesa ocorreu entre as décadas de 10 e 20. Ora, esse político morreu em 1902, como lembra Carlos Ditadi, historiador do Arquivo Nacional do Rio de Janeiro.

Até por exclusão, chega-se ao nome do diplomata Pedro Leão Velloso Neto. Ao longo de sua carreira e nas funções de segundo e primeiro secretário, ministro residente e plenipotenciário, por último como embaixador, ele representou o Brasil em Roma, Paris, Berna, Copenhague, de novo em Roma, outra vez em Paris, a seguir em Pequim, Tóquio e finalmente em Roma. Foi ministro das Relações Exteriores do Brasil entre 1945-1946, sucedendo Oswaldo Aranha. Nesse período, como representante nacional, assinou a Carta da Organização das Nações Unidas (ONU), espécie de Constituição referendada por 51 países.

Segundo o *Almanaque do Pessoal do Ministério das Relações Exteriores* (Imprensa Nacional, Rio de Janeiro, 1946), representou o Brasil duas vezes na capital francesa, ambas como primeiro secretário: de 1918 a 1919 e de 1923 a 1926. Na primeira, mudou para Copenhague; só na outra foi removido para o Rio de Janeiro, onde permaneceu dois anos frequentando assiduamente o Rio Minho e demais restaurantes da cidade nos intervalos do trabalho. Portanto, tomando-se por base a voz da tradição, a bouillabaisse veio para o Brasil na década de 20. De lá para cá, os cariocas a saboreiam o ano todo, independentemente da estação.

A receita original de Marselha, que o genial chef francês Auguste Escoffier (1846-1935) apelidou de "sopa de ouro", não inspirou apenas a preparação carioca. Tem sido copiada pelo mundo afora. Sua difusão internacional se deve, em parte, a Lorde Brougham (1778-1868), literato, historiador e político inglês, grande-chanceler no ministério do Conde Grey, em 1832, admirador do sul da França e de sua cozinha – mereceu uma estátua em Cannes. Certa vez, não pôde entrar em Nice, a 190 quilômetros de Marselha, porque estava atacada pela cólera.

A epidemia obrigou Lorde Brougham a dormir numa hospedaria de pescadores da região. Ali conheceu a bouillabaisse. Para tentar conter as imitações, os donos de restaurantes e chefs de Marselha firmaram em 1980 a Carta da Bouillabaisse, cujo texto fixou as características da receita autêntica. Segundo o documento, só pode levar o nome do prato a preparação que usar no mínimo uma dezena de variedades de peixes e frutos do mar do Mediterrâneo.

A enciclopédia *Larousse Gastronomique* (Librairie Larousse, Paris, 1984) informa que a bouillabaisse (bouiabaisse em provençal, palavra masculina) era inicialmente um prato dos pescadores que descarregavam seus barcos em Marselha. Faziam-no ao voltar da viagem, com os peixes e frutos do mar que não conseguiam vender, portanto menos valorizados comercialmente.

O nome derivaria de *bouillir* (ferver) e *abaisser* (abaixar), porque a receita antiga manda cozinhar em fogo muito forte, mas retirar a panela do fogo assim que começar a ferver. Lagosta e outros crustáceos de luxo foram incorporados posteriormente, quando o prato fez sucesso nos restaurantes grã-finos. Em Paris, sua entronização aconteceu na época da Revolução Francesa, no cardápio do histórico Les Trois Frères Provençaux, fundado por Barthélemy e Simon, ex-empregados do príncipe Conti.

O restaurante apresentou aos parisienses mais duas delícias meridionais: as carnudas azeitonas verdes e a cremosa brandade de bacalhau. Quando ortodoxa, a bouillabaisse leva peixes de rocha, mais saborosos. Considera-se fundamental a presença da rascasse e da vive, do congro e do vermelho; são facultativos o saint-pierre (também de rocha, nada a ver com o conhecido no Brasil), a cavaquinha, o tamboril e a lagosta.

Aromatiza-se com açafrão, casca de laranja seca e erva-doce; o alho-poró e a cebola não aparecem em todas as receitas, mas são bem-vindos. Serve-se tudo junto (peixes, frutos do mar e caldo) ou separadamente. Há divergência sobre o pão. Em Marselha, se o caldo for servido à parte, derrama-se sobre um tipo rústico, sem tostá-lo ou acrescentar alho. Acompanham a comida os vinhos brancos e rosados da Provença. Conclusão: comparada com a verdadeira bouillabaisse, a sopa Leão Velloso se revela tão aculturada que poderíamos chamá-la de "uma carioca afrancesada".

Sopa Leão Velloso (*)

Rende 4 porções

INGREDIENTES

- 1,5 kg de cabeça de cherne limpa
- 300 g de polvo novo e limpo
- 300 g de lulas limpas
- 200 g de camarões médios limpos
- 50 g de mexilhões limpos
- 2 cebolas
- 1 ramo de aipo
- 1 pé de alho-poró
- 3 ramos de salsinha
- 3 ramos de cebolinha-verde
- 4 ramos de manjericão
- 1 ramo (pequeno) de alecrim
- 5 ramos de coentro
- 2 colheres (sopa) de azeite extravirgem de oliva
- 2 colheres (sopa) de óleo de milho
- 6 dentes de alho picados
- 2 tomates picados
- 1 pimentão-doce picado
- 2 folhas de louro
- 1 cálice de vinho do Porto
- 1 colher (sobremesa) de amido de milho (Maisena)
- 1 pitada de noz-moscada
- Sal a gosto

ACOMPANHAMENTO

- Fatias de pão torradas

(*) Receita do restaurante carioca Rio Minho, interpretada pelo Rufino's, de São Paulo, SP.

PREPARO

Cozinhe a cabeça do peixe em bastante água, por 30 minutos, com 1 cebola, o aipo, a salsinha, a cebolinha-verde, o alho-poró, o manjericão, o alecrim e o coentro. Retire a cabeça inteira, coe o caldo e reserve. Desfie a carne da cabeça e reserve.

Cozinhe o polvo e as lulas por 30 minutos. Se for necessário, retire as lulas antes. Tempere com sal e reserve.

Cozinhe os camarões e os mexilhões por 10 minutos. Tempere com sal e separe o caldo do cozimento.

Aqueça o azeite extravirgem e o óleo de milho. Coloque a outra cebola bem picada, o alho, os tomates, o pimentão, o louro e o vinho do Porto. Ferva por 15 minutos, coe e reserve esse refogado.

Em uma panela, de preferência de barro, adicione 1,5 litro do caldo obtido no cozimento da cabeça do peixe e 500 ml do caldo em que foram cozidos os camarões e os mexilhões. Acrescente o refogado e ferva por 15 minutos, mexendo seguidamente.

Adicione a noz-moscada, ferva por mais 15 minutos e coe.

Engrosse a sopa com o amido de milho e adicione o polvo e as lulas em pedaços, os camarões, os mexilhões e a carne da cabeça de peixe desfiada. Ajuste o sal, levante fervura e sirva com as torradas.

O Troca-troca das Plantas

Carambola, coco, jaca, manga, fruta-pão, laranja, limão e mexerica, frutas muito populares no Brasil, são originárias do nosso país? Não: foram trazidas do Oriente. Especiarias como a canela, cravo, noz-moscada, as pimentas do reino e malagueta nasceram aqui? Não, vieram igualmente daquela parte do mundo.

Onde nasceram o aipo, alface, amêndoa, beterraba, figo, couve, maçã, marmelo, melão, pera, pêssego e rabanete? Apesar de terem diferentes procedências, chegaram da Europa. Onde surgiram o abacate, abacaxi, amendoim, amora, batata, baunilha, cacau, caju, girassol, goiaba, mandioca, mandioquinha, maracujá, papaia e tomate? Esses produtos, sim, são da América.

Quem promoveu o vaivém das plantas universais? Os navegadores lusitanos dos séculos XVI e XVII, pioneiros da globalização. A proeza está documentada no livro de José Eduardo Mendes Ferrão *A Aventura das Plantas e os Descobrimentos Portugueses* (Instituto de Investigação Científica Tropical/Fundação Berardo/Chaves Ferreira Publicações, Lisboa, 2005). Não se trata de uma novidade editorial, mas parece ser. É um daqueles livros dos quais muitos falam, mas poucos leram. Engenheiro agrônomo lusitano, pesquisador científico conceituado, Mendes Ferrão dividiu *A Aventura das Plantas* em quatro capítulos: Plantas Idas do Reino, Plantas de Origem Americana, Plantas Originárias do Oriente e Plantas Originárias da África.

O troca-troca português começou com a viagem de Vasco da Gama à Índia, em 1498, que mudou a história da navegação, abriu rotas comerciais e culturais e acelerou a chegada do mundo moderno. Não por acaso, a expedição se interessava pelas especiarias no Oriente, a começar pela pimenta, preciosidade na época. Todos os exploradores lusitanos se inspiraram em Vasco da Gama, inclusive Pedro Álvares Cabral, o descobridor do Brasil.

Encantados com as novas terras, os navegadores descreveram em crônicas ou cartas pormenorizadas as coisas que lhes chamavam a atenção. Na viagem de volta, carregavam produtos representativos dos lugares encontrados: ocasionalmente nativos, objetos de adorno, sementes, mudas de plantas e frutas, cujas utilidades alimentícias ou medicinais se pesquisavam em Portugal. O primeiro trabalho era procurar adaptá-las às condições ecológicas europeias ou, então, à natureza das Ilhas da Madeira e de Porto Santo e do Arquipélago de Cabo Verde. Esses territórios ultramarinos viraram laboratórios de experiências botânicas e agrícolas.

As plantas que vingavam e se mostravam produtivas eram testadas adiante. O autor anônimo de *Navigation de Lisbonne à l'Ile de São Tomé par un Pilote Portugais Anonyme*, raridade guardada no Arquivo Nacional da Torre do Tombo, em Lisboa, relata uma viagem a Cabo Verde ocorrida talvez em 1545, na qual se encontraram laranjeiras, cidras, limoeiros, romeiras e figos "de boa qualidade", de origem lusitana, e "palmeiras que dão coco", trazidas do Oriente.

Obviamente, os portugueses também difundiram as plantas descobertas pelos espanhóis e vice-versa. Mendes Ferrão diz que, em alguns casos, os dois povos ibéricos as conheceram "na mesma época e as difundiram por igual, tornando-se [...] difícil atribuir a prioridade". Um exemplo foi o milho. Os portugueses o encontraram no Brasil em 1500. Os espanhóis, na América Central. O agrônomo Fábio de Oliveira Freitas, da Embrapa, mostrou que nossos índios podem ter aprendido a arte do seu cultivo diretamente com os colegas agricultores da América Central, e não com as populações dos Andes, como se imaginava.

Entretanto, os portugueses foram buscar em Sevilha, na Espanha, o milho que introduziram na África, onde o difundiram com o nome de "grão português". Quase todas as plantas espalhadas por eles criaram raízes e hoje dão a impressão de que sempre existiram nas terras de introdução. Pede briga com o Brasil quem disser que banana, carambola, coco, jaca, manga, fruta-pão, laranja, limão e mexerica não são frutas nossas.

Doce de Tomate

Rende cerca de 6 porções

INGREDIENTES

- 1 kg de tomates maduros, porém firmes
- 1/2 xícara (café) pequena de água
- 400g de açúcar cristal
- 3 cravos-da-índia
- 1 pedaço (pequeno) de canela em pau

PREPARO

Pele os tomates, parta ao meio e descarte as sementes. Acrescente a água e passe a mistura por uma peneira.
Passe para uma panela de fundo grosso e incorpore o açúcar, o cravo e a canela. Leve ao fogo brando, até cozinhar bem, obtendo textura de calda. Durante o cozimento, vá retirando com uma colher a espuma que se forma na superfície.

Um Pernambucano Escondidinho

O escondidinho de charque ou de carne-seca – ingredientes que diferem entre si no preparo e teor de sal – é um prato cada vez mais solicitado nos botequins de São Paulo. Também faz sucesso nos restaurantes populares. Industrializado e congelado para consumo doméstico, desaparece rapidamente dos supermercados, adquirido por uma freguesia crescente. Vai bem como petisco, acompanhando cerveja, ou na condição de prato forte da refeição.

Seus ingredientes originais são a mandioca (macaxeira, no Nordeste) cozida em água, refogada com alho, cebola e batida com leite até adquirir a consistência de purê; e o charque ou a carne-seca cozida e desfiada, frita na manteiga com cebola e temperos. O prato foi batizado em Pernambuco, talvez na metade do século passado. Espalhou-se pelo Nordeste e Sudeste do Brasil.

É igualmente preparado o escondidinho que troca o purê de mandioca pelo de batata e o charque ou a carne-seca por frango, pato, peru, carne moída, camarão, atum e até berinjela e espinafre, para regozijo dos vegetarianos. Alguns o chamam de bolo de batata.

O nome escondidinho veio da montagem. Primeiro se espalha uma camada de purê de mandioca no fundo da travessa. Distribui-se por cima o charque ou a carne-seca. A seguir, deita-se nova camada de purê. Finalmente, pulveriza-se queijo, de preferência o coalho, e se leva ao forno para gratinar. Há quem pincele ovo batido quando se forma uma casca na superfície. Fica mais dourado. O purê esconde o recheio – daí o nome.

Apesar do nosso apetite cívico ao saboreá-lo – afinal, a mandioca, o charque e a carne-seca são produtos verde-amarelos –, sua origem é europeia. Seria adaptação do francês *hachis parmentier*. A receita desse prato se encontra no livro *Le Guide Culinaire*, do genial chef Auguste Escoffier (1846-1935), lançado em 1903. *Hachis* indica picadinho; *parmentier* é uma homenagem ao agrônomo e farmacêutico Antoine Augustin Parmentier (1737-1813), figura histórica da ciência, agricultura e gastronomia da França. A principal diferença entre o *hachis* e o escondidinho está nos ingredientes. Na receita francesa, o purê é sempre de batata. Usa-se muitas vezes a sobra da carne de panela ou assada no forno. Portanto, acaba sendo prato de aproveitamento.

A batata, descoberta na América, custou a ser aceita na Europa. A população a julgava indigesta e causadora de doenças. Na França – o país que inventou o purê e a batata frita –, houve longa resistência. Só no final do século XVIII, graças a Parmentier, o preconceito declinou. Entre outras iniciativas, ele plantou o tubérculo americano no atual Champ-de-Mars, de Paris, com a cumplicidade do rei Luís XVI.

A fim de provocar a curiosidade pública, um exército cercou a plantação. As pessoas acharam que ali se cultivava uma preciosidade. Durante o dia, ninguém podia se aproximar. À noite, os soldados fingiam estar distraídos e os camponeses surrupiavam mudas. Não por acaso, a cozinha francesa prepara diversos pratos à base de batata com o nome de Parmentier.

Segundo a colunista gastronômica Lecticia Cavalvanti, autora de *História dos Sabores Pernambucanos* (Fundação Gilberto Freyre, Recife, 2009), o escondidinho é um prato "recente" no cardápio nordestino. "Não está presente nas obras de Gilberto Freyre e Mário Souto Maior, nem de Luís da Câmara Cascudo", diz ela. "Também não aparece nos livros de receitas das famílias tradicionais de Pernambuco."

O purê de mandioca harmoniza divinamente com o charque ou a carne-seca. Com a devida licença dos gostos heterodoxos, que preferem o de batata, nada combina melhor do que o ingrediente primitivo. Se alguém quiser substituir a mandioca, que escolha a abóbora. Não fará o autêntico escondidinho, porém uma variação brasileira mais palatável da receita.

Escondidinho de Charque com Purê de Mandioca (*)

Rende 4 porções

INGREDIENTES

CHARQUE

- 1/2 kg de charque de boa qualidade, limpo e sem nervos
- 200 ml de manteiga de garrafa
- 250 g de cebola cortada em julienne (finas tiras)
- 200 g de cebolinha verde picada

PURÊ DE MANDIOCA

- 1 kg de mandioca
- 200 g de cebola picada
- 150 g de alho picado
- 100 g de manteiga
- 350 ml de leite
- 250 g de queijo coalho ralado para salpicar
- Sal e pimenta-do-reino moída na hora a gosto

PREPARO DO CHARQUE

Lave o charque em água corrente, corte-o em pedaços e deixe-o de molho por cerca de 12 horas, trocando seguidamente a água. Depois de dessalgado, cozinhe o charque na panela de pressão até ficar macio. Escorra e desfie a carne, retirando toda a gordura. Em uma frigideira preaquecida, coloque a manteiga de garrafa, depois o charque desfiado e frite até a carne ficar crocante. Acrescente a cebola e misture bem. Finalize com a cebolinha picada.

(*) Receita preparada pela chef Ana Luiza Trajano, de São Paulo, SP.

PURÊ DE MANDIOCA

Descasque a mandioca e cozinhe em água quente até ficar macia.
Em uma panela, refogue a cebola e o alho na manteiga. Acrescente a mandioca e misture bem. Coloque o leite e em seguida passe tudo no processador, até adquirir a consistência de purê.
Tempere com sal e pimenta.

MONTAGEM

No fundo de um prato refratário, coloque uma camada de purê e espalhe o charque em cima. Disponha mais uma camada de purê, de maneira a cobrir toda a carne.
Salpique por cima do purê o queijo coalho ralado e leve ao forno alto para gratinar. Sirva imediatamente.

Bossa-nova É Ser Estrogonofe

A Bossa-Nova foi lançada no Rio de Janeiro em finais da década de 50 e dez anos depois seu genial estilo musical arrefecia. Mas o estrogonofe, o prato que fascinava Tom Jobim, João Gilberto, Luís Bonfá, Ronaldo Bôscoli, Carlos Lyra, Roberto Menescal, Sylvinha Telles e Nara Leão, continua a fazer sucesso nacional, apesar de ter perdido a aura elegante.

Virou uma das receitas mais populares do Brasil, junto com o espaguete e a lasanha à bolonhesa, o bife à milanesa e o nhoque de batata. Hoje, leva não só a carne bovina, mas também a do frango, camarão inteiro e até vôngole (ufa!). Todas os manuais de cozinha, a começar pelo best-seller *Dona Benta – Comer Bem*, ensinam a prepará-lo.

Ruy Castro, no livro *Chega de Saudade – a História e as Histórias da Bossa-Nova* (Companhia das Letras, São Paulo, 1999), ressalta a predileção gastronômica do movimento. O prato coroou a histórica reunião geral do grupo, em fins de 1959, para uma reportagem da revista *O Cruzeiro*, na residência do pianista Bené Nunes, na Rua Osório Duque Estrada, Gávea.

O encontro durou horas e só foi interrompido por volta de meia-noite, para que Dulce Nunes, mulher do anfitrião, servisse estrogonofe. Ruy Castro diz que o prato era o *must* das reuniões das quintas-feiras, realizadas ali. "Enquanto ele era digerido, a música continuava, já então contando com a participação da dona da casa como cantora – muito admirada por todos, inclusive por sua voz", conta.

A Jovem Guarda, movimento nascido em São Paulo no ano de 1965, também foi no embalo do estrogonofe. Erasmo Carlos, um dos seus fundadores, junto com Roberto Carlos e Wanderléa, confessa que conheceu o prato em uma boate e gostou tanto que passou a pedi-lo sempre. "O nome da delícia me remetia ao high society", confessa na autobiografia *Minha Fama de Mau* (Editora Objetiva, Rio de Janeiro, 2009).

Um dia foi ao restaurante Gigetto, de São Paulo e, para impressionar a namorada, dirigiu-se ao maître carregando nos efes: "Por favor, amigo, estrogonoffffe para dois". Quando o prato chegou, estranhou a cor e disse ao garçom não ser a mesma receita. Mas, ao experimentá-lo, descobriu o engano. "Pouco acostumado às mesas de restaurantes, onde a luz é mais intensa, demorei a perceber que o molho do estrogonofe só era mais escuro na penumbra das boates", diverte-se.

O estrogonofe nasceu na cozinha do palácio da família aristocrática Stroganov, em São Petersburgo, na Rússia, e também é chamado de stroganov, stroganoff e strogonoff. Foi introduzido no Rio de Janeiro em princípios da década de 50, pelo barão austríaco Max von Stuckart, que havia aberto a elegante boate Vogue, no Rio de Janeiro. A casa noturna funcionava na Avenida Princesa Isabel, em Copacabana. Tinha ótima comida e música excelente. Gregório Berezansky, o chef principal, ganhava 4 mil dólares por mês, mais a hospedagem.

O barão contratava intérpretes do brilho de Linda Batista, Aracy de Almeida, Silvio Caldas, Dolores Duran e Ângela Maria. O pianista austríaco Sacha Rubin saudava os frequentadores que chegavam tocando a música predileta de cada um. Mais tarde, abriu a própria boate, financiada pelo empresário do show Carlos Machado. Assim surgiu a Sacha's, outro sucesso da noite carioca.

As circunstâncias em que Stuckart lançou o estrogonofe são recordadas por Henrique Veltman, ex-chefe de redação dos jornais cariocas *Última Hora* e *O Globo*. O barão oferecia gratuitamente aos repórteres que cobriam a noite um picadinho invariável. Cansado do cardápio monótono, o jornalista Ibrahim Sued foi se queixar ao dono da boate em nome dos colegas.

Stuckart acolheu a reclamação e passou a servir uma receita diferente. Levava carne em tirinhas, smétane (creme de leite azedo) e champignons de Paris. "Colunas e reportagens, a partir dali, cantaram as virtudes e a nobreza do prato, que invadiu a cozinha dos emergentes cariocas", atesta Veltman.

O barão, um sujeito de apurada educação, que usava óculos tartaruga, gravata-borboleta e ternos de tecido importado, era ligeiramente calvo, tinha a pele clara, media em torno de 1,70 e pesava cerca de 80 quilos. Veio para o Brasil em 1944, contratado pelo Copacabana Palace, como diretor artístico do Golden Room, o salão de shows, conferências e eventos do hotel. Chegou e dominou a cena.

O maître aposentado Mário Barros, que trabalhou no hotel de 1953 a 1998, lembra de uma história ilustrativa. O empresário Octávio Guinle, fundador do Copacabana Palace, respeitava tanto Stuckart que o convidava para sentar na sua mesa, algo inédito nas relações entre patrão e empregado no Brasil da época.

Ricardo Boechat, no livro *Copacabana Palace – Um Hotel e Sua História* (DBA/ Melhoramentos, São Paulo, 1998), conta que para o espetáculo de estreia da sua direção artística o barão selecionou "as mais lindas *girls* brasileiras", entre as quais a futura atriz dramática Maria Della Costa, "a grande responsável pelo clímax do show, exibindo-se com os seios cobertos apenas por um leve tecido transparente".

Quando deixou o Copacabana Palace para abrir a Vogue, Stuckart foi morar ao lado, na cobertura do Edifício Chopin, um dos endereços mais exclusivos do Rio de

Janeiro. Dava recepções impecáveis, para as quais contratava os serviços do vizinho hotel. Em 1955, após o incêndio que destruiu completamente a Vogue e o prédio onde a boate se encontrava, o barão ganhou um emprego na VARIG.

Passou a cuidar do cardápio de bordo do luxuoso Super G Constellation, um avião de motor a pistão que alcançava até 480 quilômetros por hora e fazia a rota Porto Alegre-Nova York com escalas em São Paulo, Rio de Janeiro, Belém e Ciudad Trujillo, atual Santo Domingo, na República Dominicana. Saía da capital gaúcha às 11 horas e 30 minutos e só chegava à às 4 da tarde do dia seguinte à *Big Apple*.

Em compensação, até porque o Super G Constellation não dispunha de classe econômica, os passageiros se regalavam com uma comida primorosa, à base de caviar malossol, foie gras, pratos como bortschok, crème la reine Margot, coquetel de melão a fine champagne e, paradoxalmente, nenhum estrogonofe.

Quem notou a ausência foi o empresário e editor Carlos Spagat, diretor em São Paulo da revista *Flap Internacional*, especializada em aviação, após examinar sua enorme coleção de cardápios de bordo. Já as bebidas eram o whisky escocês e os vinhos premiers crus de Bordeaux: Château Haut-Brion, Château Lafite Rothschild, Château d'Yquen e aí por diante.

No livro *Quase Tudo – Memórias* (Companhia das Letras, São Paulo 2005), Danuza Leão, frequentadora da Vogue, acrescenta que o barão introduziu outros pratos clássicos no Rio de Janeiro, inclusive o supremo de frango à Kiev (o peito da ave recheado com manteiga, empanado e frito). A "tchurma" da Bossa-Nova, porém, não apreciava essa receita.

Estrogonofe à Brasileira

Rende 4 porções

INGREDIENTES

- 1 kg de filé mignon sem gordura
- 1 cebola grande bem picada
- 2 colheres (sopa) de manteiga
- 500 ml de vinho branco seco
- 200 g de bacon cortado em pequenos cubos
- 200 g de champignons de Paris
- 1 1/2 xícara (chá) de creme de leite fresco
- Molho inglês a gosto
- Sal e pimenta-do-reino moída na hora a gosto

ACOMPANHAMENTO

- Batata-palha e arroz branco

PREPARO

Corte o filé mignon em finas tiras. Em uma panela, refogue a cebola na manteiga, mexendo até ficar transparente. Cuide para não dourar. Junte a carne e frite-a ligeiramente. Incorpore o vinho e cozinhe em fogo baixo, deixando a carne bem macia. Em uma frigideira, frite o bacon em sua própria gordura até ficar durinho. Escorra-o, esmigalhe-o e misture-o à carne. Acrescente os champignons e, por último, o creme de leite. Tempere com molho inglês, sal e pimenta. Sirva quente, com batata-palha e arroz branco.

São Paulo, Berço da Picanha

O churrasco de picanha é uma saborosa unanimidade. O Brasil o adotou antes de ele correr o mundo. Desde que começou a se popularizar no país, em princípios da década de 80, tornou-se favorito da população. Churrasco sem picanha, para os brasileiros, é como feijoada sem caipirinha ou futebol sem cerveja. Só há divergência quanto ao modo de preparo. A picanha deve ser feita no espeto, na grelha ou na chapa? Preparada com cuidado, fica boa de qualquer maneira.

O restaurateur Fuad Zegaib, dono da churrascaria Dinho's Place, de São Paulo, garante que o churrasco de picanha completou 40 anos de existência em 2013. Ele diz que sua grelha foi a primeira a assar este corte bovino no Brasil, vale dizer, no mundo. "Lançamos o churrasco de picanha em 1973", afirma. "Por algum tempo, o Dinho's Place era a única casa a prepará-lo." Zegaib, mais conhecido por Dinho, teve como um dos primeiros fornecedores do corte o Frigorífico Bordon, que depois o vendeu para os restaurantes concorrentes.

Muitos povos já conheciam a picanha, mas não a assavam. Os argentinos, por exemplo, exímios churrasqueiros, que a chamam de *tapa de cuadril*, não a levavam às brasas. Exportavam-na como subproduto para a Bolívia e Colômbia a 1 dólar o quilo (agora custa 18 dólares). Na Áustria (região de Viena) e Alemanha (Baviera), onde a picanha é chamada de *tafelspitz*, a palavra também designa um cozido tradicional. Belarmino Iglesias pai, fundador do Grupo Rubaiyat e introdutor do baby beef, outro corte paulistano famoso, acredita que o primeiro açougueiro da cidade a vendê-la separada da alcatra foi o húngaro Laszlo Wessel (1916-1997). Em 1960, ele a entregava aos alemães da Volkswagen, recém-instalada no país, que a compravam para preparar tafelspiz.

A maciez, a suculência e o sabor fizeram a picanha virar churrasco. Ela desbancou o filé mignon e a alcatra. Maciez, suculência e sabor a distinguem dos demais cortes. A picanha vem do músculo da anca do boi, que teoricamente não é exercitado durante a locomoção do animal e, portanto, não enrijece. Daí a sua textura boa de morder. É carne marmorizada, ou seja, entremeada de gordura, representada por pequenos filetes brancos que derretem no calor do fogo. Essa peculiaridade garante suculência e sabor a um corte que pesa entre 1 kg e 1,5 kg.

Sustenta-se que picanha também foi batizada em São Paulo. A "liturgia" teria envolvido o empresário e playboy Francisco Matarazzo Pignatari (1917-1977), o Baby, frequentador da churrascaria Bambu, atrás do Esporte Clube Sírio, no Planalto Paulista. Ele gostava do churrasco de miolo da alcatra. Certo dia, o estabelecimento recebeu por engano um corte não encomendado. Baby Pignatari apareceu e pediu o churrasco de sempre. O assador, um argentino, disse ter uma peça diferente. Baby Pignatari provou, gostou e perguntou onde ela ficava no boi.

"Adonde se pica el añá", teria respondido o churrasqueiro, batendo no próprio traseiro. Em espanhol, "picar" significa golpear um animal com a "pica", uma haste de madeira dotada de ponta de ferro. "Añá" é a principal figura maligna da mitologia guarani, equivalente ao demônio dos cristãos. No falar dos antigos carreteiros argentinos designava a ponta de ferro da haste de madeira, que "infernizava" os bois de tração. Entretanto, mestre Aurélio Buarque de Holanda, em seu *Novo Dicionário da Língua Portuguesa*, limita-se a dizer que picanha vem de "picar".

Ultimamente, estão em moda no Brasil os churrascos com os cortes argentinos do contrafilé: os bifes de chorizo e ancho, o ojo de bife. Também se revaloriza a fraldinha. Mas a picanha continua na berlinda. Além disso, deu cria. A mais famosa é o bife de tira, cortado ao longo da peça, com aproximadamente 350g de peso. Trata-se do centro da picanha, cortado no sentido longitudinal, lançado pelo Dinho's Place em 1976. Uma segunda variação é a tirita, de tamanho menor. Há também a picanha fatiada, introduzida por Roberto Macedo, da churrascaria paulistana Rodeio. Outra variação, menos difundida, denomina-se "picanha nobre". É a ponta da peça. Para merecer aplausos calorosos, assa-se a picanha com cuidado, temperada com sal grosso ou salmoura morna, colocada quando ela começa a dourar. Espeto, só em peças grandes, para não desperdiçar o delicioso suco. Convém servir o churrasco de uma só vez, evitando-se o vai-e-vem ao fogo, que oferece o inconveniente de esfriar e esquentar a carne, comprometendo o resultado final.

Em pedaços menores, a grelha se mostra insubstituível. Permite que a picanha seja cortada no sentido certo – transversalmente às fibras – e servida no ponto favorito de cada um. Passada demais, nem pensar. Perde-se o suco, correspondente a 25% do peso original. Estima-se que atualmente, só em São Paulo, sejam consumidas por semana 150 toneladas de picanha, preparadas de todos os jeitos, inclusive na panela e no forno. Haja boiada!

CONSELHOS SOBRE A PICANHA

• Nunca compre uma picanha com mais de 1,5 kg de peso. As peças grandes demais avançam no coxão duro. Embora pertença ao mesmo músculo, é carne pouco macia. O coxão duro começa na altura do joelho. Enrijece pelo fato de ser acionado na locomoção do boi.

• O "medalhão de picanha", servido no espeto em churrascarias rodízio, geralmente avança na cabeça da picanha, que na verdade é coxão duro.

• Sempre retire a pele lateral da carne. Se ela permanecer, encolherá durante o preparo, encurvando a peça e atrapalhando o corte na hora de servir.

• Salgue a picanha moderadamente. Há várias alternativas. Pode-se usar salmoura, aplicada com o ramo de uma planta sem cheiro forte, sal fino ou grosso, conforme preferem muitos churrasqueiros. Deve ser colocado instantes antes de a peça ir ao fogo. Alguns batem o sal nessa fase prévia; outros o deixam. Há também quem prefira assar a picanha inteiramente sem sal e acrescentá-lo apenas no momento de virá-la. Aí, uma boa sugestão, é usar flor de sal.

• Ela pode ser preparada no espeto ou na grelha. No segundo caso, é melhor não cortá-la em pedaços muito pequenos, para conservar o suco.

• Assada no forno, é melhor que esteja inteira. Nessa condição, deve-se primeiro tostar a peça na frigideira, em óleo quente. Ela vai "selar", retendo os sucos. A seguir, leva-se a picanha ao forno previamente aquecido, depositada diretamente sobre a grade superior. Na parte inferior, muitos colocam um recipiente com água. Ao evaporar, manterá a umidade da carne.

Picanha ao Forno

Serve 4 porções

INGREDIENTES
- 1 picanha de 1,5 kg, no máximo
- Sal grosso

PREPARO

Passe o sal grosso na carne, de todos os lados, batendo o excesso de sal no momento de levá-la ao forno.

Disponha a carne sobre uma grelha e leve-a ao forno. Coloque uma assadeira embaixo, com um pouquinho de água, para receber os pingos de gordura.

Asse a picanha com a gordura virada para cima, em temperatura alta (200°C), por 20 minutos. Vire-a do outro lado, deixando a gordura para baixo e asse por mais 20 minutos, para ficar ao ponto. Para servir, corte a carne transversalmente às fibras.

Carnes sem Trégua

Nenhum outro estilo de servir e de comer alcançou um sucesso tão rápido quanto o churrasco de rodízio. Obviamente, ainda perde em difusão para o fast-food e o self-service. Mas do jeito que se espalha – tem sido adotado no mundo inteiro –, torna-se cada vez mais importante. Nos últimos anos, foram abertos rodízios dos Estados Unidos a Portugal, da Itália ao Japão. Uma das explicações para o seu sucesso é dirigir-se a uma clientela numerosa que gosta de comer à vontade e saber quanto vai pagar antes de dar a primeira garfada, pois o preço é fixo. Outra característica é que o cliente não precisa se preocupar com o cardápio. Além disso, os restaurantes de rodízio podem ser abertos em qualquer cidade e mesmo às margens das rodovias, onde por sinal eles se concentraram no passado, quase sempre junto aos postos de combustível.

O rodízio não é muito antigo. Surgiu na Região Sul do Brasil entre as décadas de 50 e 60. Para evocar a origem rural, muitas das suas churrascarias ainda apresentam à clientela garçons, chamados de passadores, com a indumentária típica do gaúcho, o habitante dos campos meridionais, cavaleiro, pastor de gado e carnívoro voraz: botas, bombacha (calça muito larga, presa nos tornozelos por botões), guaiaca (cinturão para portar armas, com bolsinhos para guardar dinheiro) e lenço no pescoço. Vestidos assim, eles circulam pelo salão empunhando espetos de picanha, fraldinha, alcatra, costela etc., parando nas mesas para fatiá-las ao gosto dos clientes. Por esse movimento o rodízio se chamava inicialmente espeto corrido, designação ainda hoje preferida no Rio Grande do Sul. As melhores casas, porém, ostentam luxo urbano. Têm instalações planejadas por arquitetos e decoradores de fama, cadeiras confortáveis, toalhas finas nas mesas, louças de qualidade, talheres diferenciados, copos de cristal e adegas climatizadas repletas de bons vinhos. Dos tempos primitivos, sobrevivem o chimarrão (chá sem açúcar, servido no fruto grande e oco de uma trepadeira, sorvido através de um canudo de metal), bebido para enfatizar a origem, e às vezes moças vestidas de chinocas (caboclinhas) para acentuar o clima campeiro.

A questão é saber qual foi o primeiro rodízio do Brasil, vale dizer, do mundo. Para a Associação das Churrascarias do Estado de São Paulo (Achuesp), teria sido a Churrascaria 477, do gaúcho Albino Ongaratto, situada em Jacupiranga, no interior de São Paulo, quase na divisa com o Paraná. Certo dia de agosto, no início da década de 60, a casa ficou lotada pelos romeiros da festa católica do Senhor Bom Jesus de Iguape, promovida na região. Havia tanta gente que os garçons, quase todos iniciantes, atrapalharam-se e começaram a trocar os churrascos destinados às mesas. Para contornar o problema, o dono da casa ordenou que eles "corressem" os espetos, servindo todo mundo. Outra versão, difundida por Jandir Caumo, envolve indiretamente Albino Ongaratto. Ex-caminhoneiro e igualmente gaúcho, hoje sócio das churrascarias Estrela do Sul e Oásis, do Rio de Janeiro, ele teria criado o rodízio em 1968, na churrascaria Blumenauense, de Quatro Barras, perto de Curitiba, em cuja sociedade ingressou pouco antes, convidado pelo tio Albino Ongaratto. Caumo garante que se inspirou no restaurante Tia Maria, da cidade gaúcha de Caxias do Sul. Frequentava-o no tempo de caminhoneiro. Ali, a comida chegava às mesas em bandejas e era trocada antes de esfriar.

Segundo diz, não foi tarefa fácil convencer Albino Ongaratto a implantar o espeto corrido. Mas o tio acabou cedendo e assimilando a inovação, que logo fez sucesso e foi copiada pela concorrência. Por último, o também gaúcho Adilvio Conte, hoje sócio da Churrascaria Matias, de Sapiranga, perto de Porto Alegre, assevera que o sistema foi inventado ali pelo então proprietário do estabelecimento, o churrasqueiro Edwino Guilherme Mates, conhecido por Seu Matias (daí o nome da casa). "Isso foi no começo da década de 60", afirma. O fato teria o aval de Antônio Augusto Fagundes, pesquisador da história e receitas da cozinha gauchesca.

Afinal, quem realmente inventou o rodízio? Talvez ninguém, em particular. Tudo indica ter sido uma criação coletiva de churrasqueiros que trabalhavam na Região Sul do Brasil, ou seja, no Rio Grande do Sul, Santa Catarina e Paraná. Por coincidência, todos eram originários da Serra Gaúcha. Assim, não houve um autor, mas vários. Na região da qual procediam, colonizada por italianos e alemães, há um costume semelhante ao rodízio. Nas festas, é praxe ir trocando os alimentos da mesa, servidos em vários pratos, para mostrar fartura e, ainda, para não esfriar. Aliás, os habitantes da Serra Gaúcha são caricaturados pelo horror à comida fria. Transplantado para o churrasco, o sistema teria inspirado o rodízio. Em muitos restaurantes, o sistema ainda conviveu com o serviço à la carte, praticado anteriormente, no qual os espetos de carne estacionavam nas mesas, fincados em cilindros de madeira ou de plástico, e eram trocados a pedido do cliente.

Inicialmente, as toalhas eram de papel encerado, os pratos baratos podiam ser de vidro resistente e todos os acompanhamentos do churrasco vinham em bandejas de metal. Na virada da década de 60 para a de 70 surgiu o buffet, cada vez mais variado e farto. Dez anos depois apareceu o sinalizador vermelho e verde, através do qual o cliente indica ao passador se quer mais carne ou não. Igualmente se multiplicaram os cortes. Os rodízios estrearam com meia dúzia, incluindo frango e porco. Hoje, as grandes churrascarias do Brasil, aquelas que servem cerca de 15 mil refeições por mês, como Fogo de Chão, Vento Haragano, Jardineira Grill e Barbacoa, de São Paulo, e a Marius Carnes, do Rio de Janeiro, oferecem em torno de 20 opções. Se forem incluídos os cortes derivados (picanha nobre, com alho etc.), a linguiça e o coração de frango, o número supera três dezenas. Os rodízios compram em média 1,2 kg de carne por cliente. Uma casa que recebe 15 mil pessoas compra 18 toneladas de matéria-prima por mês. Na eliminação das pelancas, sebos ou gorduras, perde-se 30%. Outros 30% somem no fogo da churrasqueira. Portanto, sobram 480 gramas. O consumo per capita oscila conforme o sexo. Em média, o homem come 450 gramas de carne; a mulher, 250 gramas. Aí há também o desperdício no prato.

Outro aperfeiçoamento envolveu a brigada do salão. Nas melhores churrascarias, existem regras de etiqueta a respeito da higiene do passador (tomar banho, manter-se limpo), da roupa que ele usa (se estiver vestido à gaúcha, o lenço deve estar necessariamente fora da camisa) e até como circular com o espeto. Os relapsos perdem o direito à caixinha do dia; a pena para os reincidentes é o olho da rua. Com tanta difusão, correr o rodízio virou um estilo de servir e de comer sem paralelo no mundo. Além disso, começou a dar filhotes. Já existem rodízios de pizza, massa, crepe, batata recheada, sanduíche, fondue, frutos do mar, sorvete e – pasmem os japoneses! – até de sushi e sashimi.

OS ESPETOS FAVORITOS

As grandes churrascarias de rodízio oferecem em torno de 20 opções de carnes. Mas os espetos favoritos da clientela são estes:

1. PICANHA – O sonho de consumo dos amantes do churrasco de rodízio. É geralmente cortada grande e espetada em três pedaços, que vão para a brasa e são servidos em finíssimas fatias rosadas. Aceite quando a peça ainda se encontra grossa; se estiver fina, é sinal de que já foi e voltou da brasa várias vezes, portanto estará mais seca.

2. COSTELA PREMIUM – O corte da moda nos rodízios de São Paulo. Sai das primeiras cinco costelas do boi, o que lhe confere ótimo sabor em função da presença do osso, da textura primorosa e da indispensável porcentagem de gordura. Os gaúchos a chamam de ripa da chuleta (ripa = cada um dos segmentos ósseos que formam as costelas; e chuleta = bisteca).

3. FRALDINHA – Há cerca de quinze anos era injustamente chamada de "carne de segunda". Agora, compete em prestígio com a picanha. Extremamente suculenta, espetada no sentido do comprimento, tornou-se carne para todos os gostos. As extremidades mais finas estão sempre mais bem passadas. A parte central se encontra malpassada ou ao ponto.

4. BIFE ANCHO – Delicioso corte rio-platense, promovido ao sucesso, no Brasil, pelas churrascarias argentinas e uruguaias. Compõe-se de duas partes separadas por uma tira de gordura. A exterior (sempre escolha essa) constitui a melhor carne do boi. A porção mais central é menos suculenta, mas bastante saborosa.

5. COSTELETA DE CORDEIRO – Um dos espetos de maior sucesso nos rodízios, ajudou a difundir a carne ovina no Brasil a partir da década de 80. Antes, era subproduto dos carneiros e ovelhas que os fazendeiros criavam para a produção de lã. Prefira a costeleta ao ponto, para aproveitar a sua primorosa suculência.

6. FILET MIGNON – É uma carne extremamente tenra, por ser retirada de um músculo particular, localizado abaixo das vértebras lombares, que o animal praticamente não movimenta durante a locomoção. A única crítica que lhe fazem é faltar gordura. Não deve ser comida bem passada, pois desse modo perde a graça.

7. COSTELÃO – A carne que simboliza o churrasco gaúcho. Assa na brasa por horas seguidas, a fim de tornar-se macia. Reúne todos os ingredientes do bom churrasco: carne, gordura e osso. Segundo os mais radicais "ou é costela gorda ou não é churrasco!". A carne que fica entre as camadas de gordura é uma iguaria.

Fraldinha

Rende de 4 a 5 porções

INGREDIENTES

- 1 fraldinha que pese em torno de 1 kg
- Sal o quanto baste

PREPARO

Salgue moderadamente a fraldinha de ambos os lados. Em braseiro forte, com a grelha bem quente, coloque-a para assar. Quando começar a soltar uma gotículas na parte superior, vire-a de lado. Deixe-a tostada por fora e avermelhada por dentro. Corte a fraldinha no sentido transversal, em lâminas finas, e sirva imediatamente.

O Falso Steak da Boate La Licorne

Segundo a lenda, uma das cantoras da boate La Licorne, aberta em São Paulo de 1965 a 1991, chamada Diana, tinha o hábito de pedir à cozinha um bife diferente – filé mignon flambado no conhaque e coberto por um molho à base de mostarda e salsinha, caldo de carne, molho inglês e de tomate. Ela acreditava que a proteína animal melhorava sua voz e embelezava a pele. Assim teria nascido o steak (bife) à diana.

Outra versão igualmente fantasiosa mantém a tese de que o steak tartare surgiu na La Licorne, mas para deliciar Henry Kissinger, quando o poderoso secretário de Estado dos Estados Unidos veio ao Brasil, em 1976. O prato teria sido batizado com o nome da garota com a qual ele se envolveu. Kissinger realmente esteve ali, mas ninguém comprova se saiu com uma das moças da casa. Também não se sabe se jantou. A boate La Licorne foi fundada por Hercílio Paiva, o Gravatinha, e Laura Garcia. Os dois se conheceram numa delegacia e viveram juntos por 32 anos. A mais glamourosa casa de diversão masculina do Brasil, que começou na Praça Roosevelt, no centro da cidade, e mudou para a Rua Major Sertório, na Vila Buarque, era atração turística internacional.

Na verdade, o steak à diana é um falso paulistano. O restaurateur Massimo Ferrari, da rotisserie Felice e Maria, lembra-se de ver o prato ser preparado aqui na década de 60. Figurava nos cardápios dos restaurantes Freddy, La Casserole, Don Fabrizio, La Popote (desaparecido em um incêndio), Rose Room (no extinto Hotel Alvear) e Tatini. Já o restaurateur Giancarlo Bolla, do La Tambouille, acrescenta ao elenco o antigo restaurante Jardim de Inverno, do Fasano. Todos finalizavam a receita na frente do cliente, cumprindo o ritual do réchaud.

Segundo alguns, o steak à diana deriva de uma receita aprimorada pelo francês Édouard Nignon, que em 1918 trocou o cargo de chef pelo de maître do restaurante Larue, de Paris. Outros creditam a invenção a um maître belga. Mas, do jeito que conhecemos, ou seja, *aplati* (batido, achatado) e flambado no salão, parece ter debutado em Nova York na metade do século passado, sob ascendência da cozinha francesa que a americana Julia Child difundiu nos livros ou na televisão e os Kennedy consagraram na Casa Branca.

É parente do steak au poivre, às vezes também flambado na hora de servir. No artigo *Steak Worthy of the Name*, que o *The New York Times* publicou em 25 de janeiro de 1953, a editora de gastronomia do jornal, Jane Nickerson, apontou três prováveis berços do prato: o Drake Hotel, o Sherry-Netherland Hotel e o Colony Restaurant. Todos de Nova York. Seu palpite: "Sempre associei o prato ao Colony Restaurant, pois foi onde o comi pela primeira vez".

Por que diana? A *Larousse Gastronomique* informa que todas as receitas com esse nome homenageiam a deusa romana da caça. Não por acaso, cita a existência de pratos "à la diana" com carne de veado. Também se refere a uma receita de codornizes, outra de purê de caça e uma última de consommé de caça. Quem garante que a cantora do La Licorne não pertencia à mitologia?

Steak à Diana

Rende 6 porções

INGREDIENTES

- 2,5 kg de filé mignon
- 85 g de manteiga
- 3 cálices de conhaque (para flambar)
- 2 colheres (sopa) de molho inglês
- 2 colheres (sopa) de mostarda Dijon
- 200 ml de caldo de carne (já reduzido)
- 200 ml de molho de tomate
- 4 colheres (sopa) rasas de salsinha picada
- Sal e pimenta-do-reino moída na hora a gosto

ACOMPANHAMENTO

- Arroz cozido

PREPARO

Bata os filés, para ficarem finos. Tempere com sal e pimenta-do-reino. Numa frigideira grande, aqueça bem a manteiga, junte os filés e frite-os ligeiramente, dos dois lados. Flambe com o conhaque, depois adicione o molho inglês e a mostarda. Incorpore o caldo de carne e o molho de tomate. Polvilhe a salsinha e deixe reduzir por cerca de 5 minutos. Retire os filés e reserve-os em pratos previamente aquecidos. Por cima, disponha metade do molho. Misture o arroz cozido ao molho quente que ficou na frigideira e divida nos pratos, ao lado dos filés. Sirva imediatamente.

O Bife de Oswaldo Aranha

Apesar da longa folha de serviços prestados ao Brasil, o advogado, político e diplomata gaúcho Oswaldo Euclydes de Souza Aranha (1894-1960) costuma ser mais lembrado pelo bife que leva seu nome. Era originalmente de alcatra. Malpassado e suculento, ia à mesa acompanhado de batatas portuguesas, arroz e farofa. Nome de batismo: bife à Oswaldo Aranha. Hoje, também incorpora alho e a carne foi trocada pelo filé mignon. O problema é que o homenageado talvez não aprovasse essas alterações. Mesmo assim, o bife se tornou filé à Oswaldo Aranha.

"Meu avô não gostava de alho", afirma Zazi Aranha Corrêa da Costa, sua neta mais velha, residente em São Paulo. Quanto à carne, os gaúchos de verdade consideram o filé mignon um corte pobre em sabor. Por que a trocaram? A alcatra precisa ser trabalhada antes do uso, ter os nervos retirados e separados em duas partes, aproveitando-se a menor, mais macia; o filé é "limpo" por natureza e invariavelmente tenro, basta cortá-lo para utilizar.

O bife à Oswaldo Aranha – e não o filé à Oswaldo Aranha – foi criado no Rio de Janeiro entre 1931 e 1934, quando o homenageado era o titular do Ministério da Fazenda, no primeiro governo de Getulio Vargas. Seu berço teria sido o restaurante Cosmopolita, na Lapa, apelidado de Senadinho pela clientela de políticos. Mas há divergências. A casa existe até hoje, porém sem o esplendor do passado. Zazi e os primos garantem que o prato não surgiu no Cosmopolita, porém no extinto restaurante Minhota, da Rua São José, no centro velho carioca.

Logo os demais endereços gastronômicos frequentados por Oswaldo Aranha incorporaram a receita, entre os quais o Lamas, quando funcionava no Largo do Machado, no Catete. Atualmente, encontra-se na Rua Marquês de Abrantes, no Flamengo. Oswaldo Aranha despachava de manhã com Getulio Vargas, no Palácio do Catete, e almoçava ao lado. "Até hoje dizem que o filé do Lamas é um dos melhores do Rio", informa Zazi. Bastava Oswaldo Aranha entrar na hora do almoço no Cosmopolita, Minhota ou Lamas para o cozinheiro, sem perguntar, começar a fazer o bife.

A receita se espalhou pelo Brasil. No final de 2011, a chef Bel Coelho, de São Paulo, conhecida pela cozinha arrojada, incorporou-a ao cardápio do seu Dui, no Jardim

Paulista. Tornou-se campeã de pedidos. Bel Coelho regatou o prato inclusive por uma razão afetiva: é bisneta de Oswaldo Aranha. Entretanto, nem sempre a carne que utiliza é a alcatra. Na verdade, ela prefere a fraldinha, aliás uma mudança menos dolorosa do que a feita em outros restaurantes, pois é um corte com mais sabor do que o filé mignon.

Oswaldo Aranha nasceu em 1894 em Alegrete, no Rio Grande do Sul, e faleceu no Rio de Janeiro, onde residia. Foi um dos principais articuladores da Revolução de 1930, que instalou Getulio Vargas no poder, com quem teve afinidades e conflitos. Em seguida, tornou-se ministro da Justiça, deputado constituinte, embaixador do Brasil nos EUA, presidente da Assembleia da ONU que criou o Estado de Israel, em cuja capital, Tel Aviv, há uma rua com seu nome. Entretanto, nenhuma homenagem se mostrou tão popular quanto a do filé, ou seja, do bife à Oswaldo Aranha.

Bife à Oswaldo Aranha (*)

Rende 1 porção

INGREDIENTES

- 1 bife de alcatra de 250 g
- 60 g de cebola picada
- 15 ml de azeite extravirgem de oliva
- 60 g de arroz agulhinha
- 150 ml de caldo de legumes
- 1 folha de louro
- 80 g de farinha de mandioca grossa
- 15 g de manteiga
- 100 g de batatas(tipo bolinha) descascadas e cortadas em rodelas finas
- 200 ml de óleo de canola
- 5 g de salsinha picada
- Sal e pimenta-do-reino moída na hora a gosto

DECORAÇÃO

- Brotos de salsinha

PREPARO

Limpe a carne, retirando toda a gordura. Em uma panela, refogue a cebola no azeite de oliva . Adicione o arroz e mexa até os grãos ficarem soltos e secos. Acrescente o caldo de legumes quente, a folha de louro e tempere com sal. Quando o caldo ferver, abaixe o fogo e tampe a panela. Cozinhe o arroz por cerca de 15 a 20 minutos, em fogo baixo, até que fique macio, mas ainda *al dente*.

Em uma frigideira, puxe a farinha de mandioca na manteiga derretida, até ficar dourada. Tempere-a com sal a gosto. Coloque as rodelas de batata em água fria, depois escorra-as. Frite as

(*) Receita preparada pela chef Bel Coelho, de São Paulo, SP

batatas no óleo de canola quente, até dourarem. Seque-as em papel toalha e polvilhe-as ligeiramente com sal. Tempere o bife de alcatra com sal, pimenta e grelhe-o em uma frigideira, deixando-o bem suculento, ao ponto para malpassado. Retire o bife e puxe rapidamente o arroz no suco que ficou na frigideira. No final, polvilhe-o com a salsinha picada. Sirva o bife imediatamente, com o arroz, a farofa, as batatas portuguesas e os brotos de salsinha da decoração.

Reinaldo Mandacaru

Um Escandinavo Nascido em São Paulo

Todos os que comeram o filé à Narvik, entre os anos 70 e 80, preparado no restaurante Rose Room, do centro de São Paulo, ficam com água na boca quando lembram do prato. O clube da saudade reúne profissionais liberais, empresários e executivos que trabalhavam na região. Mas também apareciam clientes de outras profissões e bairros. "Foi uma das melhores coisas que comi", suspira Alexandre Letizio Vieira, advogado especializado em franquias. "Nunca esquecerei o seu extraordinário sabor", acrescenta o empresário Malvino Reis. "Almocei esse prato diariamente em companhia do meu saudoso pai", completa o restaurateur Carlos Rios. "Era o meu favorito e devo tê-lo saboreado umas 200 vezes". Falamos de uma receita antológica de São Paulo, hoje sumida. Giacomo Carlo Ferrari, o chef que a criou, já morreu; o restaurante também desapareceu e o Marian Palace Hotel, antigo Hotel Alvear, da Rua Casper Líbero, 65, em cujo andar térreo ele funcionava, acabou desativado em 2009. Entretanto, seu belo edifício art déco, com fachada ondulada, grandes terraços e janelões envidraçados, ainda chama a atenção de quem passa em frente ou transita no vizinho Largo Santa Efigênia.

Recuperamos a provável receita do filé à Narvik com a ajuda do restaurateur Fabrizio Tatini e do chef Laurent Suaudeau, ambos de São Paulo. O primeiro nos deu informações sobre Carlo Ferrari, que no início da década de 60 trabalhou no Don Fabrizio da Alameda Santos, 65, o esplêndido restaurante da sua família; o outro nos prestou assessoria técnica. O filé à Narvik tinha a espessura entre o paillard e o medalhão. Era batido ligeiramente, temperado com alecrim, mostarda, sal e selado em pouca manteiga; depois, abria-se no meio uma cavidade (ou bolsa) e ali se colocava um molho de ostra preparado com a água do molusco, gotas de limão e um pouco de béchamel; finalmente, passava-se o filé em ovos batidos e na farinha de trigo e se fritava no óleo quente. Ia à mesa acompanhado de batatas sautée.

Carlo Ferrari tinha origem italiana, porém nasceu em Lucerna, no cantão homônimo da Suíça. Iniciou a vida profissional em cozinha de hotel. Viveu em Lugano, no cantão suíço de Tessino, e Cortina d'Ampezzo, comuna italiana da região do Vêneto. Mudou-se para o Brasil em 1934, fixando-se no Rio de Janeiro. Aqui, entre outros empregos, integrou a equipe que inaugurou o hotel e cassino Quitandinha, em Petrópolis, no Rio de Janeiro. A seguir, foi por doze anos chef saucier (encarregado da preparação de fundos, caldos e molhos) do Parque Balneário Hotel, em Santos. No começo da década de 60, contratado pela família Tatini, chefiou por dois anos a cozinha do Don Fabrizio, de São Paulo. Segundo o colunista gastronômico Paulo Cotrim, no livro À mesa (Edição Particular, São Paulo, 1987), foi onde "criou um célebre filé recheado com ostras, especialidade que alarmou então os principais gourmets da cidade, estranheza a que depois se renderam face às magnificências e inventividade do grande chef".

Era cozinheiro de mão cheia. A americana Mary Wynne, que entre as décadas de 50 e 70 publicou no Estadão a coluna Mary-Go-Round, sobre restaurantes e boates da capital paulista, concedia-lhe anualmente o prêmio de melhor chef local. O restaurante Rose Room era seu. Ali o filé teria sido batizado de Narvik, cidade e porto da Noruega, fundada em 1887 para servir as minas de ferro de Kiruna e Gällivare, na Suécia. Carlo Ferrari teve um motivo paulistano para colocar o nome escandinavo na sua invenção. Os funcionários da multinacional SKF, com sede na Suécia, líder mundial em rolamentos, rolos e esferas, eram loucos pelo filé à Narvik. Portanto, de escandinavo o prato só tinha o nome. Mas o Rose Room preparava outras receitas de sucesso. Uma delas era o bacalhau da sexta--feira, com purê de batata e gratinado no forno. Carlo Ferrari fazia só três travessas. Se acabassem, recusava-se a trazer mais. Quem insistisse se arriscava a ouvir um desaforo. Havia também posta de peixe à marinara, com molho de vinho branco e camarão, e fettuccine all'amatriciana. O restaurateur Massimo Ferrari, de São Paulo, descreve Carlo Ferrari (com o qual não tinha parentesco) como "um homem imponente, de cabelos brancos e bigode grande". Os clientes lembram que era malcriado. Ai de quem achasse ruim um prato! Mas todos gostariam de voltar no tempo, encontrá-lo novamente e pedir que preparasse o filé à Narvik.

Filé à Narvik

Rende 1 porção

INGREDIENTES

MOLHO DE OSTRAS

- 6 ostras
- Béchamel (Aqueça 1 litro de leite com 1/2 cebola, 1 folha de louro, alguns grãos de pimenta-do-reino preta, 1 pitada de noz-moscada, 1 pitada de sal. Tire do fogo, tampe, deixe em infusão por cerca de 10 minutos e passe pela peneira. Em uma panela, derreta 100 g de manteiga em fogo baixo, junte 100 g de farinha, aos poucos, mexendo sempre, por cerca de 1 a 2 minutos até obter um creme liso ou roux. Tire a panela do fogo e acrescente lentamente o leite quente, sem parar de mexer, para obter uma mistura homogênea. Volte com a mistura ao fogo e deixe cozinhar, mexendo, até o molho ficar cremoso.)
- Gotas de limão

FILÉ

- 1 bife de filé mignon de altura média (entre o paillard e o medalhão)
- 1 raminho de alecrim
- 1 colher rasa (café) de mostarda
- 1 colher (chá) de manteiga para selar o filé
- O molho de ostras
- 2 ovos levemente batidos
- Farinha de trigo o quanto baste
- Sal a gosto
- Óleo para fritar

ACOMPANHAMENTO
- Batatas sautée

PREPARO

MOLHO DE OSTRAS
Abra as conchas e passe as ostras com o seu próprio líquido para uma panela. Escalde-as rapidamente no seu líquido, sem deixar ferver, para que não endureçam. Retire as ostras da panela e reserve o líquido. Misture as ostras ao molho béchamel e junte o líquido que estava reservado. Tempere com gotas de limão.

FILÉ
Bata o filé com delicadeza, usando um batedor de cozinha para que fique levemente achatado. Tempere com sal, alecrim, mostarda e sele o filé rapidamente em uma frigideira, com a manteiga previamente aquecida. Com uma faca afiada, abra uma cavidade (bolsinha) no centro do filé e ali coloque a maior parte do molho de ostras. Passe o filé nos ovos batidos, depois na farinha de trigo e frite no óleo quente.

MONTAGEM
Monte o filé no prato, colocando sobre ele a sobra do molho de ostras e sirva em seguida. Acompanham batatas sautée.

O Bife do Trem

Nenhuma outra empresa de transporte no Brasil, ferroviária ou rodoviária, superou até hoje o alto padrão de qualidade e excelência oferecidas àqueles passageiros. As pessoas que usavam os seus serviços ainda guardam na memória o conforto desfrutado nos vagões. Também elogiam os trens pela pontualidade. Podiam acertar os relógios quando entravam ou saíam na estação. O Trem Azul ou Trem R (Rápido) era dotado de vagões três classes (Pullman, Primeira e Segunda), carro-leito e um vagão-restaurante que preparava um filé antológico sobre o qual falaremos adiante.

Referimo-nos à Companhia Paulista de Estradas de Ferro, idealizada na segunda metade do século XIX por fazendeiros e investidores do estado de São Paulo para escoar a produção de café e facilitar a circulação das pessoas. O primeiro trecho, entre as cidades de Jundiaí e Campinas, foi inaugurado em 1872. A Companhia Paulista ficou grande. Expandiu-se por conta própria e pela incorporação de outras empresas ferroviárias. Mas acabou estatizada em 1961, e dez anos depois incorporada à Ferrovia Paulista (Fepasa). Hoje, integra a Rede Ferroviária Federal.

O carro de elite Pullman transportava os passageiros abonados e foi construído em aço de chapa dupla, a fim de eliminar o ruído externo. Tinha poltronas giratórias, luminárias individuais, janelas panorâmicas retangulares e ar refrigerado, uma exclusividade na época. Só a atual classe executiva dos aviões de carreira oferece comodidades equivalentes.

A Companhia Paulista trouxe três unidades do vagão Pullman, em 1928, dotadas desses luxos. Todas vieram montadas, devido à complexidade técnica e às inovações apresentadas. Depois, construiu outras iguais nas suas oficinas. Aliás, a Companhia Paulista lançou várias novidades no Brasil. Foi a primeira a eletrificar as linhas do trem, por exemplo. Também estimulou a plantação do eucalipto para a produção de dormentes, moirões, postes e alimentar as caldeiras das locomotivas.

O filé do qual falamos era um bife alto e suculento. Surgiu para alimentar passageiros especiais: os viajantes comerciais, que consideravam caro o cardápio do trem. Portanto, tinha preço em conta. Logo conquistou a clientela em geral. Chamava-se filé arcesp. Seu nome correspondia à sigla da Associação dos Representantes Comerciais do Estado de São Paulo. O jornalista e escritor Ignacio de Loyola Brandão, pertencente a uma família de ferroviários, que muito viajou nos trens da Companhia Paulista, propõe considerar o prato "comida tradicional de São Paulo".

Nada mais justo. Afinal, ele nasceu e se consagrou nos trilhos do estado. "Era um bife muito grande, com tomate, cebola, e vinha acompanhado de arroz", descreve Loyola Brandão. "Até hoje lembro do aroma." A receita original se extraviou ou nunca foi escrita oficialmente. Mas se pode tentar reconstituí-la com os testemunhos nostálgicos dos antigos viajantes. Foi o que fez Luiz Campiglia, chef e proprietário do bar e restaurante Paribar, de São Paulo. Sua interpretação ilustra este texto.

O filé arcesp tem parentesco com o bife que os brasileiros saboreiam em casa todos os dias. Entretanto, é feito com filé mignon, uma carne diferenciada e particularmente macia. Depois de temperado com sal e pimenta-do-reino, é frito na manteiga até o ponto desejado. É servido com arroz branco, cenoura, ervilha, cebola, tomate e salteado na manteiga.

Clientes antigos que sonham com o filé do trem atribuem parte do seu sabor extraordinário à frigideira usada e aos cuidados com ela. Era de ferro e de cor preta. O cozinheiro nunca a lavava entre uma preparação e outra, exceto no final, para guardar. Se alguém seguir esses cuidados, vai fazer um filé parecido. Só não ficará igual ao do trem por falta de um ingrediente impossível de reencontrar: os trens da Companhia Paulista.

Filé Arcesp (*)

Rende 2 porções

INGREDIENTES

- 2 cortes de 220 g de filé mignon
- 2 tomates salada
- 1 cenoura
- 1 cebola
- 200 g de manteiga sem sal
- 50 g de ervilhas
- Sal e pimenta-do-reino moída na hora a gosto

GUARNIÇÃO

- Arroz branco

PREPARO

Corte os tomates em cubos e retire todas as sementes.
Fatie a cenoura na diagonal.
Corte a cebola em rodelas.
Tempere os filés com sal e pimenta-do-reino.
Em uma frigideira, derreta metade da manteiga até borbulhar.
Incline levemente a frigideira e coloque os filés na parte mais elevada.
Deixe que o suco dos filés se incorpore à manteiga e mantenha-os no fogo até obter o ponto desejado.
Em uma panela, cozinhe a cenoura até ficar *al dente*.
Separadamente, cozinhe as ervilhas.
Quando os filés estiverem no ponto, retire-os da frigideira e reserve-os em lugar aquecido.

(*) Receita preparada por Luiz Campiglia, chef e restaurateur em São Paulo.

Coloque na frigideira a manteiga que sobrou, misturando-a ao suco dos filés. Junte a cebola e mexa bem. Disponha a cenoura, as ervilhas, os tomates e mantenha os vegetais ainda no fogo, até obterem uma boa coloração. Ajuste o sal, se necessário.
Sirva os filés com os vegetais na manteiga, guarnecidos com arroz.

Feito com Carinho

O cordão dos brasileiros que comemoram a virada do ano comendo tender cada vez aumenta mais. Falamos do presunto pré-cozido e defumado, com a superfície cortada em losangos, tendo cravos espetados no centro e recoberto por um xarope bastante doce, seja à base de mel, glicose de milho ou Coca-Cola. Depois é levado ao forno para absorver o sabor da calda, caramelizar e ir à mesa cercado de rodelas de abacaxi, pêssego ou outra fruta em compota.

No passado era preparado apenas no Natal. Foi justamente para a celebração do aniversário de Jesus Cristo que a Cia. de Alimentos do Brasil, dona do Frigorífico Wilson, de Osasco, em São Paulo, lançou-o no País em princípios dos anos 50. Hoje o tender não pode faltar no Réveillon. Primeiro porque é gostoso. Depois pelo fato de vir do porco. Esse animal, conforme a superstição popular, traz boa sorte no que inicia por enfiar o nariz no chão e jogar terra para a frente.

Não se sabe se o Wilson começou a vender tender da sua autoria ou importado dos Estados Unidos e embalado aqui. O frigorífico, primeiro a receber o registro de SIF no País, era famoso por outros produtos, inclusive pela deliciosa salsicha. Existia desde 1934 e, em 1992, foi vendido para a Sadia.

O fato é que se tratava de um presunto smithfield ou de sua imitação, típico da cidade homônima, na Virgínia, onde os porcos são alimentados com amendoim e não com milho, como os de Kentucky, Tennessee, Georgia e Carolina do Norte, para a carne ter sabor particular. Submetem-no à cura, à defumação e a uma maturação mínima de seis meses. Na primeira embalagem nacional, o Wilson deu-lhe um nome em inglês, pois os brasileiros adoravam tudo o que fosse americano. Chamou-o de presunto "tender made" (feito com carinho). Não deu outra. Os consumidores passaram a chamá-lo apenas de tender.

O original americano costuma ser feito igualmente com calda de açúcar e suco de frutas. Leva tempero de mostarda etc. É servido quente ou frio e, nesse caso, recebe o nome de glazed ham. Os americanos do sul ainda o preparam frito, para saboreá-lo no desjejum, com ovos, farinha de milho, batata frita etc. Embora o Wilson não exista mais, há no Brasil grande oferta de tender de outros frigoríficos, com excelente qualidade. Uma pergunta: por que não consumi-lo o ano inteiro?

Tender com Lentilha e Mostarda de Cremona (*)

Rende 4 porções

INGREDIENTES
- 1 tender bolinha de 800 g
- 300 g de lentilha
- 3 dentes de alho inteiros
- 200 ml de vinho do Porto
- 200 ml de vinho Marsala
- 75 ml de azeite extravirgem de oliva
- 50 g de cenoura em pequenos cubos
- 50 g de salsão em pequenos cubos
- 50 g de abobrinha em pequenos cubos
- 220 g de mostarda di Cremona (mistura de frutas em calda doce e tempero picante)
- 1 bouquet de ervas mistas (alecrim, sálvia, louro e tomilho)
- Manteiga para pincelar o tender
- 1 fio de azeite extravirgem de oliva para regar o tender
- Sal e pimenta-do-reino moída na hora a gosto

DECORAÇÃO
- Ervas frescas

PREPARO
Com a ponta de uma faca, faça leves incisões ao longo do tender. Pincele-o com manteiga morna e coloque-o em uma assadeira. Cubra-o com o papel-alumínio e leve-o ao forno médio, preaquecido a 180°C, por cerca de 20 minutos.

(*) Receita preparada pelo chef Salvatore Loi, de São Paulo, SP.

Passado esse tempo, descarte o papel-alumínio e mantenha o tender por mais 20 minutos no forno. Reserve.

Cozinhe a lentilha em água, com o bouquet de ervas mistas, um dente de alho inteiro e um pouco de sal, cuidando para que os grãos não cozinhem demais.

Em uma panela, ponha para ferver os dois tipos de vinho, até a mistura reduzir pela metade. Reserve.

Em outra panela, doure no azeite extravirgem os dentes de alho (inteiros) restantes, junte os legumes e refogue bem.

Em seguida, incorpore a lentilha, com pouquíssimo caldo, tempere com sal, pimenta e misture. Deixe no fogo até os sabores se mesclarem.

No final, descarte o bouquet de ervas e os dentes de alho.

Fatie o tender e monte-o em camadas, alternando-as com a lentilha e a mostarda di Cremona em fatias. Repita duas vezes o procedimento e finalize com a lentilha.

Regue com o molho de vinho e com um fio de azeite extravirgem. Decore com ervas frescas e sirva bem quente.

Codo Meletti

Memórias de um Picadinho

Poucas receitas da culinária carioca se espalharam tanto pelo Brasil afora como o picadinho. Sua popularidade é superada apenas pela feijoada, nascida como refeição completa em finais do século XIX, no restaurante G. Lobo, da rua General Câmara, no Rio de Janeiro. São pedaços miúdos de carne, cortados na faca, dourados em óleo, temperados a gosto e servidos com acompanhamentos diversos: arroz, ovo poché, batata noisette (redondinha e dourada na manteiga), couve refogada, ervilha, farofa, às vezes caldo de feijão e banana frita ou à milanesa. Popularizou-se no bairro da Lapa, berço da boêmia carioca e igualmente famoso pela sua arquitetura, sobretudo pelos Arcos da Lapa, construídos no Rio Antigo para funcionar como aqueduto.

Com a mesma finalidade revigorante – alimentava os boêmios antes ou depois dos excessos etílicos – o picadinho subiu de classe social na década de 50 ao ser introduzido no cardápio da boate Meia-Noite, do Copacabana Palace, o deslumbrante hotel da Avenida Atlântica, cujo glamour ainda não foi igualado no Brasil. Inicialmente, a receita era feita em panela de cobre. Ia à mesa em recipiente de barro, com arroz, verdura picada, farinha de mandioca e ovo poché. Aperfeiçoado, deixou de ser comida de pobre para se tornar prato de rico. O upgrade é atribuído a Paul Rufin, ex-chef executivo do Copa, que batizou o picadinho com o nome da boate. Ela só abria à meia-noite e fechava ao raiar do dia.

O mais precioso registro sobre a boate Meia-Noite e sua receita de sucesso se encontra no livro de Fery Wünsch intitulado *Memórias de um Maître de Hotel* (Edição Particular, Rio de Janeiro, 1983). O autor, nascido na extinta Tchecoslováquia, veio para o Brasil em 1930, tornando-se "maître senior" e a seguir diretor dos restaurantes do Copa. Trabalhou ali por quarenta anos. Antes de chegar ao Brasil, atuou em dois restaurantes históricos da capital francesa: o Café de Paris e o Boeuf à La Mode. Também prestou serviços ao rei Fuad I, do Egito, pai do mulherengo Rei Farouk.

Fery contou no livro que ficou chique saborear o picadinho meia-noite. Muitos clientes da boate o solicitavam. Eram milionários e personalidades cariocas, em "esticadas", como se dizia, depois de *shows*, filmes ou espetáculos artísticos no Teatro Municipal; e políticos, diplomatas, artistas e intelectuais nacionais e internacionais; ou estrelas de Hollywood em visita à cidade. Provaram e aprovaram o picadinho meia-noite, entre outros, a princesa italiana Ira de Furstenberg, que causou alvoroço ao trocar o marido europeu pelo industrial brasileiro Baby Pignatari; a atriz e modelo Ilka Soares; o poeta Augusto Frederico Schmidt; o cronista Rubem Braga; o empresário João Havelange, depois presidente da Fifa; o filólogo e dicionarista Antonio Houaiss.

Segundo Fery, o picadinho meia-noite era o prato favorito do gaúcho João Neves da Fontoura, duas vezes ministro das Relações Exteriores do Brasil. Também foi saboreado pelos seus conterrâneos que a Revolução de 1930 transplantou para o Rio de Janeiro, inclusive por Getulio Vargas e Oswaldo Aranha. Entretanto, os adeptos mais fiéis ao prato sempre foram os playboys, começando por Jorginho Guinle – sobrinho do hoteleiro Octávio Guinle, fundador do Copacabana Palace em 1923 – e seus amigos Baby Pignatari, Carlos Niemeyer, Ibrahim Sued, Mariozinho de Oliveira e Sérgio Peterzone. Paradoxalmente, em 2004, o último desejo de Jorginho não foi o picadinho meia-noite. Internado em razão de um aneurisma na aorta abdominal, ele assinou um termo de responsabilidade e abandonou o hospital. Na saída, já dentro da ambulância, disse a Claudia Fialho, diretora de relações públicas do Copa, que ia para o céu. Ao ver o espanto da amiga, pois todos sabiam do seu renitente ateísmo, explicou: "Vou para o Copa." Acomodado em um quarto do hotel, pediu um estrogonofe de frango, um milkshake como sobremesa e, para beber, chá Earl Grey. Morreu dormindo.

Picadinho Meia-noite

Rende 10 porções

INGREDIENTES
PICADINHO

- 2 1/2 kg de filé mignon
- 15 g de louro
- 30 g de alecrim picado
- 30 g de segurelha picada
- 300 g de cubinhos de tomate, sem casca
- 30 g de salsinha picada
- 30 g de cebola picada
- 20 g de alho picado
- 300 ml de caldo de carne
- 30 g de farinha de trigo
- Azeite de oliva quanto baste
- Sal e pimenta-do-reino a gosto

OVO POCHÉ

- 10 ovos
- 2 litros de água
- 150 ml de vinagre
- Sal a gosto

BATATA NOISETTE

- 600 g de batatas
- Manteiga quanto baste
- Alecrim a gosto
- Sal e pimenta-do-reino a gosto

BANANA À MILANESA

- 10 bananas nanicas

- Farinha de trigo quanto baste
- Ovos ligeiramente batidos quanto baste
- Farinha de rosca quanto baste
- Óleo para a fritura

FAROFA
- 300 g de farinha de mandioca torrada
- Manteiga quanto baste
- 1 pitada de sal

ARROZ
- 400 g de arroz cozido (preparado com caldo de carne)
- Manteiga quanto baste

CALDO DE FEIJÃO E COUVE
- Caldo de feijão quanto baste
- Couve quanto baste

ERVILHAS
- 300 g de ervilhas frescas
- Manteiga quanto baste
- Sal a gosto

PREPARO
PICADINHO
Limpe e corte a carne em cubinhos. Em um panela, doure no azeite de oliva o alho e a cebola. Misture a carne e os demais temperos (menos os tomates). Quando a carne estiver quase cozida, junte a farinha e mexa bem. Acrescente o caldo de carne, os cubos de tomate e acerte o sal. Deve ficar úmido.

OVO POCHÉ
Em uma panela, ferva a água com o vinagre. Quebre os ovos dentro da água, deixe ferver por três a quatro minutos e

retire-os com uma escumadeira. Coloque-os rapidamente em água fervente com sal, retire-os e escorra-os sobre um pano.

BATATA NOISETTE

Descasque as batatas, lave-as e enxugue-as. Enfie bem fundo na polpa um colher redonda (própria para isso – boleador) e com um movimento circular retire uma bolinha. Coloque-a na água e vá repetindo a operação. Escorra as bolinhas de batata, enxugue-as e doure-as em uma frigideira com manteiga bem quente. Tempere com sal, pimenta, alecrim e complete rapidamente o cozimento. Escorra.

BANANA À MILANESA

Passe as bananas na farinha de trigo, depois nos ovos e, por último, na farinha de rosca. Frite-as numa frigideira, em óleo bem quente, duas por vez, até ficarem douradas.

FAROFA

Aqueça a manteiga em uma frigideira, junte a farinha e, mexendo com uma colher de pau, deixe tostar. Tempere com sal.

ARROZ

Puxe o arroz já pronto na manteiga quente.

CALDO DE FEIJÃO E COUVE

Aqueça o caldo de feijão (previamente preparado), reduzindo um pouco até engrossar. Dê uma prévia escaldada na couve, corte em finas tirinhas e refogue.

ERVILHAS

Cozinhe as ervilhas em água com sal, escorra-as e puxe-as na manteiga.

MONTAGEM

Distribua o picadinho em pratos individuais e coloque o ovo em cima. Guarneça em volta com as batatas, as bananas, a farofa, o arroz, o caldo de feijão, a couve e as ervilhas.

Polpettone Brasiliano

Irmão robusto da almôndega e primo do hambúrguer, o polpettone é tradicionalmente um bolo de carne que os italianos passam no azeite ou na manteiga e terminam o cozimento no forno. As receitas variam. Fazem o polpettone bolognese, à base de carne bovina, o de frango e do atum. Outra receita italiana é o polpettone alla fiorentina, o di carne cruda e o dell'Artusi. O último homenageia uma celebridade. Autodidata na arte culinária, Pellegrino Artusi (1820-1911) escreveu *La scienza in cucina e l'arte di mangiar bene*, em 1891, o mais importante livro de receitas do País. Reúne aproximadamente 400 páginas e ensina a fazer 790 pratos (na primeira edição eram 475) de sopas, molhos, massas, peixes, carnes, cozidos, frituras, grelhados, doces, conservas, sorvetes e drinques.

No Brasil, também existe um polpettone nacional. Apesar de criado por um filho de napolitano, pouco se parece com as receitas italianas. Surgiu em 1970, na cantina e pizzaria Jardim de Napoli, na Rua Dr. Martinico Prado, 463, bairro de Higienópolis, em São Paulo. Copiado em várias casas da cidade, difunde-se no País. É um bolo de carne moída, recheado com mozzarella, empanado, frito e servido com molho de tomate e queijo parmesão. Quem o inventou? Antonio Buonerba, o Toninho, dono da casa.

Adolfo Scardovelli, seu fiel amigo, braço direito e há muitos anos gerente do Jardim de Napoli, coleciona histórias envolvendo fãs do prato. Certa vez, um cliente desceu do automóvel na Jardim de Napoli, entregou a chave ao manobrista e entrou no salão. Enquanto aguardava a mesa, um funcionário falou ao seu ouvido: "Aconteceu algo desagradável". O cliente, surpreso, interrompeu-o com esta pergunta: "Faltou polpettone?". O funcionário respondeu: "Não, roubaram seu automóvel". Ao contrário do esperado, o cliente não se abalou. Instantes depois, foi visto comendo, deliciado, um polpettone.

Adolfo conta outras histórias divertidas: "Há poucos anos, um senhor levou duas porções para o filho que vive em Nova York. Felizmente, conseguiu entrar com elas no país, sem o menor problema. Dias depois, o filho me telefonou para contar que saboreava o presente do pai aos pedacinhos, para não acabar logo". Quando comandava a TV Globo, no Rio de Janeiro, José Bonifácio de Oliveira Sobrinho, o Boni, mandava buscar o polpettone de avião. Garantia seu abastecimento graças ao serviço de uma companhia operadora da ponte aérea.

O cordão de apreciadores cada vez aumenta mais. Inclui o ex-presidente Fernando Henrique Cardoso, também fã do fusilli ao molho de calabresa da Jardim de Napoli, o ministro Sepúlveda Pertence, do Supremo Tribunal Federal, as atrizes Claudia Raia e Ana Paula Arosio, o publicitário Washington Olivetto, o jornalista Thomaz Souto Correa e o cirurgião Raul Cutait. Nenhum deles passa muito tempo sem comer polpettone. A receita faz sucesso desde o lançamento. Inicialmente, a equipe de Toninho fazia entre 900 e 1.200 unidades por mês. Hoje, totalizam dez mil, saboreadas na matriz da Rua Martinico Prado, na delikatessen da calçada em frente, na filial no Shopping Higienópolis e nas vendas delivery.

Em sua preparação mensal entram 2,5 toneladas de molho, 2 toneladas de carne, 1 tonelada de queijo parmesão e 900 quilos de mozzarella. Existem duas versões do polpettone: o grande, com 15 centímetros de diâmetro enquanto cru, pesando 450 gramas; o pequeno, medindo 12 centímetros de diâmetro e com 300 gramas. Toninho guarda como relíquia os moldes que usou no primeiro ano. Ele mesmo os fabricou, com alumínio e alça de puxador de gaveta. Agora, modernos equipamentos, entre os quais uma máquina para retirar a pele e as sementes do tomate, facilitam a preparação.

Isso é tudo o que se consegue ouvir dele. Uma informação que Toninho jamais se recusa a dar é como desenvolveu a receita. O polpettone surgiu para aproveitar as pontas do filé mignon utilizado em outros pratos. Desde os tempos na Rua Maria Paula, no centro da cidade, onde a cantina e pizzaria foi fundada em 1949, por seu pai, o napolitano Francesco Buonerba, até a mudança para a Rua Dr. Martinico Prado, em 1968, ele estudava uma maneira de aproveitar as sobras de uma carne tão boa.

Chegou a fazer espetinhos para vender. Um dia, inspirado no bife que, para seu almoço e jantar, batia, entremeava de mozzarella, empanava e fritava, moeu as pontas da carne em uma maquininha e nasceu o polpettone. "Depois, fui aperfeiçoando aos poucos", lembra. Para chegar à atual receita, passaram-se dois anos". Atualmente, elabora-se o polpettone com filé mignon, coxão duro e pouquíssima gordura, no máximo 10%. O tomate vem do sítio de três alqueires que a Jardim de Napoli possui em Tatuí, a 135 quilômetros de São Paulo.

É o ingrediente básico do molho generoso da finalização. Normalmente, leva 70% de tomate fresco e 30% de pelado. Quando o primeiro não se mostra à altura, as proporções são alteradas. Aí a participação do tomate pelado pode chegar a 50%. Toninho patenteou sua invenção com o nome oficial: polpettone à parmigiana com mozzarella. Desse modo, obteve respaldo legal para combater os plágios. "No início, agíamos imediatamente", conta. "Ultimamente, relaxamos um pouco. Descobrimos que os imitadores não conseguem fazer um polpettone igual ao nosso".

Polpettone (*)

Rende 1 porção

INGREDIENTES

- 250 g de carne moída (filet mignon e coxão mole)
- 60 g de mozzarella em finas fatias
- 2 ovos levemente misturados
- 200 ml de molho de tomate (70% de tomates frescos e 30% de tomates pelados) sem casca e sem semente, peneirado
- 80 g de queijo parmigiano ralado
- Farinha de trigo quanto baste
- Farinha de pão torrada quanto baste
- 1 pitada de noz-moscada ralada
- Sal e pimenta-do-reino moída na hora a gosto
- Óleo abundante para a fritura

PREPARO

Coloque a carne em uma tigela e tempere-a com sal, pimenta e noz-moscada. Misture, amassando bem. Divida a carne em duas porções iguais, fazendo dois hambúrgueres de aproximadamente 12 cm de diâmetro. Coloque sobre um deles as fatias de mozzarella, deixando uma borda com cerca de 2 cm sem rechear. Cubra com o outro hambúrguer e aperte as bordas para os dois círculos de carne se fundirem num só. Passe o polpettone, de todos os lados, na farinha de trigo, nos ovos e por fim na farinha de pão torrada. Deixe descansar na geladeira, tampado, por 2 horas, no mínimo. Numa frigideira, aqueça o óleo, coloque o polpettone e frite-o de um lado, depois do outro. Retire e escorra em papel absorvente. Sirva o polpettone com o molho de tomate quente, polvilhado com o queijo ralado.

(*) Receita provável do polpettone de Antonio Buonerba, o Toninho, pois a original é secreta.

Codo Meletti

O Pato Turbinado

Aberto em São Paulo no ano de 1953 pelo italiano Fabrizio Guzzoni (1920-2005), um hoteleiro e restaurateur inovador que se mudou para o Brasil atraído pelo amor de uma moça de Campinas, a 96 quilômetros da capital paulista, o Ca'd'Oro é um marco histórico na hotelaria da cidade de São Paulo. Foi o seu primeiro cinco-estrelas. Continuou famoso até o encerramento das atividades em 2009. Seu restaurante, frequentado por uma clientela exigente e de bom gosto, difundiu em nosso país receitas antológicas do nordeste e noroeste da Itália: carpaccio, bollito (cozido) misto, ossobuco à milanesa, casonsei (massa recheada) de la bergamasca, fettuccine al triplo burro, codornas com polenta etc.

Além disso, sem a contribuição de Guzzoni a caipirinha não teria ingressado rapidamente nos ambientes mais requintados, nem alcançado sucesso fulminante no Brasil e no mundo. Ele deu ao glorioso drinque nacional o "empurrão" do qual necessitava para livrar-se da reputação de "bebida de pobre" que carregava desde o seu surgimento no interior de São Paulo.

Conheceu-o na década de 50 em um bar popular do centro paulistano e passou a servi-lo no Ca'd'Oro em copo old fashioned, com gelo picado e limão-taiti. Giancarlo Bolla, hoje dono do esplêndido restaurante La Tambouille, de São Paulo, era maître da casa na época e testemunhou o upgrade da caipirinha. Lembra que Guzzoni modificou o drinque. Até então, não levava gelo, era feito com limão galego e servido em copo comum de cachaça.

Entretanto, a mais curiosa (e divertida) contribuição de Guzzoni à gastronomia brasileira foi um prato de inspiração italiana, aparentemente lombarda, hoje patrimônio nacional: o pato à Colleoni. Tornou-se uma das mais deliciosas receitas servidas aos frequentadores do restaurante do Ca'd'Oro. O cliente sorria quando o maître explicava a preparação da ave e razão do seu nome. O pato era temperado, assado no forno, cortado em pedaços e ia à mesa acompanhado de três figos empanados e fritos.

O maître esclarecia que a receita havia sido desenvolvida por Guzzoni, em homenagem ao mestre das armas e homem de guerra Bartolomeo Colleoni (1400-1475), chamado pelos italianos de "Il Condottiero" (o capitão, o chefe).

Em sua memória, o escultor, ourives e pintor florentino Andrea di Francesco di Cione (1469–1476), conhecido como Andrea del Verrocchio, de quem o genial Leonardo da Vinci se tornou aprendiz aos 17 anos, começou a fazer e, morrendo, deixou para Alessandro Leopardi terminar, uma estátua equestre em bronze, com 3,95 metros de altura, instalada no Campo dos Santos João e Paulo, em Veneza. O Ca'd'Oro tinha na entrada do restaurante uma réplica da obra, medindo um metro de altura.

Natural de Solza, pequena localidade nas imediações de Bergamo, Colleoni ainda passou à história pela virilidade exacerbada, que a receita do Ca'd'Oro festejou. Por que Guzzoni finalizou o prato com a trindade de figos empanados e fritos? Pelo fato de "Il Condottiero" ter vindo ao mundo com três testículos – e não com dois, como a maioria dos homens. Chama-se isso de triorquidia.

Ele se orgulhava da anomalia, a ponto de reproduzi-la em seu brasão de armas, descrito assim: "... duos colionos albos in campo rubeo de supra et unum colionum rubeum in campo albo infra ipsum campum rubeum". Esperamos que o leitor entenda, pois não vamos traduzir.

Resta saber por que o seu nome de família era Colleoni, plural italiano da palavra chula derivada do latim vulgar *coleone*, que em português tem duplo significado: 1) colhão, testículos, bago, saco, ovo; 2) coragem, ousadia. Há também a possibilidade (remota) de que venha de *capileonis*, ou seja, cabeças de leão, como propõem certos genealogistas.

"Il Condottiero" levou vida movimentada em uma Itália dividida, com cidades dominadas por famílias nobres que lutavam entre si, em guerras travadas por exércitos mercenários. Combateu no Nordeste, Noroeste e Sul, a serviço de várias bandeiras. Era criança quando o pai foi assassinado pelo primo, que lhe usurpou o feudo e prendeu sua mãe. Socorrido por um amigo da família, Colleoni se refugiou por um ano nas colinas lombardas.

Viveu a infância e parte da juventude em Solza, na completa miséria. Aos 14 ou 15 anos de idade, o senhor de Piacenza, sob cujas ordens aprendeu a guerrear, aceitou-o como pajem. A seguir, foi para Nápoles, onde se converteu em mercenário. Transferiu-se para outro exército, fez isso novamente, mudou-se para Milão e Veneza, e assim por diante.

Em Nápoles, teria sido amante da rainha Joana Segunda, uma viúva assanhada que colecionava favoritos. Colleoni morreu aos 75 anos, com fama de guerreiro intrépido e macho exacerbado. Suspeita-se que a triorquidia fosse genética. Mas ele não conseguiu dar provas disso, por não ter tido filhos homens. Deixou 12 filhas, segundo um cálculo modesto.

No século XX, inspirou a comédia cinematográfica franco-italiana *Homo Erocticus*, de 1971, com os atores Lando Buzzanca, Rossana Podestá e Ira von Fustenberg, entre outros. O personagem central é assediado por dondocas da alta sociedade, após descobrirem que ele tinha três testículos. No Brasil, o filme se intitulou *O Supermacho* e teve uma importância extra. Fez tanto sucesso de bilheteria que estimulou a indústria da pornochanchada nacional.

Guzzoni, o fundador do Ca'd'Oro, serviu o pato à Colleoni a reis, príncipes, presidentes, políticos, empresários, artistas, intelectuais e demais pessoas que hospedou com gentileza e luxo. Particularmente, era um grande apreciador do prato. "O segredo é usar ingredientes de primeira", dizia. "E nunca esquecer de colocar os três figos da guarnição". Alguns dos seus clientes atribuíam ao pato à Colleoni efeito afrodisíaco.

Pato à Colleoni (*)

Rende 3 porções

INGREDIENTES - PATO
- 1 pato novo com cerca de 1,2 kg
- Manteiga para untar a assadeira

PRIMEIRO TEMPERO (MARINADA)
- 2 talos de salsão, 1 cebola, 1 cenoura, 1 alho-poró, tudo em pedaços
- 2 dentes de alho espremidos
- 2 colheres (sopa) rasas de manteiga
- 2 ramos de alecrim
- 200 ml de vinho branco seco
- Sal a gosto

SEGUNDO TEMPERO
- 1 colher (sopa) de farinha de rosca
- 1 dente de alho espremido
- 1 colher (chá) de orégano
- 1 ramo de folhas de hortelã picadas
- 1 colher (sopa) de salsinha picada

GUARNIÇÃO
- 9 metades de figos em calda (escorridos)
- 2 ovos batidos
- 2 colheres (sopa) de farinha de trigo
- 2 colheres (sopa) de farinha de rosca
- 9 aspargos (opcional)
- Purê de batata (opcional)
- Óleo de milho o quanto baste para fritar os figos

(*) Receita colecionada pelo restaurateur Massimo Ferrari, de São Paulo, SP.

PATO - PREPARO

Lave o pato e seque-o bem por dentro e por fora.

PRIMEIRO TEMPERO (MARINADA)

Coloque o pato em um recipiente e esfregue-o interna e externamente com os ingredientes do primeiro tempero. Deixe o pato descansar por 24 horas, na geladeira, virando-o pelo menos uma vez nessa marinada. Retire o pato do líquido da marinada, passe-o para uma assadeira untada com manteiga e sele-o em forno médio, preaquecido a 180°C, por dez minutos. Coloque o líquido da marinada na assadeira, em volta do pato, e asse-o por mais uma hora, aproximadamente, em forno baixo (160°C), coberto com papel-alumínio. É importante que permaneça sempre um pouco de líquido na assadeira. Descarte o papel-alumínio e deixe o pato por mais uns cinco minutos no forno. Retire-o da assadeira e corte-o em pedaços. Se for necessário, pingue um pouco de água na assadeira, raspando o fundo com uma colher. Reduza em fogo brando e passe por uma peneira grossa. Prove o sal e reserve esse molho para a finalização do prato.

SEGUNDO TEMPERO

Em uma tigela, misture os ingredientes do segundo tempero e pressione-os sobre os pedaços de pato, como se fossem uma segunda pele. Leve o pato à salamandra, ou novamente ao forno, desta vez bem quente, até a pele ficar crocante.

GUARNIÇÃO

Passe as metades dos figos no ovo batido e depois envolva-os na farinha de trigo misturada à de rosca. Em seguida, frite-os no óleo bem quente. Prepare o purê de batata. Cozinhe os aspargos.

FINALIZAÇÃO

Disponha o molho quente (do fundo da assadeira) nos pratos e, por cima, coloque os pedaços de pato. Arrume três metades de figo em cada prato, distribua os aspargos e, com a ajuda de um aro, dê um formato redondo ao purê de batata. Sirva imediatamente.

O Pato que Treme

Todo forasteiro que desembarca em Belém e dá uma garfada no exótico pato no tucupi – o prato emblemático da culinária do Pará, consumido maciçamente no Círio de Nazaré, a maior festa religiosa do Brasil – acredita que está saboreando uma receita típica da culinária indígena. A convicção se baseia no fato de a ave usada no preparo ser uma espécie sul-americana (*Cairina moschata*), domesticada há séculos pela população nativa. Os demais ingredientes reforçam o mito.

Depois de assar no forno, o pato é cortado em pedaços e fervido com pimenta-de-cheiro e outros temperos no tucupi, um molho extraído da raiz da mandioca brava; depois, incorpora jambu, escaldado em água com sal, uma erva da região Norte que faz tremelicar a língua de quem a mastiga.

Se o forasteiro prestar atenção na receita, porém, verá que a técnica de cozimento do pato, em duas etapas, é europeia. Foi introduzida no Brasil pelos nossos colonizadores. "A cozinha indígena que os portugueses encontraram aqui [...] não era muito variada e parecia ser contemporânea daquela que os Cro-Magnon praticavam há 10.000 anos, no início do Neolítico," afirma Guilherme Radel no livro *A Cozinha Africana no Brasil* (Press Color, Salvador, 2006).

Os índios usavam o fogo para assar, moquear e aferventar as carnes. Não havia tempero nas panelas. "Mesmo quando os portugueses popularizaram o sal no Brasil e começaram a explorar salinas no litoral, os indígenas não passaram a usá-lo", afirma Radel. "Comiam insosso." O único condimento habitual era a pimenta-de-cheiro, que saboreavam aos punhados, acompanhando os alimentos, misturada na farinha de mandioca.

Vitor Sobral, um dos chefs importantes de Lisboa, avalia a ascendência lusitana. "O pato no tucupi segue o mesmo processo de execução de antigas receitas portuguesas", diz. "Na casa dos meus pais, no Alentejo, conheço uma parecida desde que me entendo por gente. O pato também é assado e depois fervido em líquido. A diferença é que, em vez de tucupi, o caldo leva tomate e condimentos; no lugar do jambu, são adicionadas beldroegas."

De que maneira o tucupi e o jambu, duas preciosidades da culinária aborígene, transformaram a receita lusitana? Quando colonizaram o Brasil, os portugueses escravizaram os índios para suprir a necessidade de mão de obra. Obrigaram os homens nativos a trabalhar na atividade extrativa ou agrícola. As mulheres tiveram de preparar a comida dos colonizadores, até porque eles vieram sem as suas. Foram as índias que começaram a adaptar as receitas portuguesas aos ingredientes locais. Deve ter sido assim que surgiu o pato no tucupi.

Hoje, a receita se espalha no País. Só não é mais difundida pela dificuldade de encontrar dois dos seus ingredientes: o tucupi e o jambu. O primeiro, mais raro, vem do Norte. Na sua elaboração, descasca-se, rala-se e se espreme a mandioca brava; coloca-se para descansar, a fim de separar o amido (goma) do líquido (tucupi); a seguir, cozinha-se por 3 a 5 dias para eliminar um veneno que contém, o ácido cianídrico; só então se utiliza o molho amarelado na culinária.

O jambu ficou mais disponível. É encontrado no Rio de Janeiro, sobretudo no município de Trajano de Moraes, e em São Paulo. Na região Sudeste, uma das suas primeiras admiradoras foi a querida Rita Lee. Trinta anos atrás, a roqueira achava "um barato" mastigá-lo. Algumas pessoas se equivocam. Julgam que o efeito do jambu é anestésico. Na verdade, como explica o médico paraense Alex Rendeiro, provoca formigamento da língua.

No Pará, depois de ser usado também com o tucupi no preparo do tacacá (ao lado da goma de tapioca, camarão e pimenta), o jambu virou sucesso musical. Dona Onete, a popular compositora e cantora amazônica, gravou o trepidante carimbó *Jamburana*, cuja letra exalta o suposto efeito afrodisíaco da erva: "O tremor do jambu é gostoso demais / E o jambu treme, treme, treme... / E treme, treme, treme, treme... /O tremor vai descendo, vai descendo, vai descendo, vai descendo... / Vem subindo, vem subindo, vem, subindo, vem vem subindo... / Chega até o céu da boca, a boca fica muito louca, muito louca, louca, louca...".

Pato no Tucupi (*)

Rende 6 porções

INGREDIENTES
PATO

- 4 a 5 kg de pato (ou 2 patos médios)
- Vinha-d'alhos (suco de 5 limões, 5 cabeças de alho socadas, 1/2 litro de vinagre branco, 1 pimenta-de-cheiro, sal a gosto)
- 5 litros de tucupi
- 3 pimentas-de-cheiro
- 5 cabeças de alho
- 6 maços de folhas de jambu
- Alfavaca a gosto
- Chicória do norte a gosto
- Sal a gosto

MOLHO DE PIMENTA

- 17 pimentas-de-cheiro
- 1 dente de alho
- Um pouco do tucupi fervente
- Sal a gosto

ACOMPANHAMENTO

- Arroz branco
- Farinha d'água de mandioca

(*) Receita de Paulo Martins, saudoso chef e embaixador da culinária do Pará.

PREPARO

PATO

Lave os patos em água corrente. Em um recipiente, misture os ingredientes da vinha-d'alhos. Junte os patos e deixe-os descansar nos temperos, na geladeira, de um dia para o outro. Asse os patos em forno médio (180°C), regando-os com o líquido da vinha-d'alhos, à medida que forem tomando cor.
Retire-os e, após esfriarem, corte-os em pedaços. Se preferir, desosse-os e descarte a pele. Em uma panela, ferva o tucupi junto com as três pimentas-de-cheiro, as cabeças de alho, a alfavaca, a chicória e sal a gosto. Retire três litros de tucupi e reserve. Nos dois litros restantes, coloque os pedaços de pato e cozinhe-os até ficarem bem macios. Separe as folhas de jambu com os talos mais tenros e lave-as em água corrente. Escalde-as em água fervente com sal, escorra-as e reserve-as.

MOLHO DE PIMENTA

Amasse as pimentas-de-cheiro com sal, o dente de alho socado e um pouco do tucupi fervente, para formar um molho.

FINALIZAÇÃO

Em um alguidar de barro, disponha os pedaços de pato e o jambu. Cubra com o tucupi reservado, sirva com o molho de pimenta e acompanhe com arroz branco e farinha d'água de mandioca.

Por que o Peru Faz Glu-glu?

Ave grande e esquisita, desprovida de penas na cabeça e pescoço, com plumagem preta, bronzeada, vermelho-tijolo ou branca, o peru tem carne saborosa. Originário do México e do sul dos Estados Unidos, onde foi domesticado há mais de mil anos, ingressou no cardápio do Natal brasileiro por influência dos portugueses. Mas os americanos fizeram a sua parte. Na esteira do fascínio que passamos a ter por eles depois da Segunda Guerra Mundial, assimilamos sua mesa de Natal colorida e exuberante, na qual o peru é rei.

Já os portugueses começaram a valorizar a ave por influência dos franceses. Na Europa, ela foi inicialmente iguaria senhorial. "A entrada triunfal do peru na mesa real europeia terá acontecido em França, no casamento de Carlos IX com Isabel da Áustria, em 1567", diz José Quitério, no *Livro de Bem Comer* (Assírio e Alvim, Lisboa, 1987). A primeira obra de culinária lusitana, *Arte de Cozinha*, do chef Domingos Rodrigues, de 1680, trouxe cinco receitas de peru. O autor, que trabalhou na corte da parisiense D. Maria Francisca Isabel de Saboia, duas vezes rainha de Portugal, escreveu-a ao gosto dos franceses. Em 1840, *O Cozinheiro Imperial*, primeiro livro de cozinha do Brasil, com óbvia influência portuguesa e francesa, tem 24 receitas da ave.

Os portugueses do Norte, especialmente no Entre-Douro-e-Minho, não saboreiam peru na consoada, a ceia que antecede a Missa do Galo, celebrada de 24 para 25 de dezembro, quando há abstinência de carne, mas sim bacalhau. No almoço do Natal comem "roupa velha", ou seja, as sobras da véspera. O peru aparece em triunfo no jantar, ao lado do porco e da vaca. Já os portugueses do sul, sobretudo do Alentejo, que chamam a consoada de missadura, atracam-se às carnes ao findar a abstinência. Assam o delicioso peru preto, alimentado com bolota, fruto da azinheira e do sobreiro, o mesmo que dá sabor especial ao porco da região. Preparam a ave com dois recheios, um à base de batata, outro de carnes variadas.

Nos EUA, o peru foi primeiro consumido no Dia de Ação de Graças, o *Thanksgiving Day*, festa celebrada na quarta quinta-feira de novembro para agradecer a Deus os bons acontecimentos ocorridos durante o ano. Depois, estendeu-se ao Natal. No Brasil, o consumo da ave na festa do nascimento de Jesus se adaptou tão bem que hoje muita gente acredita ser tradição autóctone. Consumimos a cada Natal cerca de 3,5 milhões de perus, 90% dos quais distribuídos pela antiga Sadia Food Services. Mas ainda estamos longe de ameaçar o primado dos americanos. Eles comem 44 milhões de perus no Dia de Ação de Graças e 22 milhões no Natal. Ufa!

Nossos perus são quase todos assados inteiros no forno, com o peito e o papo recheados. Vão à mesa em leito de farofa e com as pernas para cima. Em volta, colocamos passas de pêssego e figo, tâmaras, nozes e amêndoas, frutas frescas etc. O peru se agregou ao cardápio natalino do Brasil, de quase toda a América e da Inglaterra. Só não recebeu a mesma distinção na Itália, que prefere o frango capão. Ao mesmo tempo, algumas nações latinas escolhem a galinha, a Europa Central elege o pato e Portugal não dispensa o bacalhau.

Foi uma descoberta gastronômica de Cristóvão Colombo. Na sua quarta expedição ao nosso continente, em 1502, o navegador genovês se encantou com a ave ao conhecê-la no litoral de Honduras. Descobriu que os índios da América Central a adoravam. Mas julgou ser um tipo de pavão. Hoje, o peru domesticado é uma ave galiforme que descende da espécie *Meleagris gallopavo*.

Graças a um engano de localização geográfica (o descobridor genovês acreditava ter desembarcado na Índia), ele o batizou de galo da Índia. Em 1519, os jesuítas que acompanhavam o conquistador Hernán Cortés enviaram o peru para a Espanha. Naquele país, porém, o nome que pegou foi outro: pavo (de pavão). Na França, vingou galo da Índia. Os jesuítas o difundiram como coq d'Inde, hoje simplificado para dindon. Apreciavam tanto sua carne que, durante algum tempo, a população chamou a ave de jesuíta.

Em 1541, mercadores turcos que faziam escala na Espanha levaram o peru à Inglaterra e aumentaram a confusão. A população julgou que a ave procedia da pátria dos forasteiros e o batizou de turkey bird. O nome peru, usado em Portugal e no Brasil, também foi dado por culpa daqueles mercadores. Eles achavam que a ave procedia do Peru e não do México e sul dos Estados Unidos. Já na Itália, o nome tacchino, dado ao peru, saiu do francês *tache* (mancha). Nada tem a ver com Colombo, nem com os jesuítas ou turcos. Deveu-se às manchas escuras encontradas nas penas da ave. Que se saiba, o primeiro livro a publicar uma receita de peru foi o *Opera dell'Arte del Cucinare*, de Bartolomeo Scappi, de 1570. O autor era cozinheiro do Papa Pio V.

No Brasil, a industrialização da ave começou por iniciativa do antigo Frigorífico Barra Azul, de Jundiaí, no século passado. Em meados dos anos 1960, a então Sadia Food Services entrou em cena e o grupo até hoje lidera o mercado, oferecendo um produto de qualidade. Ah!, faltou explicar por que o peru faz glu-glu, alegrando as crianças travessas do meio rural. Todos os machos da família dos galiformes, quando assustados ou ameaçados, reagem com um grito. O galo brada "cocorococó". O peru, sabemos, vai de glu-glu.

Peru Frito (*)

Rende de 10 a 12 porções

INGREDIENTES

- 1 peru com cerca de 5 kg
- 1 colher (café) de sal
- 6 dentes de alho bem amassados
- 1 colher (café) de glutamato monossódico (Aji-no-moto)
- 12 garrafas de óleo (cerca de 10,8 litros)

DECORAÇÃO

- Folhas de salsão
- Cabeça de alho cortada ao meio e assada em forno médio (180°C) até tostar
- Pimenta-rosa e salsinha picada para polvilhar

PREPARO

Lave bem o peru em água corrente e seque-o.
Em uma tigela, coloque o sal, os dentes de alho bem amassados, o glutamato monossódico e misture. Esfregue os temperos no peru, por dentro e por fora. Coloque o peru (já temperado) dentro de um saco plástico, feche o saco e deixe o peru marinar nos temperos por 12 horas, na geladeira. Retire o peru da geladeira e seque-o, delicadamente, por dentro e por fora, com um pano de prato, para que perca a água que soltou durante o tempo da marinada. Amarre as pernas do peru com uma tira feita de papel-alumínio dobrado diversas vezes. Quebre ao meio um palito de churrasco e espete cada asa junto ao corpo, para que tenha uma bonita apresentação.
Derrame todo o óleo em uma panela grande e alta, deixando um bom espaço em cima, para evitar que transborde durante a

(*) Receita de origem americana preparada pelo chef Souza Neto, de São Paulo, SP, com base na que foi divulgada no Brasil, em 2011, pela jornalista e apresentadora de TV Ana Maria Braga.

fervura. Aqueça o óleo em fogo baixo até atingir a temperatura de 155°C. Quando estiver no ponto certo, disponha com cuidado o peru no óleo e cozinhe-o lentamente (técnica de cozimento confit), por cerca de 50 minutos, sem tampar a panela. Para o óleo não respingar muito no fogão, aumente a altura da borda da panela com papel-alumínio, sem fechar em cima. Quase no final do cozimento, quando o peru já estiver dourado, coloque sobre ele uma escumadeira grande, para que fique submerso no óleo.

Retire o peru da panela e disponha-o sobre uma grade, para escorrer o óleo. Deixe-o esfriar um pouco antes de cortar. Decore o peru com as folhas de salsão e a cabeça de alho polvilhada com a pimenta-rosa e a salsinha.

DICA:

Na falta de um termômetro para medir a temperatura ideal, utilize um pedaço de miolo de pão. Se o miolo de pão afundar ao ser colocado no óleo, significa que ainda está frio; se queimar, é porque está quente demais; se o pão boiar, o óleo estará no ponto certo de ser usado.

Pobre e Deliciosa Galinha!

Nos dias que antecedem a Páscoa cristã, os corredores dos supermercados viram pérgulas. A única diferença é que, em vez de trepadeiras floridas, ficam repletos de ovos de chocolate. Sua exposição tem forte apelo de venda e multiplica o negócio. O ovo é o mais cobiçado presente de Páscoa. A tradição se originou no segundo milênio do cristianismo. No começo, os fiéis se presenteavam com ovos de verdade, sobretudo de galinha. Depois, passaram a trocar ovos de porcelana, vidro, pedra, madeira, papel, escamas e casco de tartaruga.

No século XVIII, o rei da França pediu ao pintor Jean Antoine Watteau para decorar ovos. Ele os daria à filha. No século XIX, o czar da Rússia encomendou 46 ovos de metal e pedras preciosas ao joalheiro de origem francesa Carl Fabergé, para oferecer à mulher. O número correspondia à idade dela. Outros czares presentearam ovos de Fabergé às mulheres durante os casamentos. Hoje, são peças disputadas pelos colecionadores internacionais. Somente no século passado o ovo de chocolate se firmou como presente universal de Páscoa. As crianças foram o alvo principal.

O ovo não participava da festa da ressurreição de Cristo até o século XII, quando Luís VII voltou à França após a segunda cruzada. Apesar do magro resultado da expedição contra os muçulmanos, o rei entrou triunfalmente em Paris. Para comemorar seu regresso, o superior da Abadia de St. Germain-des-Près ofereceu aos pobres a metade dos produtos das terras que explorava, incluindo grande quantidade de ovos.

Por trezentos anos, a cerimônia se repetiu em Paris e outras cidades da Europa. O problema era que geralmente caía na quaresma, período de jejum e penitência. No século XV, pressionado pela influente Ordem dos Beneditinos, Luís XI proibiu o costume. Os monges criticavam o grande consumo de ovos na quaresma. Então, o costume foi transferido para a Páscoa.

Há muito mais tempo o ovo é ingrediente mitológico. Em antigas civilizações, na indiana, chinesa e grega, simbolizava o início da vida. "Comecemos do ovo", disse o poeta pré-cristão Horácio, referindo-se certamente ao ovo de Leda, do qual nasceu a bela Helena de Troia. Na chegada da primavera, os persas trocavam ovos. Outros povos os colocavam no centro de banquetes rituais. Portanto, não foi por acaso que o ovo virou presente de Páscoa. Entretanto, ao lhe atribuirmos esse papel, somos injustos com a galinha. Várias aves produzem ovos de expressão comercial. É um alimento rico em proteínas, lipídios, minerais e água.

Mas, quando pronunciamos a palavra "ovo", sem dizer o nome da ave que o pôs, referimo-nos ao da galinha. Tem maior difusão mundial e superior importância na alimentação humana. Eis a injustiça: quando quebramos um ovo de Páscoa, nunca lembramos da galinha, sua inspiradora. Sem ela, estaríamos saboreando um símbolo diferente. A ingratidão continua. Na sexta-feira santa, dia da morte de Cristo, comemos bacalhau. No domingo seguinte, Páscoa, é a vez do cordeiro. Se trocarmos sua carne pela da galinha, não lhe atribuímos o menor significado.

Domesticada na Ásia há mais de 4.000, a galinha é um precioso ingrediente da cozinha. Assada, frita, cozida ou ensopada, recheada, em pedaços ou desfiada, participa de uma infinidade de receitas: à cabidela, empoada, marajoara, mourisca; com arroz, quiabo, creme de milho verde, Catupiry; na cerveja, vinho etc. Aprendemos a gostar de sua carne com os portugueses. Entre as provisões que Pedro Álvares Cabral trouxe na viagem de descobrimento do Brasil, no século XVI, havia galinhas.

Os nativos se assustaram ao verem pela primeira vez aquela ave exótica. "Não lhe queriam pôr a mão", escreveu Pero Vaz de Caminha na carta ao rei D. Manuel. Se fosse a feiosa galinha d'angola, que só chegou aqui tempos depois, vinda da África, certamente enfartariam. No século XVIII, o Marquês de Pombal, ministro plenipotenciário de D. José I, foi contraditório. Primeiro, desaconselhou a carne da galinha aos doentes, julgando-a "perigosa". Depois, invocando "sérias reflexões e multiplicadas experiências", ordenou que fosse a base da alimentação das pessoas internadas em hospitais reais e militares.

Quando viveu no Brasil, no início do século XIX, D. João VI comia seis frangos por dia, divididos entre o almoço e o jantar. Usava os dedos e jogava os ossos no chão. No final da refeição, um criado trazia ao rei uma bacia e um jarro de prata com água. D. João VI lavava as mãos e, naturalmente, fazia o sinal da cruz, agradecendo a Deus o ótimo repasto. No final daquele século, nosso querido D. Pedro II, que não chegou a ser um comilão, apreciava em público a boa canja de galinha, cuja receita original os portugueses encontraram na ex-colônia de Goa, na Índia, onde tinha o nome de kanji. Muitas vezes o Imperador do Brasil foi visto saboreando sua sopinha favorita nos intervalos de representações teatrais.

Somos desleais com a galinha até no vocabulário popular. "Galinha" significa a mulher que troca demais de parceiro ou o homem compulsivamente namorador. Também define a pessoa covarde ou que sente muitas cócegas. "Galinha-verde" foi o apelido pejorativo dos integralistas nas décadas de 30 e 40. "Galinha morta" é algo vendido por preço abaixo do normal. "Quando as galinhas criarem dentes" expressa uma situação que jamais acontecerá. "Dormir com as galinhas" é deitar-se cedo demais. "Pés de galinha" são as rugas no canto dos olhos.

O preconceito se estende à família da ave. O galo, marido da galinha, tem o nome usado para indicar uma pequena inchação na testa, ocasionada por pancada. "Galo de rinha" é o sujeito briguento. "Salgar o galo" significa beber pela primeira vez ou tomar cachaça em jejum, de manhã. Já a palavra "frango", além de designar rapazola, adolescente, encontra largo emprego no futebol.

Nenhum brasileiro esquece aquela bola sem-vergonha que o goleiro Valdir Peres, da Seleção, deixou passar no jogo com a então União Soviética, na Copa do Mundo de 1982? Foi um frango – e dos grandes. Até mesmo Fernando Henrique Cardoso já utilizou o filho da galinha em situação estranha. No início do Plano Real, o Presidente da República invocava o preço do frango como símbolo da estabilidade econômica do País. Pobre (e saborosa) galinha!

Luiz Henrique Mendes

Galinha-d'Angola com Azeitonas (*)

Rende 4 porções

INGREDIENTES

- 1 galinha-d'angola com cerca de 1/2 kg
- 100 g de azeitonas verdes sem caroço
- 100 g de azeitonas pretas sem caroço
- 70 g de manteiga
- 1 colher (sopa) de óleo vegetal
- 1 colher (sopa) rasa de açúcar
- 200 ml de vinho branco seco
- 200 ml de água
- 1 colher (sopa) rasa de farinha de trigo
- Sal e pimenta-do-reino moída na hora a gosto

PREPARO

Corte a galinha em pedaços grandes, pelas juntas. Afervente as azeitonas rapidamente, retire-as do fogo e passe-as pelo coador. Em uma panela de pressão, aqueça trinta gramas da manteiga com o óleo. Adicione a galinha e frite-a de todos os lados, até dourar. Tempere com sal, pimenta e açúcar. Cubra com o vinho branco e a água. Feche a panela e leve-a ao fogo. Quando começar a apitar, espere quinze minutos e retire a galinha, mantendo o caldo na panela. Em uma tigela, misture bem a manteiga restante com a farinha de trigo e junte-a ao caldo do cozimento, mexendo bem com um fouet (batedor manual).
Incorpore as azeitonas e leve ao fogo baixo (sem a pressão), apenas para os sabores se mesclarem. Sirva quente.

(*) Receita do chef Eric Berland, de São Paulo, SP.

O Apetitoso Frango Capão

No período republicano da história de Roma, encerrado em 27 a.C., dois cônsules eleitos comandavam o Exército, convocavam o Senado, presidiam os cultos públicos e, ocorrendo calamidade, ou seja, uma catástrofe natural, derrota militar ou insurreição popular, indicavam o ditador a ser nomeado com poderes absolutos, porém temporários. Eram, portanto, autoridades supremas. Um desses cônsules, Caio Atílio Régulo (em latim, Gaius Atilius Regulus), enfrentava um problema particular: não conseguia dormir com barulho. O menor ruído o acordava.

Incomodado com os cantos dos galos na madrugada, fez o Senado aprovar uma lei que bania a ave da zona urbana de Roma. Mas os criadores de aves encontraram um jeito de evitar a expulsão: castraram os animais. Caio Atílio aceitou a solução. Desvirilizados, eles paravam de cantar. Também se desinteressavam das fêmeas e, com isso, diminuiu o alvoroço no galinheiro – um presente extra para o cônsul de sono leve. "Se não for verdade, é bem contado", diz a sentença italiana

Ao saborearem a carne dos galos, os romanos descobriram que ela havia melhorado em textura e sabor. Com o tempo, constataram que, se a castração fosse realizada mais cedo, ou seja, em animais mais jovens, acentuavam-se essas características. Compensando instintivamente a mutilação sexual, a ave se alimentava demais, ganhava peso e gordura abundante, visível sob a pele e também nos músculos. Atualmente, castra-se o frango com 60 a 70 dias. O abate acontece quando ele tem 7 ou 8 meses de vida e pesa entre 2,5 e 4 quilos. Deve exibir esporas curtas, sinal de que não passou da idade.

Nessas condições, faz jus ao nome de frango capão (castrado), iguaria sublime que séculos atrás foi convertida em prato de Natal. Substituiu o galo. Irmanou-se à carne de cordeiro. Apesar de não carregar o mesmo simbolismo do avô, pai ou irmão mais velho, ingressou triunfalmente na ceia. Entre outras figurações, o galo batiza a missa assistida pelos católicos na noite de 24 para 25 de dezembro, uma liturgia iniciada em Roma nos primeiros séculos do cristianismo. Baseia-se na lenda de que ele teria cantado à meia-noite, avisando do nascimento de Jesus.

Mesmo sem poder cantar, o frango capão entrou para a celebração natalina pela excelência gastronômica. Atualmente, em certas regiões de Portugal e da Itália, e em quase toda a Espanha, continua obrigatório na ceia. No Brasil, foi assim até cerca de um século atrás. A tradição subsiste isolada no interior, do Norte e no Nordeste, mas dá sinais de recuperação na cidade de São Paulo, por exemplo, onde já é possível encomendá-lo depenado e eviscerado no Mercado Municipal e em butiques como a Freddy Carnes. Um frango capão inteiro sai por R$ 5,70 o quilo. Seu preço equivale ao do peru, a ave de carne seca e firme trazida dos Estados Unidos que lhe roubou o lugar na festa em fins do século XIX.

Frango é o que não falta no Brasil. A começar pelos que acontecem nos jogos de futebol... O mercado nacional foi invadido por animais produzidos em aviários gigantescos, alimentados com ração balanceada. Crescem rápido, ficam bonitos, atraentes e podem ser vendidos com apenas 42 dias de vida e 1,9 quilo de peso. Alimentam milhões de brasileiros. Exportados, garantem-nos divisas. Já serviram de referência para a estabilidade do Plano Real. Mas apresentam carne de textura e sabor medíocres.

O que temos pouco é frango capão, até porque custa caro criá-lo. Superalimentado com milho e gemas – na Europa acrescentam castanhas cozidas –, tem desenvolvimento considerado lento e comercialização tardia do ponto de vista comercial. Em um dos capítulos do *Livro de Bem Comer* (Assírio & Alvim, Lisboa, 1987), o jornalista José Quitério, colunista gastronômico de Portugal, conta-nos que no interior de seu país a dieta pode incluir um cálice de vinho doce.

O frango capão sempre esteve cercado de fãs ilustres. Camilo Castelo Branco, genial novelista português, autor de *Amor de Perdição*, de 1862, apreciava-o flambado com aguardente velha (destilado de vinho) e levado à mesa com a pele estaladiça. Talvez o preferisse assim porque desconhecia a receita brasileira: assado no forno, recheado com farinha de milho, miúdos, toucinho, castanha, manteiga, alho, e aí por adiante.

Na Itália, harmonizam-no com a doce e picante mostarda de Cremona. Também costuma ser assado. Na Emilia-Romagna, cozinham-no em água para fazer sopa de cappelletti. Enfim, sua carne apetitosa só encontra rival na galinha caipira. São diferentes, é claro. Mas os gastrônomos que já saborearam as duas nem sempre conseguem responder qual é a melhor. A opinião do povo também se divide. "Do frango capão, a perna; e da galinha caipira, o peito", diz o provérbio brasileiro.

Frango Capão Natalino (*)

Rende 8 porções

INGREDIENTES

FRANGO E VINHA-D'ALHOS

- 1 frango capão grande (cerca de 2,5 kg) com os miúdos
- 200 ml de cachaça
- 1 dente de alho amassado
- 1 cebola pequena picada
- Tomilho fresco a gosto
- Folhas de louro a gosto
- Sal e pimenta-do-reino moída na hora a gosto

RECHEIO

- Miúdos do frango capão limpos e picados
- 200 g de manteiga
- 2 dentes de alho picados
- 150 g de toucinho picado
- 1 pimenta-dedo-de-moça sem semente picada
- 1 cebola média picada
- 100 ml de cachaça
- 100 g de castanhas-sapucaia picadas grosseiramente
- 50 g de uvas-passas sem sementes
- 50 g de damascos picados
- 120 g de farinha de milho
- Salsinha picada a gosto
- Sal a gosto

(*) Receita de Felipe do Val, chef e proprietário de restaurante, em São Paulo, SP.

ACOMPANHAMENTO
- Batatas e cebolas assadas
- Abacaxi grelhado
- Arroz branco

DECORAÇÃO
- Ervas aromáticas

PREPARO

FRANGO E VINHA-D'ALHOS

Tempere o frango capão por dentro, por fora e entre a pele e a carne com a cachaça, o sal, a pimenta-do-reino, o alho amassado e a cebola picada. Deposite o tomilho e algumas folhas de louro internamente e deixe marinando nesses temperos por 24 horas, na geladeira.

RECHEIO

Refogue os miúdos em 50 gramas da manteiga e 1 dente de alho, até que fiquem dourados. Retire e reserve. Na mesma frigideira, refogue o toucinho, a pimenta-dedo-de-moça, a cebola e o alho restante, nessa ordem. Deglace com a cachaça, misturando bem. Espere evaporar o álcool e coloque as castanhas, as uvas-passas, os damascos e mais 50 gramas da manteiga. Acrescente a farinha de milho, os miúdos de frango que estavam reservados, a salsinha, misturando tudo até obter uma farofa bastante úmida. Se necessário, ajuste o sal.

FINALIZAÇÃO

Retire o frango capão da geladeira, recheie-o com a farofa e costure-o. Coe o líquido da vinha-d'alhos. Coloque o frango sobre uma grelha, dentro de uma assadeira com o líquido da vinha-d'alhos. Unte-o com o restante da manteiga (100 g) e asse-o, coberto com papel-alumínio, em forno médio, preaquecido a 180°C, por cerca de 1 hora. Retire o papel-alumínio e deixe-o por mais 15 minutos, para dourar. Sirva o frango capão com os acompanhamentos e as ervas aromáticas da decoração.

Biro-biro, o Arroz Curinga

Há receitas de criação anônima, ou seja, com autor ignorado, e aquelas que têm ano, local e inventor conhecidos. Um exemplo do último caso é o arroz biro-biro. Ele foi batizado com o apelido do famoso curinga do Corinthians – chegou como meia, virou volante, atuou nas pontas direita e esquerda –, ídolo do time entre 1978 e 88. Surgiu em inícios dos anos 80, nos salões do Rodeio, uma das melhores churrascarias de São Paulo, que os frequentadores preferem tratar no masculino. Um desses clientes foi o jornalista gaúcho Tarso de Castro, co-fundador e editor de *O Pasquim*, falecido em 1991. Era tão fiel ao Rodeio que parecia morar no estabelecimento. Certo dia, enfrentava deliciado um grelhado, mas reclamava ao maître Cecílio do arroz que o acompanhava. Gostaria que fosse "mais rico". Então, o atencioso profissional foi à cozinha e voltou com um prato reforçado: arroz branco com ovo frito. Tarso aprovou o resultado, embora não se surpreendesse: era a mistura que, nos seus tempos de criança, as mães do Rio Grande do Sul ministravam aos filhos magricelas.

Dava as primeiras garfadas naquele arroz quando chegou o jornalista Thomaz Souto Corrêa, outro habitué do Rodeio, que examinou o prato e sugeriu a Tarso mandar completá-lo com batata-palha. O novo ingrediente conferiu à receita o característico toque crocante. A ideia não surgiu ao acaso. Inspirou-se na receita portuguesa do bacalhau desfiado "nunca chega", que harmoniza ovos mexidos e batata-palha. Nasceu desse modo o arroz Thomaz Souto Corrêa. Entretanto, jamais apareceu assim no cardápio da casa-mãe. Ali, até hoje é conhecido como Rodeio. Seguindo a tendência da época, os ingredientes chegavam à mesa previamente elaborados, para a montagem e finalização diante do cliente, em frigideira aquecida no réchaud.

Testemunha gustativa da invenção, o publicitário Washington Olivetto, corintiano histórico, acredita que o denominaram arroz Rodeio porque o dono, Roberto Macedo, torce pelo São Paulo. "No fundo, ele gostaria que o chamassem de arroz Raí", diverte-se. *Volante de origem, o pernambucano* Antônio José da Silva Filho, *apelidado de Biro-Biro,* disputou 589 partidas *(265 vitórias, 199 empates e 125 derrotas) e fez 75 gols pelo clube do Parque São Jorge*. Encantava a torcida com seu futebol-espetáculo e os cabelos amarelo-encaracolados. "Também nunca entendi direito o motivo de o arroz virar biro-biro", assinala Thomaz. "Mas fiquei contente porque depois acrescentaram à receita a cebolinha tirolesa, a salsinha, uns pedacinhos de bacon e não sei o que mais". O atual gerente do Rodeio, Francisco Chagas, acredita ter sido o maître Cecílio, "corintiano roxo", quem primeiro falou em arroz biro-biro. "A combinação de ovo frito e batata-palha lembrou-lhe o cabelo do jogador", diz. Thomaz, apesar de corintiano, incomoda-se com a versão. "Se soubesse que minha receita era parecida com o cabelo dele, eu teria passado mal..."

Eram os tempos do movimento intitulado por Washington de Democracia Corintiana, vigente de 1981 a 1985. Na época, tudo no Parque São Jorge se resolvia no voto. "Quando fui convidado para ser vice-presidente de marketing do clube, percebi que a postura revolucionária dos jogadores e as nossas ambições de fazer uma gestão diferenciada precisavam de um rótulo, um nome que transferisse para o grande público o espírito daquilo", explica o publicitário. Concluiu ainda que, para valorizar a marca Corinthians, conseguir melhores patrocínios etc., necessitava criar um conselho envolvendo personalidades de fora do futebol, com ideias inovadoras. "Convidei para esse grupo meus amigos Thomaz, Boni, Walter Clark, André Midani, Juca Kfouri, Flávio Gikovate, Silvio de Abreu e Gloria Kalil", acrescenta. Após as reuniões no clube, o conselho se encontrava para jantar no Rodeio. Além de Washington, é claro, apareciam com frequência Thomaz, Adilson Monteiro Alves, Walter Clark, Juca Kfouri e os jogadores Sócrates e Casagrande, líderes da Democracia Corintiana.

O publicitário tem uma explicação diferente para o arroz não ser Thomaz Souto Corrêa: o inventor recusou a homenagem. Como dirigente da Editora Abril, não poderia ter um prato com seu nome. "Insistimos, mas ele foi irredutível", assegura. "Reafirmou que a Abril publicava o *Guia Quatro Rodas dos Melhores Restaurantes de São Paulo*, analisava os pratos, premiava chefs, conforto e serviço, além de recomendar restaurantes nos *insiders* da *Playboy*. Portanto, não poderia virar nome de prato. A sugestão de ser arroz biro-biro caiu em terreno fértil. "Apareceu no meio do papo, porque naquele dia estávamos falando do jogador homônimo, que não havia aderido à Democracia Corintiana e sequer entendia a conotação política existente no movimento", acrescenta. "Vivíamos o período de luta pelas eleições diretas e o time corintiano era completamente engajado a ela". Sucesso de norte a sul do país, o arroz biro-biro agora é saboreado pelos torcedores de todos os clubes nacionais. Da mesma forma que o jogador do Corinthians em campo, é um curinga na mesa, pois acompanha inúmeros pratos.

Arroz Biro-biro

Rende 4 porções

INGREDIENTES

CEBOLA TIROLESA

- 100 g de cebola
- Cerveja quanto baste
- Farinha de trigo quanto baste
- Óleo para fritar
- Sal a gosto

ARROZ BIRO-BIRO

- 300 g de arroz cozido
- 1 colher (sopa) de manteiga
- 1/2 cebola pequena, picada
- 2 macinhos de cebolinha-verde em finas rodelas
- 2 macinhos de salsinha picada
- 20 g de bacon frito na frigideira, fatiado e picado
- 2 ovos fritos em óleo não muito quente (para não crostar a clara)
- 100 g de batata palha
- Sal a gosto

PREPARO

CEBOLA TIROLESA

Corte as cebolas em rodelas e coloque-as de molho na cerveja, de maneira que fiquem bem molhadas. Escorra-as, salpique-as com um pouquinho de sal e passe-as na farinha de trigo. Frite-as no óleo quente, até ficarem crocantes. Escorra em papel absorvente.

ARROZ BIRO-BIRO

Em uma frigideira grande, derreta a manteiga e junte a cebola e a cebolinha verde. Deixe dourar, acrescente uma pitada de sal e em seguida despeje o arroz, o bacon e a salsinha. Misture bem. Corte em pedaços os ovos fritos, a batata palha, a cebola tirolesa e junte ao arroz, na frigideira. Mexa mais um pouco e sirva. O arroz biro-biro acompanha carnes grelhadas.

António Rodrigues

Arroz de Braga? Não, de Santos

O brasileiro que for a Portugal e quiser comer arroz de braga vai precisar ensinar a receita. Ninguém a conhece naquele país. Nem em Braga, no Minho, a mais antiga cidade lusitana, com mais de 2 mil anos de história, que muitos acreditam estar relacionada ao prato. Na verdade, o arroz de braga foi inventado no Brasil. Segundo o jornalista Olao Carmo Rodrigues (1907-81), redator do *Almanaque de Santos*, lançado em 1969, é prato de origem santista. Antigamente, chamava-se arroz do braga. A receita dataria do princípio do século XX ou final do anterior.

Um grupo de pessoas entrou tarde da noite em um pequeno restaurante da Rua Itororó, no centro de Santos, para jantar. O dono, um homem chamado Braga, respondeu-lhes que pela hora avançada sobravam-lhe poucos mantimentos. Mas se dispôs a improvisar um prato. Wilma Therezinha Fernandes de Andrade, historiadora, pesquisadora e autora de vários trabalhos sobre Santos antiga, confirma a informação de Olao Rodrigues. Só falta descobrir o nome do restaurante, que se perdeu, e se o Braga era brasileiro ou português, como muitos acreditam.

Surgiu assim uma delícia da cozinha brasileira, à base de arroz, frango, toucinho, paio, linguiça portuguesa, tomate, repolho, ervilha, alho, salsinha e cebolinha. O saudoso jornalista Saul Galvão (1942-2009), fanático pelo prato, parece ter resgatado a receita com os procedimentos originais. Segundo ele, o frango, o paio e a linguiça devem ser refogados e reservados antes da incorporação ao arroz.

Os clientes "do Braga" gostaram tanto que voltaram muitas vezes para comer o prato. A fama da invenção correu na cidade e outras casas a copiaram, inclusive em São Paulo, de onde se espalhou pelo Brasil. Na capital do Estado, virou um dos itens do tradicional cardápio semanal. Houve tempo em que bares e restaurantes da capital o anunciavam toda quinta-feira como o prato do dia, já rebatizado de arroz de braga. Seu nome era escrito a giz em lousas afixadas na porta. Na segunda-feira se oferecia virado à paulista, na terça dobradinha, na quarta e sábado feijoada, na sexta bacalhoada ou pescada. "Isso foi na época em que era comum encontrar no centro de São Paulo pequenos bares e restaurantes que serviam comida de verdade", comentou Saul Galvão. "Hoje, deram lugar às lanchonetes de fast-food."

Em jornais e revistas, programas de TV, sites e blogs culinários, sempre alguém afirma que o arroz de braga é português. Nada mais equivocado. Maria de Lourdes Modesto, autora do best-seller *Cozinha Tradicional Portuguesa* (Editorial Verbo, Lisboa/São Paulo, 1982), é categórica: "A receita santista não tem nada a ver com os modos de cozinhar o arroz e seus complementos no meu país. Como se pode ler em *Cozinha Tradicional Portuguesa*, há um arroz de pato à moda de Braga, feito também com frango, porém muito diferente". Autoridade em cozinha lusitana, Maria de Lourdes Modesto ainda lembra um prato de frango do norte de Portugal, de elaboração igualmente diversa da brasileira. É finalizado com o sangue da ave, o que lhe confere a cor amarronzada e o sabor intenso.

Refere-se ao arroz de pica no chão, nome dado em Portugal ao frango caipira, criado livre, ciscando à vontade no solo. Vila Verde, no distrito de Braga, é a capital nacional da especialidade. "Tornou-se bastante popular", diz. Em Braga, faz sucesso uma versão gourmet do prato, assinada por José Vinagre, chef executivo dos Hotéis do Bom Jesus.

Quanto à receita santista, nasceu em berço esplêndido. O arroz é antiga ocupação agrícola local. O pintor e desenhista francês Jean-Baptiste Debret (1768-1848), na obra *Viagem Pitoresca e Histórica ao Brasil*, elogia o que encontrou ali. Foi cultivado desde o século XVI, por iniciativa do fundador da cidade, o fidalgo português Brás Cubas (1507-1592), na atual Ilha Barnabé, com sementes trazidas de Cabo Verde. "Santos [...] produz o arroz mais apreciado do Brasil", garantiu Debret.

Arroz de Braga (*)

Rende 12 porções

INGREDIENTES

- 1 frango caipira de mais ou menos 1 1/2 kg cortado nas juntas
- 3 colheres (sopa) de óleo de milho (ou de banha de porco)
- 250 g de toucinho ou bacon cortado em cubos com cerca de 1 cm
- 150 g de paio cortado em rodelas
- 300 g de linguiça toscana em rodelas com cerca de 1 cm de espessura
- 2 cebolas picadas
- 2 dentes de alho picados
- 4 xícaras (chá) de arroz
- 3 tomates sem pele e sem sementes, picados
- 100 g de ervilhas frescas
- 1 folha de louro
- 1 litro e meio de água quente
- 300 g de folhas de repolho branco
- Sal e pimenta-do-reino a gosto

PREPARO

Tempere o frango com 1 dente de alho, pimenta e sal. Esquente o óleo numa panela e doure as tiras de toucinho. Retire as tiras e reserve. Na mesma panela, refogue os pedaços de frango, o que pode ser feito em etapas. O frango deve ficar bem douradinho. Retire e reserve.

Sempre na mesma panela, refogue as rodelas de paio e de linguiça, que devem ficar bem douradas. Retire e reserve. Coloque a cebola na panela, o alho que sobrou, e refogue rapidamente. A cebola deve apenas murchar, sem mudar de cor. Junte o arroz e refogue durante uns três ou quatro minutos,

(*) Receita popularizada pelo saudoso jornalista Saul Galvão, de São Paulo, SP.

mexendo com colher de pau. Junte os tomates, as ervilhas e a folha de louro. Retorne à panela os pedaços de frango, o toucinho, o paio e a linguiça. Cubra com um litro e meio de água quente. Salgue e apimente com cuidado. Atenção, pois os embutidos e o toucinho já são salgados.
Cozinhe em fogo médio durante uns 30 minutos. Rasgue as folhas de repolho branco com a mão e coloque na panela. Misture tudo muito bem e cozinhe durante mais uns 20 minutos. Vá vigiando o arroz. Se necessário, coloque mais água. Verifique o ponto e o tempero. O arroz de Braga deve ficar úmido.

Por que Arroz-de-carreteiro?

Se fizermos o ranking dos pratos mais populares do Brasil, o arroz-de-carreteiro estará entre eles. Sua difusão ocorreu através das churrascarias do tipo rodízio, hoje espalhadas por todo o território nacional, cujo cardápio pantagruélico nunca deixa de incluí-lo. Surgiu no Pampa e representa a simples, porém substanciosa, culinária da região, fornecedora do aporte energético e proteico necessário ao trabalho rural. No Rio Grande do Sul, pode ser o prato central da refeição ou o parceiro do churrasco. O mesmo sucede em Goiás e Mato Grosso, estados onde foi introduzido pelos colonos gaúchos do passado. A receita original manda usar apenas charque refogado na cebola, que depois cozinha em água com o arroz. Na finalização, pode-se acrescentar ovos cozidos e tempero-verde. Uma pitada de pimenta não contraria a tradição. Mas nada de tomate, ingrediente menos durável e, portanto, difícil de transportar. Afinal, o arroz-de-carreteiro apareceu na condição de comida de viagem.

Como o nome sugere, foi criado no tempo do carro de boi, veículo conhecido dos babilônios, fenícios, egípcios e romanos, trazido ao Brasil pelos portugueses, imprescindível na vida dos primeiros engenhos de açúcar e na colonização geral do País. No Pampa – a grande planície coberta de vegetação rasteira que abrange uma parte do Rio Grande do Sul e da Argentina, bem como o Uruguai inteiro –, chamavam-no de carreta. Além disso, era ligeiramente diferente. Tinha as rodas radiadas e não de madeira fechada, como o carro de boi. Cobriam-na de zinco ou couro abaulado. Mas também andava lentamente. A velocidade ficava em torno de três quilômetros por hora. Sua capacidade de carga variava de 450 a 1.500 quilos. Não produzia o mesmo som estridente – o canto, lamento ou gemido, anunciador do carro de boi. As duas rodas giravam independentes uma da outra e não "rolavam" com o eixo, como no resto do Brasil. Desse modo, faziam menos ruído. Seus condutores eram chamados de carreteiros (português) ou carreteros (espanhol). Em outros lugares do País ficaram conhecidos como carreiros.

Uma, duas ou três juntas (parelhas) de bois puxavam a carreta pampiana. Dois homens a conduziam. Um ficava dentro, na parte da frente, manejando a guiada, vara comprida dotada de ferro na ponta, para picar e instigar os animais; o outro ia a cavalo ao lado, ajudando-o. Nas viagens longas, algumas internacionais, nas quais transportava diferentes produtos, fossem da estância (couro e lã) ou nacionais (fumo, aguardente e açúcar), a carreta andava em caravana. Voltava ao ponto de partida com gêneros indispensáveis à vida no campo ou mercadorias para abastecer o comércio. Nas paradas, habitualmente à noite, perto de um rio ou riacho, onde existisse água limpa e lenha para o fogo, o grupo formava um círculo, para melhor proteção e defesa, inclusive dos animais selvagens. Ia e regressava acompanhado de cavalos de montar e bois para serem abatidos e transformados em churrasco nas ocasiões especiais. Entre os gêneros alimentícios que levava para consumo próprio, sempre havia arroz, charque, cebola, sal e gordura para cozinhar. No dia a dia, os condutores saboreavam arroz-de-carreteiro.

O prato requer em seu preparo o legítimo charque bovino, carne salgada e desidratada, curtida em mantas, típica do Pampa. A palavra vem de *charqui*, da língua indígena quíchua, ainda hoje falada por grupos étnicos andinos da Argentina, Bolívia, Chile, Colômbia, Equador e Peru. Assemelha-se ao ingrediente que em outras regiões denominam carne-seca, mas apresenta maior quantidade de sal (12-15%) e permanece mais tempo exposta ao sol. Com isso, dura mais, tendo sido por isso importante item de exportação do Rio Grande do Sul. A carne sai da parte dianteira do boi e da menos prestigiada ponta de agulha. Difere da carne-de-sol, largamente consumida no Nordeste, feita com toda a carcaça bovina e menor teor de sal (5-6%). Além disso, esta passa por secagem rápida e resulta internamente úmida. Qual o produto mais saboroso? É questão de gosto. Entretanto, no arroz-de-carreteiro, o charque se torna ingrediente obrigatório. Transmite ao prato seu aroma e sabor pronunciados. Obviamente, deve ficar de molho na água durante pelo menos três horas, antes de cozinhar. Afinal, segundo os médicos, o sal em excesso provoca hipertensão arterial e males paralelos – e não há motivo para duvidar dos profissionais que, cuidando da nossa saúde, asseguram-nos o bom apetite.

Arroz-de-carreteiro (*)

Rende de 8 a 10 porções

INGREDIENTES

- 2 kg de charque de boa qualidade
- 1 cebola grande picada
- 1/2 xícara (chá) de óleo
- 5 xícaras (chá) de arroz
- Ovos cozidos e tempero-verde picados para decorar

PREPARO

Limpe o charque, retirando as pelancas.
Corte em cubos de 1 cm, lave muito bem e coloque de molho em água fria por cerca de 1 hora e meia. Escorra e deixe por mais 1 hora e meia em nova água. Escorra novamente, passe a carne para uma panela e junte água fria o suficiente para ultrapassar dois a três dedos da carne. Deixe ferver por cerca de 50 minutos ou até que o charque fique macio. Retire o charque, reservando o caldo (quente) do cozimento. Numa panela, de preferência de ferro, doure a cebola no óleo quente. Junte o charque e vá fritando até pegar um pouco no fundo da panela, mexendo de vez em quando, com a panela destampada. Acrescente o arroz e frite com o charque, mexendo sempre, até os grãos ficarem bem soltos. Coloque então o caldo (quente) que ficou reservado e complete com água bem quente. Para cada xícara de arroz são necessárias duas xícaras de líquido. Quando ferver, diminua o fogo e cozinhe o arroz com a panela tampada, por cerca de 20 minutos, ou até a água secar. Verifique se é necessário colocar sal. Sirva polvilhado com os ovos cozidos e o tempero-verde.

(*) Receita preparada pelo cozinheiro amador Jarbas Duarte Pessano, em Porto Alegre, RS.

Ziriguidum, Barreado!

Embora o Brasil promova o maior carnaval do mundo, não desenvolveu uma comida especial para a folia, como alguns países europeus. Na Itália, existem pratos à base de carne suína e sobremesas fritas. Em Portugal, que nos legou a festa, o cardápio também traz receitas substanciosas, como o cozido de orelheira de porco, que continua a ser obrigatório em terras do Norte. Além disso, inclui um doce chamado filhós – farinha batida com ovos, estendida, cortada e frita em banha ou azeite, polvilhada com açúcar e canela ou calda de mel –, saboreado desde o ciclo natalino.

No Brasil, os foliões se limitam a revigorar o corpo cansado devorando pratos descomprometidos com a ocasião. Só o Paraná possui uma comida de carnaval: o barreado, criado pelos caboclos do litoral. Entretanto, virou porta-bandeira da culinária regional e deixou de ser exclusivo da festa, pois é elaborado o ano inteiro, sendo obrigatório no dia de Reis. Sua origem também envolve Portugal. A tradição informa que o barreado tem como ascendente a culinária dos Açores.

Grupos de colonos vindos daquele arquipélago atlântico de bandeira lusitana, distante do continente europeu, aportaram em meados do século XVIII na faixa litorânea onde se encontram os municípios de Paranaguá, Morretes, Guaratuba e Antonina. O barreado, sofrendo a inevitável aculturação, alimentou dançarinos, cantores e tocadores de viola, rabeca e adufo (pandeiro rústico) do fandango. Esse bailão, com danças e sapateados, comida farta, diferentes melodias e coreografias, acontecia em festas religiosas, batizados, casamentos e, especialmente, no entrudo – a forma de brincar carnaval que existiu até o Brasil monárquico.

O folguedo violento, no qual as pessoas se jogavam água, vinagre, groselha ou vinho, pós ou cal, extinguiu-se com a repressão oficial e o surgimento civilizado do confete e serpentina. O barreado, cuja receita leva carne, toucinho e temperos, sobretudo o cominho, é prato de longo cozimento e consumo comunitário. Inicialmente, preparavam-no em panela de cobre; agora, usam a de barro, alta, cônica e gorda, de influência indígena. Exposto à umidade, o metal se cobria de azinhavre e intoxicava os foliões.

Para os ingredientes não secarem e como o acréscimo posterior de água comprometeria o sabor, "barreia-se" a fresta entre a tampa e a panela com um pirão de farinha e água – daí o nome do prato. Curiosamente, a palavra "carnaval", que na Antiguidade designava uma celebração de natureza orgíaca, como as bacanais romanas, deriva do latim "carne levare", ou seja, abstenção de carne.

Nos séculos XI e XII, dava-se o nome de "carnelevarium" à véspera da quarta-feira de cinzas. Nesse dia, iniciava-se a abstinência de carne da Quaresma, prescrita pela Igreja Católica. Pode-se especular por que os caboclos do litoral paranaense se fartavam tanto de barreado no carnaval do passado. Simplesmente iam à forra. Nos quarenta dias que separam a quarta-feira de cinzas do domingo de Páscoa, estariam obrigados à abstenção de carne.

Alguns intelectuais paranaenses, como Guilherme Rodrigues, suspeitam que o barreado pode ter influências mais antigas, e não necessariamente açorianas, pois a colonização portuguesa na baía de Paranaguá – grande mar pequeno, na língua tupi-guarani – começou por volta de 1550, na Ilha da Cotinga. Podem estar certos. Entretanto, apesar de não ter similar na culinária açoriana, o barreado exibe características que comprovariam essa origem: o longo cozimento das carnes em panela hermeticamente fechada (o recipiente do cozido das caldeiras das Furnas, na ilha açoriana de São Miguel, é vedado com um pano branco bem amarrado); o emprego obrigatório do cominho, tempero pouco difundido na culinária do continente lusitano e igualmente na brasileira; o consumo socializante do prato.

O português João Vasconcelos Costa, no livro *O Gosto de Bem Comer* (Editorial Caminho, Lisboa, 2005), assinala que uma das tipicidades da cozinha açoriana, comum a todas as ilhas, "é o uso variado e imaginativo de especiarias". O cominho, junto com a pimenta-preta, o cravinho, a pimenta-da-jamaica, a canela, a noz-moscada, a erva-doce, são saboreados em grau muito maior do que no continente.

"Talvez isto tenha a ver com a rota das Índias", especula Vasconcelos Costa. "A passagem pelos Açores era obrigatória [...] no regresso. Será que os capitães das esquadras trocavam especiarias por produtos frescos das ilhas?". Os preços altos faziam as especiarias serem consumidas pelas famílias mais abastadas, que as empregavam em profusão, sobretudo no preparo da alcatra e, muitas vezes, por razões pouco nobres: eram um sinal de ostentação e riqueza.

Por que o Brasil não criou outro grande prato de carnaval? Na versão nacional da festa, o prazer da comida parece suplantado pelo interesse lúdico, manifestado na dança, canto, disfarce e desfrute de uma liberdade hibernada pelos foliões durante o resto do ano.

Barreado

Rende 12 porções

INGREDIENTES

- 2,5 kg de coxão duro ou lagarto
- 2,5 kg de cupim (há quem o substitua por outra carne, até porque o cupim é ingrediente de assimilação recente)
- 500 g de toucinho fresco
- 4 dentes de alho ralados
- 1 colher (sobremesa) rasa de cominho em pó
- 1 colher (sobremesa) rasa de pimenta-do-reino moída
- 2 folhas de louro
- 150 ml de cachaça
- Sal e molho de pimenta vermelha a gosto
- Farinhas de mandioca e de trigo, para vedar a tampa da panela

ACOMPANHAMENTO

- Farinha de mandioca
- Banana-d'água, nanica ou caturra

PREPARO

Limpe as carnes, descartando nervos e gorduras. Corte-as em cubos, junto com o toucinho. Coloque parte do toucinho no fundo de uma panela de barro, tipo caldeirão. Num recipiente, misture as carnes, o toucinho restante, o alho e todos os temperos. Coloque na panela e adicione água suficiente para cobrir as carnes. Despeje a cachaça e tampe a panela. Para vedar a tampa, misture as farinhas com um pouco de água e amasse com as mãos, até obter uma pasta. Vede a tampa, espalhando a pasta com as mãos molhadas, até a panela ficar hermeticamente fechada. Cozinhe em fogo

(*) Receita do antigo Mercado de Paranaguá, recolhida e preparada pela curitibana Regina Moreira Rodrigues.

brando, por cerca de 9 horas. Rompa a pasta de farinha usando uma faca e retire a tampa. Não convém mexer muito o barreado. Misture-o delicadamente, para separar as fibras das carnes se elas estiverem unidas. Apure o caldo, com a panela apenas tampada, por mais uma hora, para baixar o líquido. Retire a gordura que fica na superfície e corrija o sal. Sirva o barreado na própria panela, com os acompanhamentos.

Antes, Ecologicamente Correto

Quando o Brasil ainda era um país incorreto do ponto de vista ecológico, a população nacional caçava qualquer animal selvagem cuja carne lhe apetecesse. Por que poupar a fauna se ela se mostrava aparentemente inesgotável? Sem constrangimento, os manuais de culinária ensinavam o preparo de espécies nativas.

O *Cozinheiro Imperial*, primeiro livro de cozinha do Brasil, lançado na primeira metade do século XIX, já trazia algumas receitas de caça. Apesar da influência portuguesa e francesa nas três primeiras edições, e da africana nas seguintes, difundiu pratos de ascendência tupiniquim, como pastéis de passarinho, pombos velhos na brasa e tartaruga ao molho pardo.

Mas foi o livro *Cozinheiro Nacional*, segundo do gênero no Brasil, entre 1874 e 1878, com autoria atribuída a Paulo Salles, que reuniu a maior quantidade de pratos de caça: 3 de irara, onça e tamanduá, 3 de lontra e ariranha, 4 de quati, 6 de cutia, 7 de macaco, 7 de capivara, 7 de passarinhos miúdos como o sabiá, 8 de arara, papagaio, maracanã e periquito, 9 de preá, caxinguelê e gambá, 10 de jacu e mutum, 12 de cobra, lagarto e rã, 12 de paca, 16 de anta, 26 de veado, 32 de queixada caititu e porco-do-mato.

Em 1887, ao passar pelo Rio de Janeiro, o médico, etnólogo, antropólogo e explorador alemão Karl von den Steinen conheceu o Cozinheiro Nacional e o levou na expedição que resultou na obra *Entre os Aborígenes do Brasil Central* (Departamento de Cultura de SP, 1940). Além de apreciar o conteúdo, aproveitou para testar receitas. Adorou a carne de cascavel, que classificou "em primeiro lugar, pelo sabor e pelo poder curativo". A cobra havia recebido tratamento distinto no Cozinheiro Nacional, que a considerou "delicada e eficaz" e mandou fazê-la assada, frita e guisada.

Mas poucas experiências ecologicamente incorretas de antigamente se comparam em exotismo à do professor, filósofo, etnógrafo e antropólogo francês Claude Lévi-Strauss, em 1938, quando acampou em Barão de Melgaço, no Mato Grosso, durante sua expedição ao Brasil Central. Ele falou da comilança na obra-prima *Tristes Trópicos* (Edições 70, Lisboa, 1986), em meio a aventuras e contatos com sociedades indígenas. Às vésperas de alcançar Barão de Melgaço, Lévi-Strauss enfrentava falta de caça. "Podemos ainda dar-nos por muito felizes quando conseguirmos atirar sobre um papagaio esquelético para fazermos cozer no nosso arroz", queixou-se.

Na pradaria rodeada de floresta úmida em Barão de Melgaço, ele e os companheiros de expedição foram à forra, pois encontraram comida farta. "Bastava passar aí duas horas para regressar do campo com os braços carregados de caça", contou. Tanto que, conforme admitiu, entregou-se a "um frenesi alimentar". Por três dias o grupo não fez outra coisa senão comer. Odylo Costa, Filho, Carlos Chagas Filho, Pedro Costa e Pedro Nava, no livro *Cozinha do Arco-da-Velha* (Editora Nova Fronteira, Rio de Janeiro, 1997) qualificaram o cardápio do de Lévi-Strauss como "orgia gastronômica".

As "iguarias" eram colibris assados no espeto, rabo de caimão (jacaré-de-papo-amarelo) grelhado, papagaio flambado no uísque, guisado de jacu com compota de açaí, guisado de mutum ao molho de tocari (castanha-do-pará) e pimenta, jacu assado com caramelo. Lévi-Strauss foi contratado pela USP. Ficou no Brasil de 1935 a 1939. O contato com a natureza e os povos indígenas ajudou a torná-lo um genial etnólogo e antropólogo. Moral da história: comer animais selvagens pode desequilibrar a fauna, mas no tempo de Lévi-Strauss ajudava a pensar.

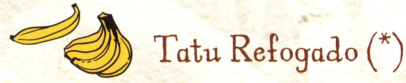

Tatu Refogado (*)

Rende 8 porções

Toma-se um tatu, chamusca-se, e depois deita-se sobre brasas; por este processo, sai o casco facilmente. Tendo tirado o casco, limpa-se; cortam-se a cabeça e os pés e, tendo partido o resto em pedaços, refogam-se em gordura, com tomates, sal, pimentas, manjerona, salsa e [...] cebola; ajuntam-se em seguida uma xícara de água, uma colher de vinagre e uma colherinha de polvilho; ferve-se tudo durante meia hora, e serve-se.

(*) Receita publicada no *Cozinheiro Nacional*, segundo livro de cozinha lançado no Brasil, entre 1874 e 1878, com autoria atribuída a Paulo Salles.

A Mão Culinária do Carcamano

Os imigrantes italianos instalados nos bairros do Bixiga, Brás e Mooca, de São Paulo, foram discriminados enquanto durou a Segunda Guerra Mundial. Eram chamados de carcamanos. No começo, recebiam essa alcunha pejorativa apenas os vendedores ambulantes, quitandeiros e feirantes de alimentos; depois, toda a etnia. Definia uma malandragem: calcar sorrateiramente a mão na balança de dois pratos, pressionando um deles, a fim de aumentar o peso das frutas, legumes, verduras, queijos, embutidos etc. Luis da Câmara Cascudo, no livro *Locuções Tradicionais do Brasil* (Global Editora, São Paulo, SP), registra a divertida reação atribuída ao freguês: "Agora, embrulhe também a sua mão, que você pesou".

A rejeição vinha do fato de os imigrantes italianos serem pessoas simples, pouco alfabetizadas, dedicadas a ofícios que as elites consideravam menos nobres; por falarem dialetos tão difundidos quanto o português; pela invejada obstinação que revelavam no trabalho, pois precisavam vencer na terra estranha ou, como diziam, "fazer a América". Mas o principal motivo da discriminação era o fato de a Itália integrar o grupo das Potências do Eixo, junto com a Alemanha e o Japão, inimiga dos Aliados, aos quais o Brasil aderiu, apesar da relutância inicial do ditador Getulio Vargas.

Os namoros entre jovens italianos e paulistanos costumavam ser rejeitados pelas famílias tradicionais paulistanas. "Carcamano pé de chumbo / Calcanhar de frigideira / Quem te deu a confiança / De casar com brasileira?", cutucava o versinho citado por Antônio Alcântara Machado no livro *Brás, Bixiga e Barra Funda, Laranja da China* (Editora Martin Claret, São Paulo, 2002). Os romances desaprovados foram explorados por autores como Jorge Andrade, na peça *Os Ossos do Barão*, escrita na década de 60, que teve duas adaptações para a televisão, uma na Rede Globo (1973), outra no SBT (1997).

A escritora e memorialista Zélia Gattai (1916-2008), paulistana de nascimento, porém filha de um casal italiano, recordava-se da discriminação. No livro *Città di*

Roma (Editora Record, Rio de Janeiro/São Paulo, 2000), contou que certa vez o capataz de uma fazenda do interior do Estado na qual colheu café no tempo de menina a chamou de carcamaninha. Intrigada com aquela "mania", pediu exlicação à sua tia Margarida. Zélia publicou a resposta no livro: "Não é mania, disse ela, é um xingamento, ofensivo. Desde que chegamos ao Brasil, sentimos que havia um grande preconceito e prevenção contra os italianos imigrantes. Éramos hostilizados".

Em compensação, os italianos seduziram a população de São Paulo logo na chegada, apresentando-lhe uma cozinha perfumada, colorida e saborosa. Pratos como sardella, spaghetti aglio e olio, spaghetti alla bolognese, fusilli com braciola, gnocchi alla romana, lasagna verde alla bolognese, polenta ai funghi, filetto alla pizzaiola ou alla parmegiana e capretto al forno, doces como zabaglione, instalaram-se definitivamente no cardápio da maior cidade do Brasil. E o que dizer da pizza? Muitos paulistanos têm agora a presunção de que a sua é melhor do que a italiana.

Hoje, apenas os mais velhos lembram da discriminação e muitos jovens nem sabem o significado de *carcamano*, até porque 60% dos habitantes de São Paulo carregam nas veias algum sangue italiano – e são eles que mandam na capital, a começar pela gastronomia. Atualmente, as pessoas de todas as origens se orgulham das contribuições dos imigrantes à cidade.

Não há consenso sobre a etimologia da palavra "carcamano". Em princípio, resultou da aglutinação das palavras italianas *carcare* (carregar) e *mano* (mão). Entretanto, para o filólogo, dialetólogo e lexicógrafo Antenor Nascentes, deriva do vocábulo castelhano *carcamán*, que na Colômbia significa pessoa pretensiosa e em Cuba é forasteiro pobre. O dicionarista e filólogo Aurélio Buarque de Holanda assina embaixo. O curioso é que, no Maranhão e no Ceará, os imigrantes sírio-libaneses também foram chamados de carcamanos.

Enfim, trata-se de uma esperteza universal. Luís da Câmara Cascudo, no livro citado, transcreve uma frase do século XVIII, na qual o padre e escritor luso-brasileiro Nuno Marques Pereira (1652-1728) a evoca: "E logo lhe perguntou mais o vendeiro se calcara com os dedos o fundo da medida de folhas de Flandres em que media o azeite". Isso foi dito dois séculos antes de os carcamanos pés de chumbo se assanharem com as brasileiras.

Spaghetti alla Bolognese (*)

Rende 4 porções

INGREDIENTES

- 150 g de cebola picada
- 2 dentes de alho picados
- 60 g de manteiga
- 400 g de carne moída
- 100 ml de vinho tinto
- 200 ml de molho de tomate
- 200 ml de caldo de carne (se for necessário)
- 500 g de spaghetti
- Manjericão a gosto para polvilhar
- Sal e pimenta-do-reino moída na hora a gosto

DECORAÇÃO

- Raminhos de manjericão

PREPARO

Em uma panela de fundo grosso, frite a cebola e o alho na manteiga quente. Acrescente a carne e frite até dourar, junte o vinho, espere evaporar e coloque o molho de tomate. Cozinhe por aproximadamente 1 hora, acrescentando o caldo de carne se o molho ficar seco. Tempere com sal, pimenta e mantenha aquecido. Cozinhe a massa em abundante água fervente salgada e escorra-a quando estiver *al dente*. Junte a massa ao molho na panela, incorpore o manjericão e misture rapidamente, para os sabores se mesclarem. Decore com os raminhos de manjericão e sirva em seguida.

(*) Receita do chef Alexandre Romano, de São Paulo, SP.

António Rodrigues

Ho Chi Min Esteve Aqui

Muitos se espantam com o fato de o vietnamita Ho Chi Minh (1890-1969), um dos revolucionários mais famosos do século XX, que liderou a expulsão dos japoneses, franceses e americanos de sua pátria, ter começado a vida na cozinha. É a mais pura verdade. Antes de virar líder político e guerrilheiro, ele manuseou panelas, frigideiras, fornos, fogões, travessas e pratos. Foi garçom, ajudante de cozinheiro, chef e pâtissier. Mas sua especialidade não seria a culinária asiática, porém a francesa. Pena que as informações se revelem minguadas ou divergentes. Os biógrafos oficiais do proclamador da independência do Vietnã, adepto do marxismo-leninismo, nunca pesquisaram isso profundamente. Homem discreto, ele falava pouco de seu passado.

Mestre em disfarces, nasceu Nguyen That Thanh e trocou diversas vezes de nome. Com o pseudônimo Ho Chi Minh ('aquele que ilumina'), tornou-se o primeiro presidente da República Democrática do Vietnã, cuja independência proclamou em 1945. Entretanto, a *Britannica Concise Encyclopedia* garante que efetivamente deixou o Vietnã em 1911, no vapor francês Amiral Latouche-Tréville, como ajudante de cozinha. A embarcação fazia a rota Haiphong-Marselha. Atracava em portos do Mediterrâneo e, mais adiante, do mundo. Ho cozinhou a bordo até 1915, quando encerrou a etapa marinheira. Em muitas ocasiões, porém, interrompeu o trabalho no mar para escalas em restaurantes de terra.

Na fase seguinte da vida, instalou-se em Paris, onde permaneceu de 1917 a 1923. Ali se converteu ao socialismo e ajudou a fundar o Partido Comunista Francês. Ocasionalmente, viajava para conhecer capitais europeias. Os ingleses acreditam que, entre 1913 e 1919, tenha estado em West Ealing, West London e, ainda, em Crouch End, Hornsey, no norte de Londres. Pensam que foi chef no Drayton Court Hotel, da The Avenue, em West Ealing. Dizem que se notabilizava pelo preparo de aves, sobretudo galinhas.

Contam que se aperfeiçoou em pâtissierie com o mestre Auguste Escoffier. Na ocasião, o cozinheiro francês que revolucionou a culinária ocidental comandava o restaurante do Carlton Hotel, da Rua Haymarket, cujo prédio foi bombardeado na 2ª Guerra Mundial. Reerguido em 1959, hoje abriga o consulado neozelandês. Numa das paredes, exibe uma 'Placa Azul' (lápide permanente, para recordar um evento ou pessoa importante). Afiança que Ho trabalhou no local.

Algumas cidades do mundo pretendem ter hospedado e dado emprego na cozinha ao herói do Vietnã. Uma é Milão, na Itália. O povo sustenta, sem contudo documentar, que ele cozinhou na Antica Trattoria della Pesa, entre as décadas de 10 e 20. Fundada em 1881, a casa ainda funciona no Viale Pasubio, 10.

Ho teria retornado como cliente, nos anos 30. Em 1990, militantes socialistas afixaram uma placa evocativa na fachada do estabelecimento, com a seguinte inscrição: 'Esta casa foi frequentada pelo presidente Ho Chi Minh durante suas missões internacionais nos anos 30 em defesa da liberdade dos povos.' Outra cidade candidata a tê-lo recebido é o Rio de Janeiro. No dia 8 de janeiro de 2008, a jornalista Luciana Fróes, em seu blog gastronômico, um dos mais ágeis e apetitosos do Brasil, levantou a possibilidade de ele haver feito bico em algum restaurante carioca.

Que Ho conheceu a cidade, não existe a menor dúvida. Astrojildo Pereira (1890-1965), um dos fundadores, em 1922, do Partido Comunista do Brasil, ouviu a confirmação do próprio camarada (o tratamento usado entre os comunistas) e a relatou em depoimentos. Durante uma viagem de navio, o comandante asiático precisou desembarcar no Rio para tratamento de saúde, hospedando-se por três meses numa pensão do bairro de Santa Tereza. Em 1924, conversando em Moscou com Astrojildo, mencionou o episódio e se declarou impressionado com a zona do mangue, 'o mau cheiro e o mercado do sexo'.

Até mesmo São Paulo gostaria de ter acolhido o chef Ho. No livro *Nos Bares da Vida* (Editora Senac, São Paulo, 1998), Lúcia Helena Gama levanta essa hipótese. Ele teria conseguido emprego no extinto restaurante O Careca, situado na altura do número 1.100 da Rua Guaicurus, no bairro da Lapa. 'Era tripulante ou cozinheiro de um navio francês, que viajava pro sul, e teve uma crise de apendicite aguda, descendo no porto de Santos, pra ser operado', registrou a autora. Enquanto isso, o navio foi até Buenos Aires e voltou, mas ele ainda não estava em condições de viajar. Ficou aqui até que o navio passasse de novo, e nesse período teria vindo a São Paulo e trabalhado num restaurante, O Careca.' Isso é tudo o que sabemos. Os problemas são as referências exíguas ou contraditórias. Na versão paulista, por exemplo, o restaurante citado só abriu as portas na década de 40. Nessa época, Ho já se aposentara da cozinha e estava completamente entregue à política vietnamita.

Poularde au Gros Sel (*)

Rende 4 porções

INGREDIENTES DO CALDO

- 3 litros de água
- 400 ml de vinho branco seco
- 100 ml de vinagre de vinho branco
- 5 grãos de pimenta-do-reino
- 1 cebola com um cravo espetado
- 150 g de cenoura
- 100 g de aipo
- 100 g de chalotas (ou cebolas roxas)

GALINHA

- 1 galinha de 1 kg de peso, aproximadamente
- 12 cenouras, cortadas na forma de bastões sextavados, sem as pontas
- 12 cebolinhas pequenas sem a casca
- Talos de cebolinha verde, cortados ao meio
- 1/2 cabeça de alho
- Sal e pimenta-do-reino moída, a gosto

PARA TEMPERAR

- Sal grosso

PREPARO

CALDO

Em uma panela, deixe ferver durante 30 minutos todos os ingredientes do caldo.

(*) Receita preparada por Auguste Escoffier no Carlton Hotel da Rua Haymarket, em Londres.

GALINHA

Tempere a galinha por dentro e por fora com pimenta e um pouco de sal.

FINALIZAÇÃO

Coloque a galinha na panela com o caldo. Tampe e deixe em fogo baixo durante 1 hora e 30. Vinte minutos antes de terminar o cozimento, retire a galinha e coe o caldo do cozimento. Introduza, então, as cenouras em bastão, as cebolinhas, os talos de cebolinha verde e o alho. Devolva a galinha à panela. Quando ela estiver macia, coloque-a em um recipiente fundo, com os legumes, os temperos e o caldo do cozimento. Ao comer, vá retirando os pedaços de galinha e temperando-os com sal grosso.

Comer na Gaveta

Alguns provérbios sobre a comida são divertidos. Os melhores: comer até adoecer e jejuar até sarar; comer angu e arrotar presunto; comer bom e barato, nem no Crato; comer com os olhos; comer o pão que o diabo amassou; quem quiser comer sem sal, que vá para o hospital; mais vale comer palha do que comer nada; quem come pouco aproveita muito; e aí por diante.

Uma locução popular muito conhecida: comer na (de ou da) gaveta. Refere-se à malandragem da pessoa que esconde o prato com alimento quando aparece um estranho na hora da refeição. Mal a visita atravessa a porta de entrada da casa e – vapt-vupt – ele já está na gaveta. A tradição interpreta o gesto como avareza. A expressão "comer na gaveta", portanto, indica pão-durismo.

Houve tempo em que os habitantes da cidade de Mariana, em Minas Gerais, Cuiabá, no Mato Grosso, e Araras, Campinas e Itu, em São Paulo, eram chamados de gaveteiros – era essa a qualificação popular. Em Portugal, tinham a mesma fama os moradores de Tavira, bonita cidade localizada a 30 quilômetros de Faro, na região do Algarve. Entretanto, no site *Ciberdúvidas da Língua Portuguesa*, assessorado pelo Ministério da Educação de Portugal, garante-se que jamais retratou a realidade. "Na verdade, Tavira [...] tem uma população muito hospitaleira, dando-se até o contrário do que a citada afirmação deixa no ar", depôs o internauta Carlos Marinheiro. "Sempre que um forasteiro entra num lar tavirense na hora de almoço, arrisca-se a uma zanga se recusar a comida que, de imediato, oferecem-lhe."

Os moradores da cidade acham que ganharam fama de gaveteiros porque, no passado, o comércio local não fechava na hora do almoço. Sem possibilidade de comerem em casa, os donos e os empregados dos estabelecimentos se alimentavam no trabalho. Quando chegava um cliente, enfiavam o prato na gaveta. No momento em que ia embora, reiniciavam o almoço.

Por precaução, alguns mantinham o prato sempre escondido. Comiam abrindo e fechando a gaveta. Eduardo Frieiro, no livro *Feijão, Angu e Couve* (Editora Itatiaia, Belo Horizonte, 1982), explica de outra forma a reputação de Mariana. Afirma que seu povo, tendo poucos recursos, não escondia o prato por sovinice, mas por vergonha do que ele continha.

"Comia angu, alimento do escravo, mas queria arrotar presunto", afirma. "Era um mecanismo de defesa para os que evitavam tornar pública a pobreza da própria alimentação, que desqualifica socialmente." Em capítulo escrito para outra obra, *Antologia da Alimentação no Brasil* (Livros Técnicos e Científicos Editora, Rio de Janeiro, 1977), organizada por Luís da Câmara Cascudo, Frieiro reforça a convicção. E acrescenta que comer na gaveta veio de Portugal e existe inclusive na França, onde se fala *manger au tiroir*. Vários autores pensam da mesma forma.

Nelson Omegna, em *A Cidade Colonial* (Livraria José Olympio, Rio de Janeiro, 1961), faz esta afirmação: "A lenda, generalizada hoje pelo País, de pessoas que comem na gaveta espelha menos a avareza dos que não queriam despender com comensais que o pendor dos que temiam tornar pública a pobreza das suas refeições, tão excessiva importância teria, nos modestos burgos, o papel dos alimentos para manter e graduar a categoria social". Monica Chaves Abdalla, no livro *Receita de Mineiridade: A Cozinha e a Construção da Imagem do Mineiro* (Edufu, Uberlândia, 1997), e Caloca Fernandes, em *Viagem Gastronômica Através do Brasil* (Editora Senac, São Paulo, 2001), seguem a trilha.

Agora, a questão é saber por que "gaveteiro" passou a significar avarento. No Brasil, parte da culpa se deve ao comércio de antiguidades. Colocar à venda uma antiga mesa de jantar equipada com gaveta e dizer que ela existe graças à sovinice do povo de Mariana, Cuiabá, Araras, Campinas, Itu etc. cutuca o interesse público.

Tutu à Mineira com Lombinho Assado (*)

Rende 4 porções

INGREDIENTES

- 2 xícaras de feijão
- 150 g de bacon
- 1 folha de louro
- Talos de salsinha
- Farinha de mandioca
- 1 cebola grande picadinha
- 2 a 3 dentes de alho esmagados
- 1 punhado de salsinha
- 1/2 kg de tomates sem pele e sementes
- 2 copos de caldo de feijão
- 1 pimenta malagueta esmagada (opcional)
- 1 bom maço de couve
- 2 colheres (sopa) de manteiga
- Bacon picadinho (opcional)
- Rodelas de ovo de galinha ou codorna (decoração)

PREPARO

Cozinhe o feijão em bastante água junto com o bacon e a folha de louro amarrada aos talinhos de salsinha. Quando estiver cozido, passe o feijão junto com o bacon no liquidificador (retire antes o louro e os talos). Leve o purê de feijão a uma panela e vá acrescentando a farinha aos poucos,

(*) Receita preparada pelo jornalista e cozinheiro mineiro Mauro Marcelo Alves em São Paulo, SP.

cuidando para não empelotar. Reserve quando estiver numa consistência boa.

Numa panela, coloque o caldo do feijão, a cebola, o alho, o tomate e a pimenta. Deixe reduzir bastante até que os ingredientes fiquem bem moles. Coloque sal e verifique. No final, acrescente a salsinha picada. Misture esse molho (que também pode ser passado no liquidificador) ao purê de feijão, coloque o tutu numa travessa e decore com rodelas de ovo de galinha ou ovinhos de codorna e sirva junto com a couve refogada rapidamente na manteiga (se gostar, frite antes o bacon picadinho e refogue a couve em sua gordura).

INGREDIENTES PARA O LOMBO

- 1 lombo de porco de 1 1/2 kg aproximadamente
- Meio limão
- 2 taças de vinho branco seco
- Sal, pimenta-do-reino a gosto
- Manteiga para pincelar
- Rodelas de limão (decoração)

PREPARO

Coloque o lombo numa travessa junto com o vinho, o suco de limão, o sal e a pimenta (deixe marinando pelo menos por duas horas). Leve ao forno com uma folha de papel-alumínio. Quando estiver quase macio (espete com um garfo), retire o papel-alumínio, pincele com a manteiga e deixe dourar. Sirva decorado com rodelas de limão.

Comer Gato por Lebre

No tempo em que se fazia tamborim com couro de gato, a aproximação do carnaval multiplicava os churrasqueiros ambulantes nas ruas do Rio de Janeiro. Vendiam espetinhos de carne assada, temperados com alho, pimenta e sal. Eram feitos com carne de gato, mas não declaravam essa condição. Se alguém perguntasse qual a matéria-prima usada, os churrasqueiros diziam ser carne de lebre ou de boi. Apesar da repugnância que nos causa atualmente, os foliões comiam espetinhos de gato e adoravam. Mas a malandragem não se restringia ao carnaval carioca. Em um dos capítulos incorporados à obra *Antologia da Alimentação no Brasil* (Livros Técnicos e Científicos Editora, Rio de Janeiro, 1977), mestre Luís da Câmara Cascudo afirma ser prática universal. Na França, por exemplo, já se vendeu muito gato por lebre. Era desonestidade ocasional, praticada por restaurantes desqualificados. Os cozinheiros escondiam a cabeça, as patas e o rabo do gato e o faziam passar por lebre.

Na Espanha, o ritual se repetia. "Em caminho de francês, vendem gato por rês", afirmava o provérbio. O felino era oferecido como se fosse bovino. O "caminho de francês" era a estrada através dos Pirineus, que leva peregrinos ao santuário de Santiago de Compostela, na Galícia, Espanha, onde se encontraria o sepulcro do apóstolo São Tiago. As tabernas do trajeto atendiam os romeiros como podiam. Quando faltavam as outras carnes, serviam a de gato. No Brasil, também circulam provérbios inspirados nessa trapaça. "Comer gato por lebre" significa ser enganado, receber coisa pior que a devida ou esperada. "Vender gato por lebre" é ludibriar, entregar algo pior do que o devido.

Nossos códigos alimentares rejeitam a carne felina, mas há pessoas que a comem por diversão. Na veneranda Universidade de Coimbra, em Portugal, fundada pelo rei Dom Dinis (1261-1325), formou-se no passado um grupo de apreciadores de carne de gato. O animal era capturado com auxílio da capa preta vestida pelos estudantes e devorado madrugada adentro, com vinho e algazarra. Após o abate, a pele costumava ser deixada na porta do dono. Era gesto de provocação e magnanimidade, pois se prestava à confecção de barretes de inverno. Os estudantes se autodenominavam "gaticidas". Preferiam o gato preto. Julgavam sua carne mais tenra e suculenta. Na véspera, deixavam o animal em vinha-d'alhos. Assavam-no em forno a lenha.

Em algumas universidades brasileiras também existiram "gaticidas". Segundo o médico Mário Lúcio Alves Batista, que na década de 60 cursou a Faculdade Federal de Medicina do Triângulo Mineiro, em Uberaba, os estudantes de seu tempo imitavam os de Coimbra. Alunos não só de Medicina, mas também de Odontologia e Direito, cultivavam o hábito de comer gato nas noitadas de farra. Em Uberaba, o animal era capturado nos quintais das casas ocupadas pelos estudantes, principalmente na "República dos Bacantes", cujo nome homenageava o deus do vinho. Um aluno de Odontologia, exímio atirador, caçava-os com uma espingarda durante a noite. Depois, os colegas assavam o animal inteiro, recheado. O Alves Baptista conta que compareceu a uma dessas noitadas. Mas, quando viu a cabeça de gato na assadeira, não teve coragem de experimentar a "iguaria".

Os "gaticidas" de Coimbra e de Uberaba evitavam grelhar ou cozinhar o animal em água, métodos que julgavam inadequados. Assavam o bicho no forno, recheado ou não. Em outros lugares do mundo, a preparação variava. O gato podia ser ensopado, guisado ou refogado, com alho, cebola, açafrão, azeite e vinagre. Afirma-se que carne do felino possui sabor de caça e pouca gordura. A do animal novo é macia; a do velho, dura e ruim. Coitado do gato! Companheiro do ser humano desde a Antiguidade, seu aliado no combate à praga dos roedores, recebe em troca um tratamento instável. No Velho Egito, era adorado como animal sagrado. Na Idade Média, foi perseguido como instrumento do demônio. Só mais tarde conquistou a estima pública, apesar da ameaça recorrente de virar tamborim.

Lebre ao Forno (*)

Rende 4 porções

INGREDIENTES

- 1 lebre (ou coelho) limpa cortada em pedaços
- 1 xícara (chá) de azeite de oliva
- 2 cenouras em pedaços
- 2 talos de salsão em pedaços
- 2 cebolas roxas picadas
- 3 dentes de alho picados
- 50 ml de grappa
- 250 ml de vinho branco
- Farinha de trigo para polvilhar
- 1/2 xícara (chá) de ervas aromáticas frescas picadas
- Sal e pimenta-do-reino moída a gosto

PREPARO

Tempere os pedaços de lebre com sal, pimenta e polvilhe-os levemente com farinha de trigo. Leve ao fogo uma assadeira com o azeite, deixe aquecer e junte a lebre. Frite por cerca de cinco minutos, mexendo seguidamente. Acrescente a cenoura, o salsão, a cebola, o alho e refogue por mais cinco minutos. Em seguida, junte a grappa e deixe flambar. Acrescente o vinho branco e leve ao forno preaquecido a 220°C, por aproximadamente 20 minutos. Ajuste o sal e a pimenta-do--reino. Retire a lebre e reserve. Separe o molho que ficou na assadeira e passe-o rapidamente pelo liquidificador. Sirva a lebre com o molho e salpique as ervas aromáticas.

(*) Receita do restaurateur e chef Sergio Arno, de São Paulo, SP.

Os Avós do Viagra

Com tantas drágeas azuladas usadas hoje contra a disfunção sexual, o prestígio dos chamados afrodisíacos naturais está em queda. Até porque a capacidade estimuladora da libido atribuída pelo povo a certos alimentos, ervas, condimentos etc. nunca foi comprovada pela ciência. No Brasil, porém, continuamos a insistir nas virtudes estimulantes do abacateiro, amendoim, baunilha, cálamo-aromático, catuaba, damiana, dormideira, ipadu, lombrigueira, mocotó, muira-puama, caldinho de sururu, nó-de-cachorro e aí por diante.

Em outros lugares do mundo, as pessoas apostam nos prodígios do açafrão, alecrim, alho, anis, canela, cravo, chocolate, ginseng, hortelã, mamão, mel (os noivos antigos se preparavam para o casamento tomando mel, daí a lua de mel), manjericão, mostarda, noz-moscada, orégano, pinhão, pimenta, salsaparrilha e tomate, por isso mesmo chamado na Itália de maçã do amor e depois, talvez por pudor, de maçã de ouro (pomodoro).

Afrodisíaco é palavra que deriva de Afrodite, a deusa do amor, da beleza e da sexualidade na mitologia grega. Segundo a *Teogonia*, também conhecida por *Genealogia dos Deuses*, poema mitológico escrito por Hesíodo no século 8 a.C., ela nasceu quando Cronos cortou os órgãos genitais de Urano e os arremessou no mar; da espuma (*aphros*) formada na água surgiu Afrodite. Daí talvez o fato de as ostras serem consideradas turbinadoras da libido.

Giacomo Casanova (1725–1798), o maior sedutor de todos os tempos, utilizava-as como excitante sexual. Comia 12 ostras no café da manhã e outras 12 no almoço. Mas, na prática, confiava mais no clima de encantamento criado entre um homem e uma mulher. "Um jantar a dois, com champanhe do começo ao fim e chocolate quente no final, vale mais do que um galanteio", afirmava.

No passado, os afrodisíacos naturais desfrutavam de prestígio incomensurável. Catarina II, a Grande (1729–1796), imperatriz da Rússia, teria conseguido engravidar do conde Serguei Vasilievich Saltykov, o primeiro da sua coleção de amantes, oferecendo-lhe caviar, esturjão ao champanhe e vinho doce da Crimeia. Ela confirmou o fruto desse romance em suas memórias: o futuro czar Paulo I. Catarina II estava casada, mas alegava que o marido, além de indiferente ao sexo, era estéril.

O nascimento de Henrique IV (1553–1610), primeiro rei da França pertencente à família dos Bourbons, também foi atribuído à comida afrodisíaca: um patê de foie (patê de fígado) que seu pai, Antônio de Bourbon, duque de Vendome, ofereceu a Joana III de Albret. O próprio Henrique IV, um dos reis mais promíscuos da história da França, atribuía a libido exacerbada ao patê de foie e a outros alimentos que ingeria. Teve seis filhos com sua mulher, a florentina Maria de Medici, e pelo menos dez fora do casamento, um dos quais com uma monja da abadia de Longchamps.

Maria Luísa da Áustria (1791–1847), filha de Francisco I e irmã de Maria Leopoldina, mulher do imperador brasileiro Pedro I, enfrentava outro problema. Ao se casar com o imperador francês Napoleão Bonaparte, revelou inapetência sexual. Curou-se ao saborear poularde truffée (franga trufada) à la périgueux e deu à luz o futuro Napoleão II. Igualmente na França, a bela e disponível Madame Du Barry (1743–1793), ministrava aos seus parceiros de alcova, antes de se tornar amante do rei Luís XV, uma beberagem feita com gema de ovo e gengibre. "Era infalível", garantiu um biógrafo.

O ovo, em cuja gala as civilizações antigas acreditavam se esconder o mistério da vida, sempre teve fama de estimulante sexual. "Eu quero um ovo de codorna pra comer / O meu problema ele tem que resolver / Eu tô madurão / Passei da flor da idade / Mas ainda tenho / Alguma mocidade, / Vou cuidar de mim / Pra não acontecer / Vou comprar ovo de codorna / Pra comer", cantou Luiz Gonzaga (1912-1989) no baião *Ovo de Codorna*, composto por Severino Ramos. Já seu colega Waldick Soriano (1933-2008), intérprete da chamada "música brega", preferia o de galinha, que comia pela manhã, inteiro e cru, batido no liquidificador com cerveja Caracu.

Idêntica reputação desfrutou o gengibre, que supunham aumentar o fluxo de sangue genital. Entretanto, poucos afrodisíacos naturais exerceram tanto fascínio popular quanto a raiz da mandrágora, uma planta da família da batata e do tomate. Para "funcionar", devia ser colhida em noite de lua cheia e puxada da terra por uma corda presa a um cão preto. Nicolau Maquiavel (1469–1527) referendou esse poder na peça *A Mandrágora*. Por conta de uma aposta, o jovem Calímaco corteja uma mulher casada que não consegue ter filhos com o marido. Fingindo ser médico, receita-lhe um tratamento à base de mandrágora. Maquiavel escreveu a história inspirado na política, ou seja, na arte de convencer, manipular e conquistar um objetivo. Os afrodisíacos naturais funcionam? Claro que não. Mas não custa lembrar o ditado de Miguel de Cervantes, no Dom Quixote: "Yo no creo en brujas, pero que las hay, las hay".

Ovos de Codorna em Conserva

Rende 8 potes de 250 g cada um

INGREDIENTES

- 30 ovos de codorna bem cozidos em água
- 4 colheres (sopa) de pimenta-do-reino em grão
- 8 xícaras (chá) de vinagre branco
- 4 colheres (sopa) de gengibre em pó

PREPARO

Descasque delicadamente os ovos de codorna e divida-os em oito vidros previamente esterilizados de 250 g cada um. Disponha os grãos de pimenta dentro de um saquinho de gaze e amarre a ponta, fazendo uma trouxinha. Em uma panela, junte o vinagre, o saquinho com a pimenta, o gengibre em pó e leve ao fogo brando. Espere levantar fervura e deixe no fogo por mais alguns minutos. Descarte o saquinho com a pimenta. Derrame o líquido ainda quente sobre os ovos e deixe os potes destampados até a mistura esfriar. Feche hermeticamente e mantenha a conserva em lugar fresco.

O Casamenteiro Santo Antônio

Mudam as devoções e os amores – e Santo Antônio continua o protetor dos namorados. A fé popular atribui-lhe os prodígios de arrumar marido para mulheres que querem se casar, reconciliar casais separados e recuperar maridos infiéis. Ninguém sabe quando começou essa fama, mas é certo que só apareceu alguns séculos após a sua morte. Nascido em Lisboa, a 15 de agosto de 1195, Santo Antônio foi frade franciscano, místico, taumaturgo, escritor e um dos maiores oradores sacros de todos os tempos. Pregou até para os peixes, quando os homens não quiseram ouvi-lo. Ao morrer em Pádua, na Itália, em 13 de junho de 1231, era uma figura central da Igreja Católica e do pensamento europeu medieval. Desfrutava de tanto prestígio que, dez meses após o seu sepultamento, foi elevado à glória dos altares. Mais tarde, recebeu o honroso título de Doutor da Igreja. No final da vida, Santo Antônio pregou três anos na França – e pode ter sido ali que se tornou cupido.

Um imbróglio verbal o haveria convertido em advogado dos namorados. No *Dicionário do Folclore Brasileiro* (Global Editora, São Paulo, 2001), mestre Luís da Câmara Cascudo dá uma curiosa explicação. Os pescadores gauleses dos séculos XV ou XVI não o chamaram de Saint-Antoine de Padoue (Santo Antônio de Pádua), como ele se tornou conhecido, mas "de Pavie" (Pavia, cidade da Lombardia). O sobrenome se assemelhava a "épave", que significa "coisa perdida". Com isso transformaram o orador sacro em achador de destroços navais. Segundo Câmara Cascudo, encontrar boa companhia na vida também constitui "um milagre da paciência incrível". Outra explicação se apoia numa lenda portuguesa do século XVII. Uma mulher que buscava marido, desesperada com o aparecimento de seus primeiros pés de galinha, jogou a imagem do santo pela janela. A estatueta caiu na cabeça de um soldado que passava na rua. Refeito do susto, ele se apaixonou pela mulher e a conduziu ao altar.

Ai de Santo Antônio se demorar a atender alguns pedidos! Em Portugal e no Brasil, onde a devoção se instalou no período colonial, existem mulheres que submetem sua imagem a suplícios, na intenção de apressar a intercessão celeste. Chegam a retirar o Menino Jesus que o santo traz no colo e só o devolvem quando a graça é alcançada. Outras colocam a imagem com o rosto para a parede, amarram ao pé de uma mesa ou mergulham na água de cabeça para baixo, até serem atendidas. Há também as que arrancam o resplendor e o substituem por uma moeda. Idênticos castigos são aplicados ao santo quando não realiza outro atributo: o de ajudar os devotos a encontrar objetos perdidos. Mas, apesar de grotescas, essas práticas são preciosas. Reforçam a aliança cultural do catolicismo com as religiões pré-cristãs e ajudam a explicar sua sobrevivência milenar. Gregos e romanos também ameaçavam representações divinas. Câmara Cascudo informa que, em Esparta, a imagem de Marte, deus marcial, era amarrada "para não abandonar os guerreiros".

Santo Antônio levou vida ascética. Comia muito pouco, o suficiente apenas para sobreviver. Na assembleia geral em que foi eleito provincial dos franciscanos do norte da Itália, dormiu em uma esteira colocada ao relento. Mas seu nome está ligado a um alimento fortemente simbólico: o pão. Conta-se que alguns pobres bateram na porta do convento onde se encontrava Santo Antônio. Estavam famintos e queriam pão. O cozinheiro disse que não poderia atender ao pedido. Faltaria pão para a refeição dos frades. Santo Antônio ouviu o diálogo e ordenou ao cozinheiro: "Dê pão aos pobres que Deus proverá". Eles mataram a fome e foram embora. Quando os frades entraram no refeitório, encontraram uma cesta repleta de pães. O milagre, evidentemente, foi atribuído a Santo Antônio. Até hoje as igrejas franciscanas recolhem donativos para uma instituição chamada "Pão de Santo Antônio", destinada a perpetuar seu espírito de caridade. Inúmeras obras assistenciais têm sido realizadas com esses recursos.

Vários templos franciscanos distribuem pão aos pobres em determinados dias. Na Igreja de São Francisco, no largo do mesmo nome, em São Paulo, isso acontece todas as manhãs. Às terças-feiras existe a bênção dos pães que os fiéis trazem de casa. A globalização irreversível está destruindo a boa tradição popular. Até meados do século passado, no dia 13 de junho, festa de Santo Antônio, brasileiros mais afortunados faziam pão para oferecer aos pobres. Eram receitas simples, mas deliciosas – como a que publicamos aqui, enriquecida com erva-doce e uva passa, originária do sul do Brasil. Mesmo assim, é curioso que os italianos, devotos históricos de Santo Antônio e especialistas em pretextos para comer bem, não tenham criado uma receita opulenta para o 13 de junho. Com outros bem-aventurados foram menos comedidos.

Uma "polpetta" de carne de porco, mortadela, pão dormido, ovos, leite, noz--moscada e queijo maturado homenageia Santo Antão Abade ou Santo Antão do Deserto, patrono dos animais domésticos, festejado em 17 de janeiro. Em 3 de fevereiro, dia de São Biagio ou São Brás de Sebaste, que salvou um menino asfixiado por uma espinha de peixe e se tornou protetor dos doentes da garganta, levam à mesa um verdadeiro banquete ritual. São Lourenço, comemorado em 10 de agosto, dá pretexto para os "tortelli" recheados com batata amassada e linguiça, além de alho e um pouco de pimenta. O molho consiste em um "ragu" de pato ou coelho. Mas, se o alimento dedicado a Santo Antônio não chega a ser exuberante, é de longe o mais expressivo. A magia do pão, uma das maiores invenções humanas, recua ao início da civilização. Símbolo da vida, participa da Eucaristia – sacramento em que se transforma simbolicamente, durante a missa, no corpo de Jesus. Representa a unidade dos cristãos e a grandeza de sua fé. Comer o pão de Santo Antônio, obviamente, ajuda no amor.

Pãozinho de Santo Antônio (*)

Rende 8 pãezinhos

INGREDIENTES

- 1 tablete de fermento para pão
- 1/2 xícara de chá de leite morno
- 250 g de farinha de trigo
- 1 colher de sopa de manteiga
- 3 colheres de sopa de açúcar
- 40 g de uvas passas amolecidas em água morna por cerca de 15 minutos, depois escorridas
- 1 colher de chá de sementes de erva-doce
- 1 pitada de sal
- Gema de ovo para pincelar
- Manteiga para untar e farinha de trigo para polvilhar

PREPARO

Numa tigela, dissolva o fermento com o leite morno. Depois de dissolvido, incorpore a farinha de trigo, a manteiga, o sal e o açúcar. Misture bem e trabalhe a massa, até obter um composto liso e consistente. Junte as uvas passas, as sementes de erva-doce e continue amassando, para que se incorporem totalmente à massa. Retire pedaços da massa e com eles forme pequenas bolas. Passe para uma assadeira untada e polvilhada e deixe descansar por 30 minutos. Pincele com gema e asse em forno preaquecido a 180°C, por aproximadamente 20 minutos.

(*) Receita preparada pela professora de culinária Ana Paula Moraes, de São Paulo, SP.

A Festança de São João

Muita gente achou estranho que o então presidente Luiz Inácio Lula da Silva, com tantos problemas sérios pela frente, tenha convidado a família, amigos íntimos, ministros e assessores para uma animada festa junina na Granja do Torto, em 12 de junho de 2004, em torno de uma fogueira votiva. Houve até quem cobrasse de seu governo ações de outra natureza, sobretudo na área social. Os críticos não estão errados. Entretanto, é inegável que, como entretenimento e confraternização, o arraial de Lula foi um sucesso. O presidente, a família, os amigos, os ministros e os assessores, num total de aproximadamente 90 pessoas, quase todas vestidas a caráter, saborearam comidas típicas, beberam quentão ou cachaça e dançaram quadrilha.

Lula e a primeira-dama, Marisa Letícia, foram os noivos do casamento de mentira, imprescindível na celebração, e aproveitaram a ocasião para comemorar os 30 anos de união de verdade. Acima de tudo, porém, o casal presidencial deu uma regeneradora lufada de ar fresco nas festas juninas, que começavam a perder o esplendor nas grandes metrópoles brasileiras. Se bem que, a rigor, elas sempre empolgaram mais as comunidades do interior.

Em uma cidade como São Paulo, por exemplo, sobreviveram enquanto a classe média morou em casas térreas, os vizinhos se conheciam e ainda sentiam necessidade de conviver e se divertir juntos. A aristocracia europeizada nunca se revelou afeita a um chapéu de palha. Hoje, as comemorações juninas paulistanas se restringem aos pátios das escolas e áreas de lazer dos condomínios. Só conhece o que é uma festa de verdade quem visita, nessa época do ano, entre outras localidades, Guaratinguetá, Lorena e Roseira, em São Paulo; Mossoró e Assu, no Rio Grande do Norte; Campina Grande, na Paraíba; e Caruaru, em Pernambuco.

Manifestação cultural altamente expressiva, arraigada à alma nacional, a alegria junina aportou no Brasil a bordo das caravelas lusitanas. Continua a se manifestar em

Portugal, especialmente no norte do País. Um de seus momentos supremos é a fogueira. Instalou-se aqui no início da colonização. No século XVI, o jesuíta português Fernão Cardim (1540-1625) – inicialmente reitor dos colégios de sua ordem na Bahia e no Rio de Janeiro, depois seu provincial, e autor de obras importantes sobre os primórdios nacionais, notadamente do *Tratado da Terra e Gente do Brasil* – hierarquizou o prestígio das festas transmitidas aos índios e descreveu o encantamento provocado pelas labaredas joaninas.

"A primeira é a fogueira de São João Batista, porque suas aldeias ardem em fogos e, para saltarem as fogueiras, não os estorva a roupa, ainda que algumas vezes chamusquem o couro", disse ele. Três devoções presidem as comemorações do mês: Santo Antônio, celebrado em 13 de junho, em cuja véspera aconteceu o arraial de Lula; São João Batista, em 24; e São Pedro, em 29. Mas a fogueira está intimamente ligada a um deles.

Embora fosse um pregador moralista, ascético e veemente, que se alimentava frugalmente no deserto, São João Batista é festejado ruidosamente, com danças, cantos, foguetes, comilanças, bebidas e adivinhações de conteúdo picante. Portanto, fica difícil entender as origens da homenagem flamejante que lhe prestam. Filho de Zacarias e Isabel, batizou Jesus no rio Jordão e o apontou ao mundo como o esperado Messias.

Por isso, é o único santo cuja data de nascimento é comemorada – e não a da morte, como os demais. Denunciou publicamente a vida adúltera de Herodes Antipas, tetrarca da Galileia, foi por ele encarcerado na fortaleza de Maqueronte e, a seguir, decapitado a pedido de Salomé, que encantava o soberano com danças sensuais. A tradição diz que a mãe de São João Batista anunciou seu filho à prima Maria, mãe de Jesus, com uma enorme fogueira – e o fato explicaria as chamas juninas.

A Bíblia o associa uma única vez às labaredas. No Evangelho de São Lucas (3:16 e 3:17), ele avisa que Jesus trará ao mundo o Espírito Santo, para salvar a humanidade, e o fogo, para juízo e condenação. Fora isso, não há mais nada. Assim, é provável que o santo da fogueira tenha sido vítima do calendário pagão, ou melhor, pré-cristão. "Sua festa coincide com o solstício de verão (de inverno para a América do Sul), quando as populações do campo festejavam a proximidade das colheitas e faziam sacrifícios para afastar os demônios da esterilidade, as pestes dos cereais, as estiagens etc.", escreveu Luís da Câmara Cascudo, no maravilhoso *Dicionário do Folclore Brasileiro* (Global Editora, São Paulo, 2001).

Segundo o mestre da nossa cultura popular, o mundo inteiro conheceu essa tradição "de acender fogueiras nos lugares altos e mesmo nas planícies, as danças ao redor do fogo, os saltos sobre as chamas, todas as alegrias do convívio e dos anúncios de meses abundantes". Câmara Cascudo observa que os deuses homenageados eram vários, "mas a época é a mesma para a Europa, Ásia e África".

Come-se bastante em volta da fogueira de São João, e o cardápio varia um pouco Brasil afora. Mas nos limitaremos ao elenco do Sudeste, até pelo fato de haver inspirado o arraial de Lula, embora ministros e assessores nascidos em diferentes latitudes, convidados a aparecer com um prato típico, hajam introduzido ali receitas exóticas. Na véspera, por exemplo, o ministro da Defesa, José Viegas, prometia levar uns suspiros "a la limeña", preparados por sua mulher, nascida no Peru. O primeiro item do cardápio do Sudeste é o quentão de pinga, bebida liberadora das inibições, juntamente com a cachaça pura.

Destacam-se ainda o pé de moleque, um doce açucarado feito com o amendoim que acabou de ser colhido; a canjica de leite, também elaborada com amendoim torrado e coco ralado; o furrundum, à base de cidra, melado grosso de rapadura e pedaços de gengibre; e todo o elenco de delícias à base de milho, que vai da pastosa pamonha aos apetitosos bolos, seja de fubá ou milho verde, um dos quais batizado "de São João".

Isso sem esquecer o pinhão e o porco assado, habitualmente puruca, com a pele tentadoramente estaladiça. Comendo, bebendo e dançando, faz-se barulho à vontade, mas o certo seria evitar a algazarra. Segundo o povo, o santo dorme durante o dia que lhe é dedicado. Caso despertasse, São João Batista desceria do céu a fim de acompanhar a festa – e o mundo acabaria em fogo. Graças a Deus, isso nunca aconteceu.

Bolo de São João

Rende 8 porções

INGREDIENTES

- 2 xícaras (chá) de farinha de trigo
- 2 colheres (sopa) de fermento em pó
- 1 colher (café) de sal
- 1 xícara (chá) de milho verde em lata sem o líquido
- 1 xícara (chá) de coco ralado
- 3/4 xícara (chá) de leite
- 1 xícara (chá) de manteiga
- 1 xícara (chá) de açúcar
- 4 ovos (separar as gemas das claras)
- Manteiga para untar a fôrma

PREPARO

Peneire a farinha de trigo junto com o fermento e o sal. Reserve. No copo do liquidificador, coloque o milho verde, o coco ralado, o leite e bata até obter uma pasta. Retire do liquidificador e reserve. Numa tigela grande, bata a manteiga com o açúcar. Adicione as gemas e siga batendo até a mistura crescer e ficar homogênea. Junte a farinha peneirada com o fermento e a mistura de milho verde que ficou reservada. Finalize com as claras, misturando delicadamente.

Coloque numa fôrma untada com manteiga e asse em forno preaquecido e moderado. Para saber o ponto certo de cozimento, enfie um palito no bolo. Se ele sair seco, o bolo estará pronto.

A Bênção, São Jorge!

São Jorge virou o santo da moda no Brasil. Não que sua devoção seja nova entre nós. Veio com os portugueses. Eles a assimilaram dos cruzados ingleses que ajudaram D. Afonso Henriques, o formador do País e primeiro soberano lusitano, a derrotar os mouros e conquistar Lisboa em 1147. Após a vitória, acreditando na intercessão do santo, o rei transformou em residência a cidadela mourisca no alto da colina que domina a cidade, chamando-a de Castelo de São Jorge. D. João I (1357-1433), fundador da dinastia de Avis, promoveu o santo a patrono nacional.

Também ordenou que sua imagem participasse da procissão de Corpus Christi. Luís da Câmara Cascudo, no *Dicionário do Folclore Brasileiro* (Global Editora, São Paulo, 2001), diz que essa tradição chegou aqui com os portugueses. Por muito tempo, na procissão de Corpus Christi em cidades brasileiras, "a figura de São Jorge, montando um cavalo branco e cercado de aparato militar, era o maior centro de interesse". Em São Paulo, foi assim até 1872, quando uma imagem do santo despencou do andor e matou um soldado. Os fiéis nunca duvidaram: São Jorge não teve culpa pelo acidente. Em Salvador, no dia de Corpus Christi, até hoje é realizada a chamada Missa de Oxóssi (nome do santo no Candomblé da Bahia), com a participação das ialorixás da Casa Branca do Engenho Velho da Federação.

A novidade no Brasil é que o santo é cada vez mais venerado por pessoas públicas. Entre os fiéis de São Jorge se perfilam o apresentador de TV José Luiz Datena, que carrega no pescoço uma pesada medalha do patrono, e os cantores Zeca Pagodinho e Jorge Ben Jor, que o homenagearam ao gravar *Ogum* (o nome de São Jorge na Umbanda). A composição é de Claudemir/Marquinhos Pqd e saiu no CD e DVD *Uma Prova de Amor*. Pagodinho canta em transe, e Ben Jor declama aos brados a emocionante oração do padroeiro. Para completar, a novela das nove da Rede Globo, escrita por Gloria Perez, e exibida entre 2012 e 2013, chamava-se *Salve Jorge*. O santo perpassava pela trama.

Há ainda o CD e o DVD *Coisa de Jorge*, tirado de um show de 2007 na Praia de Copacabana, em que quatro Jorges — Jorge Ben Jor, Jorge Aragão, Jorge Mautner e Jorge Vercilo — rendem tributo ao homônimo das alturas. A primeira faixa, *Jorge da Capadócia*, cantada por Ben Jor e gravada anos antes por Caetano Veloso, é de arrepiar: "Jorge sentou praça na cavalaria / E eu estou feliz porque eu também sou da sua companhia / Eu estou vestido com as roupas e as armas de Jorge / Para que meus inimigos tenham pés, e não me alcancem / Para que meus inimigos tenham mãos, e não me toquem /Para que meus inimigos tenham olhos e não me vejam / E nem mesmo um pensamento eles possam ter para me fazerem mal".

Nascido entre os séculos II e III na Capadócia, região que compõe a Turquia moderna, decapitado na Palestina, durante as perseguições aos cristãos ordenadas pelo imperador romano Diocleciano (204-305), São Jorge caiu no gosto do povo, que não ligou para a retirada de sua festa do Calendário dos Santos, em 1960, pela Sagrada Congregação dos Ritos, da Santa Sé. Seu prestígio teria começado a crescer em Bizâncio (que depois seria Constantinopla e atualmente é Istambul), então cidade da Grécia Antiga, e dali se espalhou pelo Oriente e Ocidente afora. Entretanto, os mitos mais ilustrativos que o envolvem começaram na Idade Média. Foram espalhados na Europa por seus devotos históricos, os cruzados. Acreditavam que São Jorge os ajudou em 1098, na conquista de Antióquia, cidade da atual Turquia. Segundo a *Vida dos Santos de Butler* (Editora Vozes, Petrópolis, 4º volume), obra lançada em 1756-1759, o dragão exibido na iconografia de São Jorge só aparece a partir do século XI.

A festa do bem-aventurado dos cruzados cai em 23 de abril, data do seu martírio. Era dia santo de guarda nos séculos XVII e XVIII. Um dos papas do período, Bento XIV, declarou-o padroeiro da Inglaterra. Mas a devoção já existia no País desde o século VIII. Em 1348, Eduardo III o havia proclamado patrono da Ordem da Jarreteira. Dançando com o rei da Inglaterra, a condessa de Salisbúria perdeu a jarreteira, ou seja, a liga da perna. Eduardo III a pegou do chão e entregou à dona, provocando gargalhadas entre os cortesãos. Instigado pela reação, ele criou ali mesmo a Ordem da Jarreteira: "Vergonha sobre quem puser nisto malícia. Os que hoje riem vão se ufanar amanhã de a usar". Os 26 cavaleiros da ordem, todos da alta nobreza, usam uma jarreteira na perna esquerda; a da rainha é no braço. Cada um senta em uma cadeira especial na Capela de São Jorge, em Windsor.

Ao longo dos séculos, São Jorge também foi declarado patrono de Portugal, da Lituânia e do S.C. Corinthians Paulista. Enfim, deu nome a uma longa e estreita ilha montanhosa dos Açores, de 56 quilômetros de extensão e 8 quilômetros de largura. No Brasil, denominou dois municípios, um no Rio Grande do Sul, outro no Paraná.

Além disso, é invocado pelas religiões afro-brasileiras. Os pais de santo ou babalorixás o identificam com suas divindades. Na Umbanda, como já dissemos, é Ogum, o orixá do ferro e da guerra; no Candomblé, chama-se Oxóssi, o orixá das matas e da caça.

Poucos santos deram origem a tantas comidas votivas. No Brasil, um dos alimentos que os umbandistas oferecem a Ogum/São Jorge é o amendoim. Os demais são frutas, como a manga espada, o inhame cozido e coberto de mel, o inhame assado em brasa regado com dendê e o peixe de mar assado. O orixá do ferro e da guerra bebe cerveja branca. Na Inglaterra, prepara-se a cada 23 de abril a *trifle for Saint George's Day*, um tipo de pão-de-ló (hoje substituído por uma espécie de biscoito champagne-savoyarde) ensopado no vinho, recheado com geleia de framboesa. A decoração se inspira na roupa do padroeiro e em seu cavalo. Combina framboesas e cerejas frescas, gelatina de frutas e nata batida. O doce vai à mesa em triunfo. A toalha é de papel ou tecido branco. Tem uma grande cruz de São Jorge formada por duas fitas vermelhas. Corta-se nas pontas um "v" invertido. No centro há uma rosa e quase sempre velas da mesma cor.

Em Portugal, também existem alimentos alusivos a São Jorge. O mais conhecido: as espécies de São Jorge, massinhas tenras em formato de argola, letras e meia-lua, com açúcar, pão torrado, especiarias e raspas de limão. Nos Açores, produz-se na Ilha de São Jorge o famoso queijo homônimo, preparado com leite de vaca, que é parente longínquo do cheddar inglês. No Brasil, fazem-se no interior do Nordeste os biscoitos de São Jorge. Um dos ingredientes é o amendoim.

A iconografia de São Jorge sempre fascinou as pessoas. Retrata-o elegante e colorido, dentro de uma armadura medieval, montado no seu cavalo branco e enfiando a lança na boca de um dragão — animal fantástico dotado de garras de leão, asas de água ou de morcego e cauda de serpente, que nas lendas medievais representava o espírito do mal e o poder do demônio. Segundo a crença, São Jorge foi um cavaleiro cristão que, ao atravessar a província da Líbia, entrou casualmente na cidade de Silene. Perto dali havia um charco onde vivia um dragão.

A população já tentara matá-lo, mas era repelida pelo hálito insuportável do monstro, que, além do mais, vomitava fogo. Para impedi-lo de se aproximar da cidade, enviava-lhe dois carneiros. Quando os animais escassearam, foram substituídos por seres humanos, selecionados por meio de sorteio. Um dia saiu escolhida a filha do rei. Ao entrar em Silena, São Jorge a enxergou a caminho do destino lúgubre. Estava vestida de noiva.

Quando chegou perto da moça, ela gritou: "Fuja, cavaleiro, ou o dragão também o matará". Em seguida, desabafou: "Já destruiu exércitos e comeu os nossos rebanhos". O rei não pôde impedir o sacrifício da filha. A versão tradicional diz que São Jorge desprezou a advertência, afirmando à moça que "Deus proíbe um homem fugir quando uma donzela está em perigo". E avançou sobre o dragão. O monstro lhe partiu a lança com os dentes, deu-lhe uma violenta pancada com a cauda e o derrubou do cavalo.

Mas o santo conseguiu desembainhar a espada e cravá-la sob a asa do dragão. O animal fantástico caiu no chão. São Jorge tomou a manta da moça e enrolou no pescoço do moribundo. Em seguida, ordenou que ela o puxasse até a cidade. A população recebeu o trio apavorada. O dragão, porém, seguia docilmente, como um cordeiro. Na praça da cidade, São Jorge desferiu-lhe o golpe mortal e explicou aos idólatras: "Fiz isto para demonstrar o poder de Deus e anunciar-lhes a verdadeira fé". A população inteira se converteu ao cristianismo e, segundo uma lenda, muitos passaram a imitar o herói. Em Jorge da Capadócia, Ben Jor persevera: "Armas de fogo, meu corpo não alcançarão / Facas, lanças se quebrem, sem o meu corpo tocar / Cordas, correntes se arrebentem, sem o meu corpo amarrar / Pois eu estou vestido com as roupas e as armas de Jorge". A bênção, São Jorge / Ogum / Oxóssi!

Biscoito de Amendoim (*)

Rende cerca de 30 unidades

INGREDIENTES

- 80 g de açúcar
- 290 g de manteiga
- 375 g de amendoim torrado moído
- 240 g de farinha de trigo
- 300 g de amido de milho (Maisena)
- 1 pitada de sal

PREPARO

Em uma tigela, coloque o açúcar e a manteiga. Bata muito bem até branquear. Adicione os amendoins moídos e a pitada de sal e misture. Em outro recipiente, disponha a farinha de trigo e o amido de milho. Junte essa mistura ao preparado anterior e trabalhe a massa com as mãos, até obter um composto liso e homogêneo.
Dê forma aos biscoitos e asse-os em forno brando, preaquecido a 160°C, por cerca de 10 minutos.

(*) Receita preparada pelo chef Ramiro Bertassin, de São Paulo.

As Andanças do Arroz-doce

Embora seja consumido o ano inteiro, o arroz-doce, como é chamado no Brasil, exceto no Sul, onde recebe o nome de arroz de leite ou arroz com leite, tem um período de glória nas festas juninas, junto com a canjica, o bolo de fubá, o pé de moleque, a pipoca e o quentão. Pessoas de todas as idades o adoram. Para muitos adultos virou, ao lado do feijão com arroz, do bolinho de chuva e do pé de moleque, uma comfort food – aquele baú da memória onde guardamos as receitas que despertam sensações agradáveis e evocam prazeres ligados à história da nossa infância.

Originário da Pérsia, o arroz-doce foi introduzido pelos árabes na Península Ibérica, quando eles a invadiram em 711. De lá veio para a América. Textos de antigos escritores árabes nascidos na Península Ibérica mencionam o arroz-doce. O médico Ibn Zuhr ou Avenzoar, natural de Sevilha, que viveu entre 1091 e 1161 e foi um dos mais famosos clínicos e cirurgiões da Idade Média, elogiou sua importância alimentar no livro *Kitab al-Agdiya*, chamado em espanhol de *Tratado de los Alimentos*.

O doce aparece com o nome de arroz com mel em um manuscrito anônimo do século XIII, da cozinha árabe-hispânica, já que o açúcar era produto raro e caro. A receita não diferia muito da atual. Levava 250 gramas de arroz, 3 litros de leite, duas colheres de mel, 75 gramas de manteiga derretida, canela para polvilhar e rendia seis porções. O arroz ficava de molho por um dia e uma noite. Depois de escorrido, cozinhava no leite com mel. Na hora de servir é que incorporava a manteiga derretida, colocada em cavidade aberta no meio. Finalmente, polvilhavam-no com canela.

A culinária libanesa tem uma sobremesa assemelhada, o roz bi halib, perfumado com água de rosas ou flor de laranjeira. Já levou mel. Hoje usa açúcar. O mesmo acontece na Síria, onde existe o ruz bil haleeb. A Pérsia tem uma variação com lascas de nozes, mas sem leite, feita só com água. Nos últimos séculos, acrescentaram-lhe chocolate. Os espanhóis, que o denominam arroz con leche, preparam-no de várias maneiras. Os portugueses também. São frequentes duas cozeduras, uma na água, outra no leite. Em alguns casos vai apenas leite. Em certas localidades de Portugal são acrescentadas gemas.

Os franceses incorporam creme de leite durante o cozimento e batizaram o doce de riz-au-lait. É famoso internacionalmente o do bistrô parisiense Chez L'Ami Jean, da 27 Rue Malar. Inspirou a receita da pâtissière Helena Gasparetto, de São Paulo, que ilustra este texto. No Brasil, utiliza-se bastante o leite condensado, produto industrializado cujo sabor dominante já padronizou uma infinidade de receitas nacionais, sejam bombons ou canjicas, mousses ou pudins, rocamboles ou bolos. Agora, faz o mesmo com o arroz-doce.

Em todos esses processos deve haver vigilância e uma mão que o mexa continuamente. Um exemplo é o célebre arroz-doce à moda de Coimbra, no qual os grãos são acrescentados na água fervente pouco a pouco, em chuva. A operação dura uma hora. O longo manuseio cansa o braço. O arroz doce de Coimbra ficou conhecido por ser usado antigamente como participação de casamento. A noiva, junto com a mãe e o futuro marido, visitava as famílias conhecidas, às quais oferecia uma travessa do doce. Uma semana depois, o futuro casal voltava para buscar o recipiente e receber um presente. Mais simbólico, impossível.

Reinaldo Mandacaru

Arroz-doce com Banana Caramelada (*)

Rende cerca de 10 porções

INGREDIENTES

ARROZ-DOCE

- 2 xícaras (chá) de arroz bomba (ou carnaroli)
- 6 xícaras (chá) de água, aproximadamente
- 1/2 xícara (chá) de leite em pó integral instantâneo dissolvido em 1 xícara (chá) de água (fica bem espesso)
- 1 xícara (chá) de açúcar
- 350 ml de creme de leite fresco
- 2 pauzinhos de canela
- 4 cravinhos
- 1/2 colher (chá) de sal
- 1/2 colher (chá) de essência de baunilha (ou baunilha em fava)
- 1 lata de creme de leite com o soro (use na finalização)

BANANA CARAMELADA

- 2 1/2 xícaras (chá) de açúcar
- 3 xícaras (chá) de água fervendo
- 5 xícaras (chá) de bananas-nanicas (cerca de 7 bananas grandes) cortadas em rodelas
- Suco de meio limão-taiti
- Raspas da casca de meio limão

DECORAÇÃO

- Canela em pau
- Canela em pó para polvilhar

(*) Receita de Helena Gasparetto, pâtissière em São Paulo, SP.

PREPARO

ARROZ-DOCE

Em uma panela, coloque o arroz, a água e deixe ferver em fogo brando, mexendo de vez em quando, por cerca de 18 a 22 minutos, até a água secar quase por completo. Caso os grãos não estejam totalmente cozidos, acrescente um pouco mais de água e retorne ao fogo brando. Depois de cozido, acrescente ao arroz o leite em pó dissolvido na água, o açúcar, o creme de leite fresco, a canela, os cravos, o sal, a essência de baunilha e deixe ferver em fogo bem brando, até a mistura ficar levemente cremosa. Retire do fogo, espere amornar e descarte a canela e os cravos. Reserve em temperatura ambiente.

BANANA CARAMELADA

Em uma panela de fundo grosso, derreta o açúcar em fogo baixo, como para açúcar queimado. Assim que estiver totalmente derretido, acrescente a água fervente, cuidadosamente.
Em fogo baixo, vá mexendo aos poucos para o caramelo se dissolver completamente na água e formar uma calda. Ferva por mais uns 2 minutos e acrescente as rodelas de banana e o suco de limão. Cozinhe por mais uns 6 ou 7 minutos, ou até que as rodelas de banana fiquem com cor de caramelo, porém ainda inteiras.
Não deixe ferver demais, para a banana não se desmanchar.
No final, acrescente as raspas de limão.

FINALIZAÇÃO

No momento de servir, misture o creme de leite com o soro ao arroz-doce. Disponha em cima algumas rodelas de banana caramelada, já frias, e reserve as demais para servir separadamente. Finalize decorando com a canela.

Bem-casado para Sempre

As receitas das festas de casamento no Brasil variam conforme o bolso e as tradições gastronômicas da cidade dos pais da noiva, habitualmente os patrocinadores da festa. No final da comilança, porém, há sempre bem-casado. Os convidados comem alguns desses docinhos antes de partir, oferecidos em uma mesa junto à porta de saída, e levam a maior parte para casa. Entretanto, muitos bem-casados acabam sendo comidos no caminho.

São duas bolachas de massa fofa, em forma de disco, assadas no forno. Retiradas dali, coloca-se uma sobre a outra, unidas por um recheio. Em seguida passa-se o bem-casado em calda grossa de açúcar, deixa-se esfriar e se embrulha em celofane ou papel crepom, amarrando os docinhos com laço de fita. Em certos lugares do Brasil substitui-se a embalagem por glacê de pasta de açúcar.

Por que unir duas bolachas? Rosa Maciel, uma paulistana especializada em casamentos, editora do *Guia de Noivos*, explica o significado: "O bem-casado simboliza uma predestinação humana, o encontro de dois seres distintos que se completam, formalizado no casamento". Ou seja, evoca a união do homem e da mulher, a criação divina de Adão e Eva descrita na Bíblia.

Muitos autores sustentam ter origem lusitana. Isso se comprovaria pelo tipo de massa, muitas vezes pão de ló. E também pelo recheio original, antigamente ovos moles, uma predileção dos nossos colonizadores. Depois, usou-se doce de leite. Agora prefere-se leite condensado, o ingrediente avassalador que padroniza o sabor da confeitaria brasileira – e ninguém faz nada para reverter essa desfiguração.

Há outro significado bonito: o bem-casado teria surgido por iniciativa das meninas, nos batizados de boneca. Mais tarde chegou à mesa dos aniversários de verdade. Portanto, ascendeu às festas de casamento a pedido das próprias noivas, que o incorporaram por óbvias razões sentimentais. Hoje o doce das festinhas de batizado e de aniversário tanto das bonecas como da sua dona é o brigadeiro. E dá-lhe leite condensado!

Bem-casado (*)

Rende cerca de 20 unidades

INGREDIENTES

MASSA

- 60 g de gemas peneiradas (3 a 4 gemas)
- 100 g de ovos inteiros com as gemas peneiradas (2 ovos)
- 5 g de açúcar de baunilha
- 100 g de açúcar refinado
- 120 g de farinha de trigo peneirada
- 40 g de amido de milho (Maisena) peneirado
- 2 ml de essência de baunilha
- 1 pitada de sal

RECHEIO

- 1 lata de leite condensado
- 50 g creme de leite UHT
- 10 g de manteiga sem sal
- 30 ml de leite
- 10 g de farinha de trigo
- 2 ml de essência de baunilha (facultativo)

CALDA PARA BANHAR

- 300 g de açúcar de confeiteiro peneirado
- 150 ml de água

PREPARO

MASSA

Na batedeira, junte as gemas, os ovos, o açúcar de baunilha e bata,

(*) Receita da pâtissière Amanda Lopes, de São Paulo, SP.

colocando o açúcar refinado aos poucos, em três fases. Continue batendo até obter uma massa aerada e bem fofa.

Desligue a batedeira e incorpore à massa a farinha de trigo e o amido de milho peneirados, a essência de baunilha e a pitada de sal. Misture, de preferência com uma espátula com furos (ou com uma escumadeira), delicadamente, para continuar aerando a massa. Forre uma assadeira com papel-manteiga e, com um saco de confeitar (usando bico perlê), pingue a massa sobre o papel-manteiga, mantendo uma certa distância entre cada porção de massa. Se tiver dificuldade para delimitar o tamanho, risque círculos sobre o papel-manteiga com a ajuda de um aro e pingue a massa dentro desse espaço. Leve para assar em forno médio, a 180°C (forno convencional) ou 170°C (forno turbo), por cerca de dez minutos, até dourar. Assim que saírem do forno, desgrude as massas do papel-manteiga usando uma espátula de raspagem. Deixe esfriar.

RECHEIO

Em uma panela, misture todos os ingredientes.

Leve ao fogo brando, mexendo sempre, e deixe apurar, sem parar de mexer, até que, ao passar a colher, apareça o fundo da panela. Coloque em uma vasilha e deixe esfriar.

CALDA PARA BANHAR

Em uma panela, misture o açúcar de confeiteiro com a água e leve ao fogo brando, até o açúcar ficar completamente dissolvido e a calda engrossar.

DICA: Use a calda levemente morna para banhar os bem-casados, um a um. Se for necessário, coloque a calda em banho-maria para que mantenha a temperatura. Se a calda for secando, à medida que for sendo usada vá adicionando um pouco mais de água morna.

FINALIZAÇÃO

Recheie os bem-casados dois a dois com a mistura de leite condensado e banhe-os com a calda. Deixe-os secar de um dia para o outro e só os embrulhe depois que estiverem bem secos.

O Bolo que É um Rolo

Muitos turistas retornam de Salvador levando como souvenir um berimbau que acabará decorando a parede de casa, pois nunca conseguirão percutir o seu fio de arame. O mesmo acontece com os que saem de Porto Alegre transportando o instrumental para o chimarrão – a cuia, a bomba e a erva-mate, que jamais conseguirão preparar direito. Já os forasteiros embarcados no aeroporto do Recife têm mais sucesso no destino. Eles carregam o bolo de rolo, doce de massa muito fina, enrolado como um rocambole e, na maioria das vezes, recheado de goiabada cremosa. Sentirão imenso prazer ao saboreá-lo em suas cidades, repetindo o prazer desfrutado na capital pernambucana. Obra-prima da doçaria nordestina, o bolo de rolo conquistou apreciadores pelo Brasil afora, entre os quais Chico Buarque de Holanda, Caetano Veloso e Jô Soares.

Embora a receita seja praticamente a mesma em toda a região, o doce de Pernambuco é considerado o melhor. Na opinião de Maria Lecticia Monteiro Cavalcanti, colunista da revista *Gosto*, de São Paulo, e coordenadora do caderno *Sabores*, da *Folha de Pernambuco*, difere de todos os outros pela maneira de fazer. Segundo ela, distingue-se sobretudo pela delicadeza no jeito de enrolar as camadas. O mais perfeito bolo de rolo comercial, na opinião dos apreciadores, é o feito no Recife pela Casa dos Frios, da Avenida Ruy Barbosa, sob a batuta de dona Fernanda Monteiro Dias, sócia do estabelecimento. Ela comanda quatro confeiteiros, que trabalham das 7 à 17 horas, só parando para almoçar. Todos os dias, fazem 210 doces. Cada unidade pesa 2 quilos. A clientela local e a de outros pontos do Brasil formam fila para comprá-lo. Em 1980, dona Fernanda ofereceu o bolo de rolo ao papa João Paulo II, em visita ao Recife. O chefe mundial da Igreja Católica o provou e elogiou.

A massa do doce leva manteiga, açúcar, ovos e farinha de trigo. Vai ao forno em assadeira retangular, com 30 x 45 centímetros. A usada na Casa dos Frios mede 40 x 90 centímetros. É sempre rasa. A massa resulta fina e delicada, para ser enrolada e o bolo adquirir formato cilíndrico. Cada unidade tem quatro camadas. O recheio original – creme de goiaba – continua sendo o favorito dos pernambucanos. Na Casa dos Frios, representa 90% das vendas. Entretanto, há quem prefira doce de ovos, baba de moça, chocolate, ameixa, maracujá, morango ou tamarindo. No Recife, sustenta-se que, apesar da semelhança, o bolo de rolo nada tem a ver com o rocambole. O ensaísta e poeta Marcos Vinicius Rodrigues Vilaça, pernambucano de Nazaré da Mata, que durante sua gestão como presidente da Academia Brasileira de Letras (2006-2007) mandava servir o doce aos colegas imortais, contesta veementemente o parentesco. "Ele nada tem de rocambole", afirma.

Os pernambucanos defendem a tese apoiados nas diferenças entre as duas receitas. Inicia-se a preparação do bolo de rolo fazendo um creme com manteiga e açúcar; a seguir, acrescentam-se os ovos, aos poucos; depois de bem incorporados, adiciona-se gradativamente a farinha. Assim, a massa do doce acaba retendo pouco ar. Já o rocambole é preparado com ovos batidos e açúcar, numa operação que quadruplica o volume. Portanto, incorpora bastante ar. A massa do bolo de rolo fica mais densa e pesada. A do rocambole, quase um pão de ló enrolado, apresenta-se leve, quebradiça e aerada. A do bolo de rolo leva 25% de manteiga. Na do rocambole, esse ingrediente se limita a cerca de 10% ou, às vezes, nada. Por isso, a massa do bolo de rolo fica rica e pesada, além de mais úmida. Ambas devem ser trabalhadas quentes, pois endurecem ao esfriar e, para completar, quebram. No bolo de rolo, como dissemos, vão quatro lâminas de massa. No rocambole, apenas uma.

Mesmo assim, o pâtissier Flavio Federico, de São Paulo, estudioso da doçaria brasileira, sustenta que as duas receitas se assemelham tecnicamente. "Alguém quis preparar a massa cada vez mais fina e delicada, foi mudando a receita e chegou à brilhante fórmula atual", especula. Os pernambucanos discordam. Afirmam que sua especialidade deriva do colchão de noiva português, recheado com amêndoas e, às vezes, pinhões e passas, tradicional de Tavira, pequena cidade do distrito de Faro, na região do Algarve. Seria o ancestral do bolo de rolo.

Já o escritor e gastrônomo transmontano Virgilio Nogueiro Gomes, especialista em doçaria portuguesa, acredita que a origem do bolo de rolo e do rocambole seja a mesma: a torta de Viana, da região de Entre-Douro-e-Minho, a mais antiga de uma família com várias denominações regionais. Engloba não só o colchão de noiva, mas também a torta enrolada, o bolo enrolado, a cama de noiva e o travesseiro de noiva. "Por isso, não vejo sentido em ficarmos discutindo se o bolo de rolo e o rocambole descendem ou não um do outro", acrescenta.

Os pernambucanos insistem em sua tese, apresentando novos argumentos. "É preciso cuidado com afirmações apressadas sugerindo que a receita do bolo de rolo deriva do rocambole", afirma Maria Lecticia Cavalcanti. "A tese não se sustenta, por ter o rocambole chegado aqui bem depois de nosso bolo de rolo". Em 2007, o doce pernambucano ganhou o status de Patrimônio Cultural e Imaterial do Estado de Pernambuco, em decreto assinado pelo governador Eduardo Campos, baseado em recomendação da Unesco. Nada mais compreensível. Para Marcos Vilaça, o bolo de rolo é uma das maravilhas da gastronomia do Brasil.

Bolo de Rolo (*)

Rende 14 a 16 porções

INGREDIENTES

- 250 g de açúcar
- 250 g de manteiga
- 5 ovos
- 250 g de farinha de trigo
- Uma lata de goiabada, derretida em um pouco d'água
- Manteiga para untar
- Farinha de trigo e açúcar para polvilhar

PREPARO

Bata bem o açúcar e a manteiga.
Junte as gemas, uma a uma; depois, as claras em neve. Acrescente a farinha de trigo peneirada e misture, delicadamente. Divida a massa em 7 assadeiras rasas, untadas com manteiga e farinha de trigo. Em forno preaquecido, asse uma de cada vez, por pouco tempo. Desenforme em toalha polvilhada com açúcar. Recheie com a goiabada derretida e enrole rapidamente, com ajuda da toalha. Repita o mesmo processo, até a última camada. Coloque no prato de servir e polvilhe açúcar.

(*) Receita da escritora gastronômica pernambucana Maria Lecticia Monteiro Cavalcanti.

A Cartola que se Come

Ninguém sabe por quê, mas uma das sobremesas mais representativas da doçaria nordestina se chama cartola. Recebeu o nome do chapéu masculino de aba estreita, copa alta e cilíndrica, quase sempre preto e brilhante, surgido na Inglaterra ou França em finais do século XVIII. O doce leva fatias fritas de banana prata madura, cortadas ao meio, fritas na manteiga, recebe por cima uma camada derretida de queijo do sertão e, a seguir, uma nuvem de açúcar e canela. É muito gostoso. Há duas hipóteses para a designação.

"O nome se deve provavelmente à cor escura da canela e ao formato alto do queijo sobre a banana – que remotamente lembra a cartola", explica a escritora gastronômica Maria Lecticia Monteiro Cavalcanti, autora de *A História dos Sabores Pernambucanos* (Fundação Gilberto Freyre, Recife, 2009). Outra explicação seria que, por ter sido criada na casa-grande dos engenhos de açúcar do Nordeste, era originalmente "doce de rico".

A cartola (o chapéu) foi muitas vezes associada aos representantes da aristocracia ocidental. Nas caricaturas da imprensa comunista do século passado, simbolizava o capitalismo americano. Tio Sam, a personificação nacional dos Estados Unidos da América, figura criada durante a guerra anglo-americana de 1812, nunca tira da cabeça a cartola colorida. Usaram bastante o mesmo tipo de chapéu os presidentes americanos Abraham Lincoln e Franklin Delano Roosevelt; e o primeiro-ministro britânico Winston Churchill.

Na inauguração de Brasília, o presidente brasileiro Juscelino Kubitscheck se deixou fotografar levantando a cartola em direção ao céu. O adereço já estava meio fora de moda. Entretanto, até hoje arriscamos cruzar com homens que a exibem, sobretudo nos ambientes formais da Europa: em casamentos reais, corridas de cavalo, funerais da nobreza e portarias dos hotéis de luxo. Sem falar nos mágicos que tiram coelhos da cartola.

No Brasil, ainda recorremos à palavra para designar o dirigente de clube ou entidade esportiva. Nesse caso, a origem é mais clara do que no doce. Nas décadas de 40 e 50, trabalhou no Rio de Janeiro o chargista argentino Lorenzo Mollas. Entre outros trabalhos, lançou a primeira leva dos mascotes de times de futebol. Para o Botafogo, escolheu o Pato Donald; para o Fluminense, o Cartola, na época um time considerado de dândis. Dali o nome se espalhou, passando a designar todo dirigente de clube ou entidade esportiva. Por último, o maior sambista da música brasileira, Agenor de Oliveira, também era conhecido como Cartola. Ganhou o apelido dos colegas do tempo de pedreiro, quando usava um surrado chapéu-coco para se proteger do cimento que caía da obra.

Em 2009, a cartola (o doce) foi considerada Patrimônio Cultural Imaterial de Pernambuco, pela Assembleia Legislativa do Estado. Mas, estranhamente, não apareceu entre os 199 doces regionais catalogados por Gilberto Freyre no livro *Açúcar – em torno da etnografia, da história e da sociologia do doce no Nordeste Canavieiro do Brasil* (Instituto do Açúcar e do Álcool-MIC, Rio de Janeiro 2ª edição, 1969). Em compensação, Luís da Câmara Cascudo dedicou-lhe um verbete de três linhas no *Dicionário do Folclore Brasileiro* (Instituto Nacional do Livro-MEC, 2ª edição, Rio de Janeiro, 1962).

A jornalista Alice Granato, ao reunir informações para o livro *Sabor do Brasil* (Editora Sextante, Rio de Janeiro, 2011), deparou-se com uma receita de cartola atribuída ao Engenho Massangana, do século XVI, situado às margens do rio Ipojuca, no município de Cabo de Santo Agostinho, a cerca de 40 quilômetros do Recife. Valeu por um aval histórico. Joaquim Nabuco, no livro *Minha Formação* (Editora Martin Claret, São Paulo, 2012), dedicou um capítulo ao Engenho Massangana, onde descreve o local, na época pertencente à sua madrinha, D. Ana Rosa Falcão de Carvalho. Só não falou da cartola.

Cartola (*)

Rende 2 porções

INGREDIENTES

- 4 bananas-nanicas maduras
- 2 colheres (sobremesa) de manteiga
- 2 rodelas grossas de queijo do sertão (queijo de coalho) cortadas com um aro, para montar a base da cartola
- 2 rodelas grossas de queijo do sertão cortadas com um aro de diâmetro menor, para montar o topo da cartola. Esse aro também vai servir para formatar as bananas e deve ter cerca de 6 cm de altura.
- 1 fio de leite fervente, o suficiente para amaciar o queijo
- 2 xícaras (chá) de açúcar cristal
- 4 colheres (sopa) de canela em pó (ou a gosto)

DECORAÇÃO

- Paus de canela

PREPARO

Descasque as bananas. Corte duas delas em fatias, no sentido do comprimento e, as outras duas, em cubos.
Em uma frigideira, frite as fatias de banana na manteiga aquecida, até que fiquem bem douradas. Retire e frite as bananas em cubos. Reserve. Amacie um pouco as rodelas de queijo, regando-as com um fio de leite fervente.

MONTAGEM

Monte primeiro um doce, usando metade das bananas fatiadas e em cubos e apenas duas rodelas de queijo. Reserve os ingredientes que sobraram para montar o segundo doce.
Forre com metade das fatias de banana a parte interna do aro de diâmetro menor e dentro coloque metade dos cubos de banana. Sobre o prato de servir, deposite a rodela maior de queijo, para fazer a base da cartola.
Disponha em cima o aro forrado com as bananas, depois retire-o delicadamente e finalize colocando no topo a rodela menor de queijo. Em um recipiente, misture o açúcar cristal com a canela. Polvilhe essa mistura sobre a base e o topo da cartola e decore com os paus de canela. Para fazer o segundo doce, repita o procedimento, usando os ingredientes que sobraram.

(*) Receita preparada pelo pâtissier Fabrice Lenud, de São Paulo, SP.

Reinaldo Mandacaru

O Brigadeiro da Doçaria Nacional

Quem encontrar uma receita de brigadeiro no caderno de cozinha da avó, antigamente conhecido por negrinho, observará que o docinho mais amado do Brasil levava ingredientes de marcas determinadas: Leite Moça, chocolate "dos padres" e manteiga. Isso aconteceu entre o final da década de 20 e início da de 30, quando ele foi inventado, até a de 50. Além disso, as prescrições da receita sugerem que o brigadeiro foi criado em São Paulo.

O primeiro ingrediente era o Leite Moça da Nestlé. Suas latinhas começaram a chegar aqui a partir de 1890, importadas da Suíça, sede da multinacional, com o nome de Milkmaid, que ninguém conseguia pronunciar direito. Quando iam às compras, as pessoas pediam "o leite da moça", porque na embalagem havia a figura de uma vendedora de leite. Em 1921, a Nestlé montou sua primeira fábrica no País, na cidade paulista de Araras. Ali começou a produzir o Leite Moça, adotando a designação criada espontaneamente pelo povo.

A indicação do "chocolate dos padres" se referia a outro produto do Estado. Era fabricado pela Gardano, fundada em São Paulo no mesmo ano de 1921. Tratava-se de um chocolate em pó de alta qualidade. Na embalagem, havia um detalhe da tela do pintor toscano Alessandro Sani (1870-1950), retratando dois sorridentes monges católicos. Por isso, os consumidores batizaram o produto de "chocolate dos padres". Coincidentemente, a multinacional suíça acabou comprando a Gardano em 1957. Mas os monges permaneceram na embalagem do atual Chocolate em Pó Solúvel Nestlé, com a pintura de Sani transformada em desenho. Quanto à manteiga das receitas das vovós, não havia indicação de marca.

No início, o hoje versátil Leite Moça tinha o mercado concentrado em São Paulo e o consumo restrito. Misturado com água, servia de substituto para o leite fresco, cujo abastecimento se revelava irregular, especialmente no inverno ou quando certas doenças atingiam as vacas. Entretanto, poucos o usavam na cozinha, ou melhor, na doçaria. O

Brasil não havia descoberto verdadeiramente o produto nem se transformado no maior mercado mundial de leite condensado, como agora acontece.

Mas, paradoxalmente, foi naquela época que alguém teve a ideia de misturar o Leite Moça com chocolate em pó – e a marca escolhida, como mostram as receitas das vovós, foi a Gardano, a "dos padres". Alguém duvida que a invenção tenha ocorrido em São Paulo? Na falta de outra designação, chamaram-no de negrinho, pela cor escura do doce e do chocolate granulado que o envolve, lembrando uma carapinha. Entre os gaúchos, até hoje continua a ter o nome antigo.

O negrinho foi promovido a brigadeiro em 1945, quando o militar e político brasileiro Eduardo Gomes (1896-1981) disputou com Eurico Gaspar Dutra a Presidência da República, sendo derrotado nas urnas. Brigadeiro da Aeronáutica, ele ajudou a escrever um capítulo marcante da História do Brasil. Foi um dos líderes do tenentismo, movimento político protagonizado por jovens das Forças Armadas. No dia 5 de julho de 1922, um grupo formado por três oficiais, 15 praças e um civil que aderiu no trajeto saiu do Forte de Copacabana, no Rio de Janeiro, e enfrentou a tropa governamental fortemente armada.

O combate durou 30 minutos. Eduardo Gomes recebeu um tiro de fuzil e caiu ferido. Recuperado, fez carreira brilhante na Aeronáutica. Fundou o Correio Aéreo Nacional e transformou-se em patrono da Força Aérea Brasileira. Em 1950, voltou a disputar a Presidência da República, perdendo novamente a eleição, daquela vez para Getulio Vargas. "Vote no brigadeiro, que é bonito e é solteiro", dizia seu slogan eleitoral, que aliás não lhe rendeu os votos necessários. Em compensação, fascinou as mulheres.

Dutra era homem feio e Getulio baixinho e barrigudo, nunca foi padrão de beleza. Três versões explicam por que Eduardo Gomes deu nome ao docinho. A primeira diz que mulheres do Rio de Janeiro, engajadas em sua campanha, faziam negrinhos, que vendiam com o nome de brigadeiro, em benefício do fundo de campanha. A outra afirma que a carioca Heloísa Nabuco, pertencente a tradicional família carioca, quis homenagear Eduardo Gomes batizando o docinho que inventara com a patente militar do amigo e frequentador de sua casa.

A terceira versão, além de grosseira, é a mais duvidosa. Foi espalhada por seus adversários políticos. O tiro desferido em Eduardo Gomes na rebelião do Forte de Copacabana teria atingido os seus testículos. Ora, o docinho que o evoca não utiliza ovos. Portanto, o nome brigadeiro teria sentido cruel.

Brigadeiro de Limão-siciliano (*)

Rende 30 unidades

INGREDIENTES

MASSA
- 2 colheres (sopa) de raspas de chocolate branco
- 1 lata de leite condensado
- 1 colher (sopa) de manteiga sem sal
- Raspas de 2 limões-sicilianos
- Manteiga para untar

COBERTURA
- 200 g de raspas de chocolate branco

PREPARO

Retire as raspas dos limões com um descascador de frutas cítricas, sem usar a pele branca, que amarga. Com um ralador manual, faça raspas de chocolate branco – para a massa (2 colheres) e para a cobertura dos brigadeiros (200 g).

Em uma panela, coloque o leite condensado, 2 colheres de raspas do chocolate branco, a manteiga e leve ao fogo brando, mexendo sempre, até desgrudar do fundo da panela (aproximadamente 10 minutos). Apague o fogo, junte as raspas de limão e misture bem para liberar o óleo essencial da casca (que é o que vai aromatizar os brigadeiros). Transfira para um recipiente de louça untado com manteiga. Quando esfriar, unte as mãos com manteiga e faça bolinhas de 3 centímetros de diâmetro. Cubra os brigadeiros artisticamente, com as raspas de chocolate branco (200 g) que sobraram. Sirva-os em forminhas de papel.

DICA: Em época de calor, os brigadeiros se tornam mais refrescantes quando gelados.

(*) Receita da pâtissiere Juliana Motter, de São Paulo, SP.

Luiz Henrique Mendes

Eta, Buchada Arretada!

Comer buchada de bode no Nordeste virou uma espécie de vestibular para os candidatos à Presidência da República que percorrem a região em busca de votos. Fernando Henrique Cardoso foi o primeiro submetido à prova, em 1994, na cidade pernambucana de Petrolina, e ficou famoso por isso. Justiça seja feita, enfrentou a buchada com galhardia. "Gostei", afirmou ele. Deve ter pensado: "Já passei por situações piores". Em Delmiro Gouveia (AL), precisou se equilibrar no lombo de um jegue, em Caruaru (PE) o fizeram ensaiar passos de forró – e daí por diante. A buchada lhe trouxe sorte. Fernando Henrique conquistou milhões de votos no Nordeste e ganhou dos eleitores brasileiros o direito de morar por dois mandatos no Palácio da Alvorada.

Lula fez o mesmo, mas para ele o teste não deveria valer. Pernambucano de Caetés, conhecia a buchada desde a infância, tão familiar ao seu paladar sertanejo quanto o sarapetel e o baião de dois. Dilma Rousseff, que é mineira, experimentou o prato a conselho de Lula, que lhe afirmou ser "a melhor coisa do mundo". Depois de saboreá-lo, balançou. "Não considero a coisa que mais gostei", comentou Dilma. "Mas não achei ruim". No seu caso, a buchada também funcionou.

Há pratos que, até mesmo como teste de brasilidade, precisamos encarar. A buchada é um deles. Trata-se de uma das receitas mais antigas do País. Tem aroma forte e sabor marcante. Mas as opiniões a seu respeito conflitam. Alguns a veneram, outros a abominam. Não há meio-termo. As rejeições se devem principalmente ao nome tosco, aos ingredientes que incorpora e à falta de cuidados higiênicos de alguns poucos cozinheiros.

Existem diferentes receitas de buchada, todas de sustança. Na prática, é um embutido feito com o estômago do bode ou carneiro (daí seu nome) lavado com limão e sal, passado na água corrente, recheado com miúdos (rins, coração, fígado), sangue coalhado, tripas, língua, com tempero de sal, hortelã, salsinha, louro, cominho, alho, cebola. Costurado com linha branca, vira uma trouxa que requer no mínimo cinco horas de cozimento em caldo enriquecido e fogo brando.

"A verdadeira buchada, do tempo antigo, exige ciência de tempero e quase instituições misteriosas de cálculo", afirma Luís da Câmara Cascudo, no *Dicionário do Folclore Brasileiro* (Global Editora, São Paulo, 2000). "É preciso prever a hora do almoço, para que esteja no ponto e não requentada. Só é servida a buchada ao almoço". Antes de saboreá-la, toma-se um cálice de cachaça, chamado de "abrideira", para atiçar o apetite; ao terminar, bebe-se outro, a "saideira", para facilitar a digestão. Harmoniza-se a buchada com arroz branco ou um pirão que aproveita o caldo do cozimento. Não confundi-la com a dobradinha (o estômago do boi cortado em tiras), mais ou menos ensopada.

A buchada é uma das contribuições portuguesas à cozinha brasileira. Para os estudiosos da gastronomia, como a recifense Maria Lecticia Monteiro Cavalcanti, autora do indispensável *História dos Sabores Pernambucanos* (Fundação Gilberto Freyre, Recife, 2009), descende dos maranhos à beirã e da Sertã, ainda denominados molhinhos, borlhões, burunhões ou saquinhos, que vêm a ser embrulhinhos feitos com bucho de cabrito ou de carneiro, recheados de carne, cebola, presunto e condimento de hortelã e colorau. É típica das Beiras, região que abrange a alta Serra da Estrela, os pântanos salgados de Ria do Aveiro e cidades como Figueira da Foz e Coimbra.

Curiosamente, na freguesia de Envendos e no concelho de Idanha-a-Nova, como mostra Maria de Lourdes Modesto, em *Cozinha Tradicional Portuguesa* (Editorial Verbo, Lisboa/São Paulo, 1982), são preparadas duas receitas assemelhadas, mas com estômago de porco, conhecidas por bucho recheado. Além disso, no livro que ela escreveu em parceria com Afonso Praça e Nuno Calvet, intitulado *Festas e Comeres do Povo Português* (Editorial Verbo, Lisboa, 1999), ensina a fazer uma receita de bucho recheado e outra denominada bucho recheado à moda de Álvares Góis. Portanto, o que não falta à receita nordestina é pedigree. Quem nunca passou pelo teste não sabe o que está perdendo...

Buchada (*)

Rende 8 a 10 porções

INGREDIENTES

- Bucho, língua, miúdos (coração, fígado, rins, sangue), mocotós, tripas e cabeça de carneiro ou de bode
- 6 dentes de alho socados
- 6 cebolas picadas
- 6 tomates sem pele e sem sementes picados
- 2 pimentões picados
- 3 folhas de louro
- 4 colheres (sopa) de banha de porco
- Limão o quanto baste
- Vinagre o quanto baste
- Coentro a gosto
- Cebolinha a gosto
- Sal e pimenta-do-reino moída a gosto

PREPARO

Lave o bucho, língua, miúdos, mocotós, tripas e cabeça do animal em água corrente. Com uma faca, raspe a cabeça, aproveitando o crânio com os miolos. Esfregue limão e vinagre. Vire as tripas e raspe, uma por uma, passando também bastante limão e vinagre. Deixe repousar por meia hora. Lave tudo novamente com bastante água. Escalde todos esses ingredientes com água fervendo. Pique os miúdos. Tempere tudo com quatro dentes de alho, sal e pimenta.

Faça um refogado com três cebolas, um dente de alho, três tomates, um pimentão, metade da banha e das folhas de louro, coentro e cebolinha. Junte os miúdos, pingue um pouco de vinagre e deixe no fogo por bastante tempo, até obter um bom refogado. Encha

(*) Receita publicada por Maria Lecticia Monteiro Cavalcanti no livro *História dos Sabores Pernambucanos* (Fundação Gilberto Freyre, Recife, 2009).

o bucho do animal com o refogado dos miúdos, costure e reserve. Enrole as tripas nos mocotós. Coloque em uma panela grande o restante das cebolas, alho, tomate, pimentão, banha, folhas de louro, coentro e cebolinha. Junte o bucho recheado, a língua, os mocotós e a cabeça. Acrescente água. Deixe cozinhar bastante, por duas horas. Se necessário, junte mais água. Depois de pronto, use o caldo do cozimento para fazer um pirão mexido.

Creme de Papaia ou Cartão de Visita?

Alguns pâtissiers acusam o creme de papaia de não ser verdadeiramente uma sobremesa, porém uma batida, vitamina ou frappé, como diziam os primeiros anúncios de liquidificador. Outros o acham simples demais e, inclusive, brega. Mas, indiferente a essas objeções, o creme de papaia se transformou em uma das mais saboreadas criações brasileiras. Fácil de fazer, pois não vai ao fogo e exige apenas a combinação de três ingredientes – papaia, sorvete de creme e licor de cassis –, virou uma espécie de cartão de visita, junto com a caipirinha e a feijoada, que oferecemos aos estrangeiros quando os recepcionamos com nossas especialidades. Desbancou o quindim, a goiabada com queijo e outras estrelas do passado.

No final de 2008, ao passar por São Paulo, o chef espanhol Ferran Adrià, do restaurante El Bulli, na Catalunha, provou-o na churrascaria Fogo de Chão da Avenida Bandeirantes. O pâtissier brasileiro Flávio Federico, um dos que estavam à mesa, lembra do comentário ouvido. "Ele afirmou gostar da textura e do sabor, apesar de não entender por que levava no final o creme de cassis, que não é brasileiro, porém francês", recorda Federico. "Achou que, por ser algo tão nosso, o creme de papaia deveria ter outro licor." O pâtissier brasileiro concordou com Adrià e sugeriu trocar o ingrediente forasteiro pelo nosso licor de jabuticaba.

Leve e delicado, o creme de papaia figura no cardápio de centenas de restaurantes nacionais, sobretudo das churrascarias – nenhuma se atreveria hoje a excluí-lo do cardápio. Os únicos cuidados são prepará-lo na hora de servir, para adquirir a consistência ideal; e jamais levá-lo ao freezer, a fim de não perder o frescor e correr o risco de cristalizar. Paulistano de nascimento, o creme de papaia foi criado na Churrascaria Rodeio da Rua Haddock Lobo, por obra de uma dupla conhecida na cidade: a artista plástica Suzy Gheler – autora de bonecos de tecido, espuma, isopor e tinta, usados como decoração em diversas vitrines de lojas – e o saudoso maître, gerente do estabelecimento, Ramón Mosquera Lopes.

No início de 1975, grávida da primeira filha, Suzy terminou uma refeição na Rodeio (clientes assíduos dizem "no Rodeio") e sentiu o desejo irresistível de saborear um sorvete de creme. Entretanto, sentia-se momentaneamente indisposta. "No começo da gravidez a gente enfrenta isso", explica. Então, chamou Ramón, de quem ficaria amiga, e fez o pedido, revelando o problema. O maître foi à cozinha, mandou bater no liquidificador sorvete de creme com papaia, fruta com fama de aplacar mal-estares, e trouxe para ela, orgulhoso.

Suzy adorou a novidade e, de lá para cá, solicita-a na churrascaria, onde agora é atendida pelo maître Chagas. A filha da artista, nascida em agosto de 1975, aprendeu a saborear o doce. Inicialmente, o creme de papaia levava apenas sorvete de creme e papaia. Só depois recebeu, no momento de servir, creme de cassis. É complemento importante. A bebida acentua a doçura e confere um toque alcoólico. Funcionários e clientes chamavam a sobremesa, antes de ser incorporada ao cardápio da Rodeio, de creme da Suzy.

Inventor, junto com a fiel cliente, do popularíssimo creme de papaia ("Para agradar a gente, a equipe da casa adaptava ou inventava receitas", lembra ela), Ramón morreu em 1999. Nascido na Espanha, chegou ao Brasil em 1951, aos 19 anos de idade. Desembarcou no Rio de Janeiro com apenas US$ 3 no bolso e nunca se preocupou em juntar dinheiro, pois tinha o jogo na alma. Certa vez acertou na loteria e gastou o prêmio com a mesma prodigalidade. Era um grande jogador. Foi garçom em algumas casas cariocas antes de mudar-se para São Paulo. Entrou para a brigada da Rodeio em 1958, ano da inauguração do estabelecimento, já no posto de maître. Trabalhou ali até 1964, quando saiu para abrir o próprio negócio. Voltou em 1972 e permaneceu até 1987. Deixou novamente a casa, pela mesma razão, mas também não teve sucesso. Nesse vaivém, atuou na churrascaria paulistana Barbacoa, da Rua Doutor Renato Paes de Barros.

Em todos os salões, circulava com a desenvoltura de um príncipe. Nirlando Beirão, no primoroso livro *Rodeio conta os Jardins* (Churrascaria Rodeio, São Paulo, 2005), registra essa peculiaridade. "A clientela mais desligada [...] haveria de jurar que Ramón Mosquera, com sua gravata-borboleta e sua impecável jaqueta azul, era o verdadeiro proprietário", diz. Na mesma obra, Roberto Macedo, dono de fato da Rodeio, confirma essa característica e elogia o funcionário ilustre: "Ele era um avião – um profissional sem defeitos". Nos dois períodos em que atuou na Rua Haddock Lobo, Ramón acolheu artistas, diplomatas, empresários, gente da sociedade, jornalistas e políticos, seduzindo-os com sua fidalguia.

Beirão o qualifica de "disciplinado, exigente, perfeccionista". Dava gosto vê-lo comandar o salão como o maestro de orquestra, prestando atenção em tudo, dos sons aos gestos, orientando os colegas nos virtuosismos do serviço e controlando a qualidade da comida servida à clientela. Sob a batuta de Ramón, outra receita popular foi concebida na Rodeio. No começo da década de 80, o igualmente atencioso maître Cecílio recebeu do jornalista Tarso de Castro o pedido de "um arroz mais rico" para enfrentar o grelhado que comia. O também jornalista Thomaz Souto Corrêa ouviu a conversa e deu palpite. Surgiu então o arroz biro-biro (com ovo frito, batata palha, cebola tirolesa, bacon etc.).

Também se atribui a Ramón a invenção da picanha fatiada. Cortada em bifes, a carne grelhava em fogareiro colocado diante do cliente, levando os chamados "dois tombos": primeiro assava de um lado, até o suco aparecer na parte de cima; depois, era virada para baixo. Apesar do sucesso imediato, as mulheres começaram a reclamar da fumaça e do cheiro, que impregnavam cabelos e roupas. Então, a Rodeio mandou fazer um fogareiro especial, acoplado a um exaustor – e a oposição feminina esmaeceu. A picanha fatiada foi copiada pelo Brasil afora.

Ramón era versado em carne. Dedicou ao tema seu livro *Churrasco* (Edições Siciliano, São Paulo, 1983).

Além disso, como mostra sua biografia, adorava novidades. Por isso, talvez não se importasse com os clones atuais do creme de papaia, nos quais o mamão é trocado pela manga, melão etc., sendo rebatizado com o nome da fruta usada. No Rio de Janeiro, surgiu um doce parecido, chamado coup camargo. Leva sorvete de creme batido com abacate; no final, vai um lance de licor de cacau. Entretanto, a campeã de popularidade continua sendo a receita que Ramón e Suzy inventaram.

Creme de Papaia (*)

Rende 1 porção

INGREDIENTES

- 1 papaia pequeno, maduro e sem as sementes
- 1 bola de sorvete de creme
- 1 colher (sopa) de creme de cassis
- 1 folha ou galhinho de hortelã para a decoração

PREPARO

Bata rapidamente no liquidificador o papaia e o sorvete. Ao adquirir a consistência de creme, retire e coloque em taças ou potinhos de sobremesa. Na hora de servir, acrescente o creme de cassis, para as pessoas misturarem o licor ao creme.
Há quem prefira fazer isso na cozinha. Nesse caso, acrescenta-se o creme de cassis quando a sobremesa se encontra no liquidificador. Decore com uma folha ou galhinho de hortelã.

(*) Receita original da churrascaria Rodeio, de São Paulo, SP.

A Guerra do Doce de Leite

A Argentina e o Uruguai são os primeiros países que reclamam o privilégio de sua criação. Bolívia, Brasil, Chile, Colômbia, Equador, México, Paraguai, Peru, República Dominicana, Chile e Venezuela também estão no páreo. Afinal, quem inventou o doce de leite? Ninguém que se conheça. Sua receita provavelmente saiu da intuição popular. Pode ter sido criada em qualquer dos países citados, simultaneamente ou não, sem que um copiasse o outro. Bastava ter leite e açúcar em abundância. Alguém colocou esses ingredientes numa panela e a levou ao fogo. O líquido foi evaporando, adquirindo a consistência e a característica cor de caramelo. Outra possibilidade é isso ter ocorrido deliberadamente, para aproveitar ou conservar o excesso de leite.

A fórmula recebeu aperfeiçoamentos. Incorporou essência de baunilha e, eventualmente, bicarbonato de sódio. Elementar, não é? Entretanto, os maiores devotos do doce de leite são os argentinos. É a base de metade da sua doçaria, a começar pelos alfajores – dois discos de farinha de trigo, manteiga, açúcar, gemas e fermento, assados em forno quente. Recheio fundamental: doce de leite. Quem diz isso é Mónica Hoss de le Comte, no livro *La Cocina Argentina* (Maizar Ediciones, Buenos Aires, 2001).

A autora observa que seus conterrâneos reivindicam a invenção da especialidade com uma história patriótica. No início do século XIX, o País se dilacerava em sangrenta guerra civil. De um lado estava o general e futuro ditador Juan Manuel de Rosas; de outro, o general Juan Lavalle. Os dois eram inimigos de morte. Mas haviam sido amigos na infância. Tiveram, inclusive, a mesma ama de leite, a negra Natalia. No interior da Argentina, esse laço é inapagável. Rosas e Lavalle, portanto, eram "irmãos de leite". No final da guerra civil, reconhecendo a derrota, Lavalle foi ao encontro de Rosas, na estância deste, situada em Cañuelas, Província de Buenos Aires. Queria negociar o armistício. Mas, ao apear ali, o anfitrião ainda não chegara.

Cansado da viagem a cavalo, Lavalle deitou na cama de Rosas e caiu no sono. Natalia, que preparava uma lechada (leite fervido com açúcar, para substituir a água quente habitual no chimarrão), não gostou daquilo. Preocupada com a reação de Rosas, homem impulsivo e violento, tentou acordar Lavalle. Não conseguiu. Então, decidiu permanecer ao lado da cama, protegendo o "filho de leite". Quando Rosas chegou, achou a cena divertida e deixou que Lavalle dormisse um pouco mais. Voltando à cozinha, Natalia constatou que a lechada se transformara em um doce pastoso.

O encontro dos generais realmente aconteceu em 17 de julho de 1829. A dúvida é se ele começou ou terminou em doce de leite. Segundo Mónica de le Comte, foi em Cañuelas que surgiu, em 1908, a primeira indústria argentina do produto, com a marca La Martona. Até então, era exclusivamente caseiro. Hoje, várias empresas do País o fazem em grande escala, produzindo anualmente cerca de 120 mil toneladas da especialidade, 3.500 das quais destinadas à exportação. São famosas as marcas Chimbote, Gándara, Havanna, La Serenísima, Poncho Negro e SanCor.

Recentes pesquisas, porém, desautorizam a versão histórica. O argentino Víctor Ego Ducrot, no livro *Los Sabores de la Patria – Las intrigas de la historia argentina contadas desde la mesa y la cocina* (Editorial Norma, Buenos Aires, 1998), joga-lhe um balde de água fria. "Não obstante, deve-se afirmar com todas as letras que o doce de leite não é uma invenção argentina", afirma. Segundo ele, a especialidade veio do Chile, famoso no século XVIII pela doçaria artesanal. Transpondo os Andes, o produto inicialmente recheou os alfajores, antes de fazer carreira solo. O autor de *Los Sabores de la Patria* acredita que a principal responsável pela difusão do doce de leite, no século XIX, foi a francesa María Ana Perichón de Vandeuil, La Perichona, amante do vice-rei Santiago de Liniers, que governou o Rio da Prata entre 1807 e 1809.

Ela se notabilizou em Buenos Aires por três habilidades: conversar, seduzir e cozinhar. Fazia questão de preparar a comida de casa. Converteu o militar espartano Liniers aos encantos da mesa e cama. Os dois se encontravam nos arredores da capital argentina. Para enriquecer a merenda campestre, La Perichona levava potes de porcelana repletos de um doce que chamava de *manjar blanco*. Apesar do nome diferente, Ducrot informa que se tratava do legítimo doce de leite. Liniers aprendeu a gostar da especialidade, a ponto de manter no escritório um pote, que ia esvaziando às colheradas.

Os argentinos dividem o doce de leite em três categorias: familiar, tradicional ou clássico, pastoso e brilhante; doceiro ou de doçaria, mais concentrado; para sorvetes, com acentuada cor e intenso sabor. Além disso, existe a opção dietética. São vetados os corantes, emulsionantes, estabilizantes, espessantes e antioxidantes. Os livros ensinam truques de preparo. Na fervura inicial, no momento em que o leite ameaça derramar, afasta-se a panela do fogo. Espera-se que abaixe.

Devolve-se ao fogo, sobre chama mais baixa. Quando o leite começa a engrossar e ameaça derramar outra vez, repete-se a operação. Nesse caso, porém, passa-se a mexê-lo com uma colher de pau. Outro cuidado é impedir que o líquido grude no fundo da panela. Para que isso não aconteça, incorporam-se uma ou duas colheres de manteiga. O tempo de cozimento depende do volume de leite. Com dois litros, o doce atingirá o ponto em 50 a 60 minutos; com nove a dez, demorará de cinco a dez horas.

No Uruguai, as marcas tradicionais são Conaprole, Lapataia, Los Nietitos e Ricoleso. No Brasil, ele é produzido em escala industrial em praticamente todas as empresas laticínias. Portanto, seria exaustivo enumerá-las. Em nosso país, Argentina, Bolívia, Chile e Uruguai, usa-se o leite de vaca. Entretanto, os venezuelanos o misturam com o de cabra. O nome é outro: chamam-no de arequipe. A designação também muda no Chile e no Equador (manjar), no México (cajeta), no Peru (manjar blanco). Em todos esses lugares, é uma especialidade com a qual a população homenageia os visitantes.

No Brasil, isso acontece em Minas Gerais. Os estrangeiros primeiro acham o doce de leite excessivamente açucarado. Depois, apaixonam-se pelo seu sabor de caramelo, ligeiramente defumado. A disputa entre a Argentina e o Uruguai é séria. Em 2003, o governo de Buenos Aires anunciou a intenção de declarar o doce de leite seu patrimônio cultural. A reação das autoridades de Montevidéu foi imediata: pediram à Unesco que o considere, justamente em razão da origem incerta, patrimônio gastronômico do Rio da Prata, o estuário que separa os dois países.

Doce de Leite Básico (*)

Rende 10 porções

INGREDIENTES

- 2 litros de leite integral
- 800 g de açúcar

PREPARO

Em uma panela de fundo grosso, misture o leite e o açúcar. Leve ao fogo médio, mexendo sempre com uma colher, para que o açúcar se dissolva por completo, até ferver (cerca de 15 minutos). Diminua o fogo e continue mexendo, sem parar, para obter um doce marrom-claro, de consistência cremosa e sem grumos (cerca de 45 minutos). Passe o doce para um recipiente e deixe esfriar antes de servir.

(*) Receita preparada pelo chef Ramiro Bertassin, de São Paulo, SP.

Doçuras Pelotenses

Alguns doces de Pelotas, cidade a 250 quilômetros de Porto Alegre, no Rio Grande do Sul, não têm mais a delicadeza do passado. Hoje são grandes demais ou incorporam leite condensado, produto industrial que está padronizando o sabor da doçaria tradicional brasileira e desfigurando receitas centenárias. O pudim de leite do século XVII foi uma delas. Só um pequeno grupo de confeitarias ainda prepara os doces de Pelotas com as tipicidades do passado. Mas, pela expressão cultural ou econômica, receberam em 2011 o selo de Indicação de Procedência do INPI – Instituto Nacional de Propriedade Intelectual.

A autarquia federal avalizou com essa chancela o processo de elaboração, a identidade e a qualidade de 15 receitas que remontam ao século XIX. Além de protegê-las de falsificações, o selo representa uma distinção para 16 confeitarias autorizadas e aumenta a competitividade dos seus produtos. Os doces de Pelotas ficaram em boa companhia. Já receberam o selo de Indicação de Procedência outros 13 produtos nacionais, entre os quais o café da Serra da Mantiqueira (Minas Gerais) e a cachaça de Paraty (Rio de Janeiro).

O acervo pelotense tem história rica. Há quase dois séculos, dezenas de confeitarias e padarias da cidade fazem pessegadas, marmeladas, figadas, bananadas, passas de frutas, bolos, tortas, pudins e os que mereceram agora o selo do INPI: o pastel de santa clara, quindim, papo de anjo, fatia de braga, amanteigado, olho de sogra, panelinha de coco, camafeu, queijadinha, beijinho de coco, broinha de coco, bem-casado, ninho, trouxinha de amêndoa e doces cristalizados. Curiosamente, a cidade fica distante das regiões açucareiras. Mesmo assim, projetou-se pela elaboração de doces que impressionam forasteiros de bom gosto, informação e cultura.

O mais lembrado é o pernambucano Gilberto Freyre. Ele escreveu assim no prefácio da terceira edição do livro *Açúcar* (Global Editora, São Paulo 2007): "Não nos esqueçamos [...] de outras subáreas brasileiras que têm, também, seus doces requintados:

uma delas, a que tem Pelotas, no Rio Grande do Sul, por centro. Que aí a arte do doce rivaliza com a do Nordeste". Por que a cidade gaúcha se voltou para a doçaria? Pelo fato de ter sido, antes de tudo, capital da indústria nacional do charque.

Em 1780, o português José Pinto Martins instalou em Pelotas uma charqueada. Ele se dedicava à atividade em Aracati, no Ceará. Açoitado pela "seca dos três setes", que durou de 1777 a 1779 e dizimou o gado, mudou para o Sul. Outros empreendedores o imitaram. O botânico e naturalista francês Auguste Saint-Hilaire, no livro *Viagem ao Rio Grande do Sul – 1820-1821* (Martins Livreiro, Porto Alegre, 1987), testemunhou o progresso alcançado pela cidade. Em 1873, Pelotas contabilizava 38 charqueadas, que chegaram a abater 400 mil reses por ano.

Os navios transportadores do charque para o Nordeste, principal mercado pelotense, não retornavam vazios. Traziam artigos nacionais e importados: louças, pratarias, quadros, móveis, livros, figurinos, tecidos, mantimentos e, obviamente, açúcar. Pelotas contrariou a geografia do doce, que privilegiava as áreas produtoras de açúcar. A prosperidade vinda do charque criou uma aristocracia de hábitos europeus, que promovia festas, saraus, banquetes, ia ao teatro e comia doces. Inicialmente, as receitas de Pelotas eram portuguesas, como atestam várias delas, algumas aculturadas.

O seu pastel de santa clara, por exemplo, que se diz originário do convento das clarissas de Coimbra, tem nome equivocado. O livro *A Doçaria Tradicional de Pelotas*, de Arthur Bosisio e outros (Editora Senac Nacional, Rio de Janeiro, 2003), manda esticar a massa e deixá-la muito fina, quase transparente, como um papel de seda. O formato é de pacotinho, não de meia-lua, como o verdadeiro santa clara. Portanto, trata-se de outro pastel, ou seja, o de Tentúgal. Hoje, os doces de Pelotas, como alguns dos nomes indicam, são cosmopolitas. O selo do INPI foi merecido? É evidente que sim.

Pastéis de Tentúgal (*)

Rende cerca de 50 unidades

INGREDIENTES

OVOS MOLES

- 20 gemas de ovos tamanho extra (70 g cada ovo com casca)
- 115 ml (1/2 xícara de chá) de água fria
- 8 a 10 g (1/2 colher de sopa) de manteiga sem sal
- 1/2 kg de açúcar refinado
- 1/2 fava de baunilha raspada e aberta ao meio ou 1/4 de colher (chá) de essência de baunilha

MASSA DOS PASTÉIS

- 3 ovos inteiros tamanho extra (70 g cada ovo com casca)
- 1/8 de colher (café) de sal
- 20 g (2 colheres de sopa) de óleo
- 2 1/3 de xícara (chá) de água morna (cada xícara deve ter 230 ml)
- 1 kg (aproximadamente) de farinha de trigo especial
- Óleo para untar
- Farinha de trigo para polvilhar
- Manteiga derretida (sem sal) para regar sobre os pastéis (antes de assar)
- Açúcar de confeiteiro para peneirar sobre os pastéis (depois de assar)

(*) Receita preparada pela grande doceira e professora de culinária Maria Teresa Schaan Pessano, de Porto Alegre, RS.

PREPARO

Passe as gemas por uma peneira e misture-as com a água fria, em uma caçarola (ou frigideira) de inox.
Misture a manteiga às gemas frias. Incorpore o açúcar e a baunilha. Leve ao fogo, mexendo sempre, até os ovos moles engrossarem, formando bolhas. Retire do fogo e coloque a caçarola em banho-maria gelado, para o doce esfriar. Não mexa mais, para evitar que talhe. Para preparar a massa dos pastéis, coloque em uma tigela os ovos inteiros, o sal, o óleo e a água morna. Por último, misture a farinha de trigo aos poucos.
Bata com o fouet, até obter um composto homogêneo. Em uma bancada, sove bem a massa com as mãos, até que forme bolhas. Com a ajuda de uma espátula, divida a massa em 3 ou 4 pedaços, untando-os com um pouquinho de óleo. Enrole cada um dos pedaços em sacos plásticos e deixe a massa descansar por no mínimo 1 hora, fora da geladeira. Cubra a bancada com uma toalha bem lisa e polvilhe-a com um pouquinho de farinha de trigo. Retire os pedaços de massa dos plásticos e comece a abrir um pedaço por vez, puxando a massa com as mãos (previamente enfarinhadas), aos poucos, pelas extremidades, até ficar bem fina, da espessura de um papel. Se preferir, use luvas de silicone. Deixe a massa secar. No inverno, use um secador de cabelo para que seque mais rapidamente; no verão, use um ventilador, de preferência de teto. Depois de seca, corte a massa (com a ajuda de uma faca) em quadrados irregulares, de aproximadamente 15 a 20 cm de lado.
Sobreponha dois quadrados de massa e, em cima, coloque uma colherada de ovos moles. Embrulhe a massa nos ovos moles, enrolando na diagonal. Dobre as pontas dos pastéis para cima, delicadamente. Deixe secar em temperatura ambiente, por cerca de 48 horas (no mínimo), no inverno. No verão, por cerca de 24 horas (no mínimo), sempre em temperatura ambiente.

Regue os pastéis com um pouquinho de manteiga derretida e leve ao forno quente (200°C), preaquecido, por cerca de 5 a 10 minutos, apenas para dar uma leve dourada nas pontas. Retire do forno e peneire açúcar de confeiteiro.

DICA: Os pastéis, depois de secos, podem ser congelados dentro de uma caixa de papelão envolta em plástico, por até 3 meses. Quando for servir, retire os pastéis do freezer, regue com a manteiga derretida e leve ao forno para dourar. Como estão congelados, levam uns 2 a 3 minutos a mais no forno. Retire e polvilhe com açúcar de confeiteiro.

Luiz Henrique Mendes

Como Descobrimos o Gelado

Os gaúchos afirmam terem sido os primeiros brasileiros a preparar gelado – nome dado no passado tanto ao sorbet ou sorbetto (gelo, fruta, açúcar ou xarope, suco ou polpa de fruta e, eventualmente, uma bebida alcóolica) como ao sorvete (que incorpora leite ou seu creme, ovo ou um aroma particular). Sustentam que isso aconteceu no inverno de 1812, quando o militar português D. Diogo de Sousa, governador da então capitania de São Pedro, aproveitou a madrugada de geada para cristalizar suco de frutas cítricas. Outros sustentam que o Rio Grande do Sul obteve o primado oito anos mais tarde, em 1820.

Na ocasião, o também militar português e governador D. José de Castelo Branco Correia e Cunha Vasconcelos e Sousa recolheu no campo a água solidificada pela geada e a misturou ao suco de frutas cítricas. Ele se encontrava no Pampa, combatendo o exército do uruguaio José Artigas, a quem derrotou na batalha de Taquarembó, travada naquele ano. Os dois Sousa haviam conhecido o gelado em Portugal, nas recepções elegantes da corte. Entretanto, não há notícia de que tenham sido imitados pelos gaúchos. Foram casos isolados. Assim, oficialmente a primazia brasileira do gelado pertence aos cariocas.

Em 6 de agosto de 1834, aportou no Rio de Janeiro o barco americano Madagascar. Partira de Boston, no nordeste dos EUA, repleto de blocos de gelo extraídos das águas congeladas dos rios e lagos do Estado de Massachusetts. Não se sabe o exato volume da carga. Guilherme de Figueiredo, no livro *Comidas, Meu Santo!* (Editora Civilização Brasileira, Rio de Janeiro, 1964), diz que o Madagascar transportava 160 toneladas de blocos de gelo. Outras fontes falam em 167. No seu "manifesto à alfândega", o comandante William J. Hammett declarou ter 217 toneladas. No dia 23 de agosto, em anúncio veiculado na imprensa, festejava-se a vinda do produto: "Com efeito, um barco americano acaba de chegar carregado deste precioso gênero, para que possamos suavizar com o seu uso os ardores excessivos do verão". Iniciava-se uma troca conveniente entre os Estados Unidos e o Brasil. O contraste entre os climas de Boston e do Rio de Janeiro era uma bênção.

Enquanto o inverno se abatia sobre a capital de Massachusetts, com o mês de janeiro registrando temperaturas médias de 5° C negativos, os cariocas enfrentavam o calor escaldante do verão. Barcos mais rápidos, seguros e econômicos assegurariam a reposição do gelo. Na América do Norte, o milionário Frédéric Tudor comandava o negócio. Ganhou tanto dinheiro, enviando o produto ao Brasil e a outros países da América Latina, do Caribe e à Índia, que mereceu o apelido de Ice King. O historiador J. C. Dunlop, na obra *Rio Antigo* (Gráfica Laemmert, Rio de Janeiro, 1958), conta que o gelo do Madagascar foi conservado durante quatro ou cinco meses, ou seja, até o início do verão carioca. Envolveram-no em serragem e o mantiveram em depósitos subterrâneos.

Negociantes do Rio anteviram o sucesso da novidade e compraram todo o estoque do Madagascar. No anúncio citado, a população foi convidada a experimentar o gelado na confeitaria do Sr. Deroche, localizada na rua do Ouvidor, 175; e no estabelecimento de Lorenzo Fallas, situado no Largo do Paço, na área da atual Praça XV de Novembro. Carlos Augusto Ditadi, historiador do Arquivo Nacional do Rio de Janeiro, fez as contas. Na primeira metade do século XIX, existiram dois fornecedores de gelo e três produtores de gelado. A população fazia fila nas portas das confeitarias, pagando 200 réis pelo copo do frio e apetitoso doce, após momentos de hesitação. "No princípio, o carioca recebeu-o meio ressabiado", afirmou Gastão Cruls, no livro *Aparência do Rio de Janeiro* (José Olympio Editora, Rio de Janeiro, 1949). "Parecia que lhe queimava a boca".

Pessoas mais simples receavam "dar nó nas tripas". Um dos entusiastas imediatos do gelado seria o jurista e político Aureliano de Sousa e Oliveira Coutinho, futuro Visconde de Sepetiba, líder do Clube da Joana (agremiação conservadora com reuniões dissimuladas nas proximidades da Quinta da Boa Vista e junto ao rio da Joana, daí o nome), que exerceria enorme influência sobre o jovem Dom Pedro II. Guilherme Figueiredo, no livro mencionado, conta que Sua Excelência realizou uma grande festa em casa, "onde gastou a exorbitância de duzentos mil réis em gelados, verdadeira bacanal gelada". Aos 13 anos de idade, o futuro imperador também se revelou fã da especialidade, após conseguir licença dos preceptores para prová-la.

Seu sabor predileto: pitanga, fruta que Dunlop assegurou "colhida nos areais desertos do Leme, Copacabana e Ipanema". Diversas outras eram usadas na preparação: abacaxi, araçá, cajá, caju, cambucá, carambola, coco, jabuticaba, manga e maracujá. Por muito tempo se acreditou que, com a carga do Madagascar, os cariocas tenham elaborado apenas sorbet ou sorbetto, assemelhado à raspadinha. Entretanto, a leitura atenta daquele anúncio na imprensa, que oferecia "gelados de diferentes qualidades, tanto simples como amanteigados", leva-nos a acreditar na elaboração paralela do sorvete. Para serem "amanteigados", precisavam incorporar um ingrediente gorduroso, ou seja, leite ou derivados. Isso só reforça o primado do gelado carioca.

Sorbet de Pitanga (*)

Rende 8 porções

INGREDIENTES

- 160 g de açúcar
- 160 ml de água
- 500 g de polpa de pitanga

ACOMPANHAMENTO

- Calda de frutas vermelhas (distribua no liquidificador 50 g de morangos, 50 g de framboesas, 50 g de amoras, 5 g de açúcar de confeiteiro e bata bem. Passe pela peneira para tirar as sementes)

DECORAÇÃO

- Fatias de carambola

PREPARO

Ferva a água e o açúcar para obter uma calda básica, bem rala. Depois de esfriar, misture-a à polpa de pitanga. Passe no mixer e coe no chinois (coador em formato de cone). Se quiser um sorbet com consistência sempre igual e teor de açúcar equilibrado, use um aparelho chamado refratômetro, que corrigirá a preparação a 26 brix, ou use um pesa-calda, corrigindo a 13o baumê. O efeito se conseguirá aumentando a densidade da preparação com calda de açúcar ou diminuindo com água filtrada. Coloque na máquina de sorvete e distribua no congelador. Disponha em taças, coloque a calda de frutas vermelhas, decore com a carambola e sirva imediatamente.

INFORMAÇÕES

Refratômetro: aparelho que mede a densidade de açúcar de um produto através da refração da luz (medida em graus brix).
Pesa-calda: aparelho que, mergulhado na calda, mede a densidade do açúcar (medida em graus baumê).
1 grau baumê equivale a 2 graus brix.

(*) Receita preparada pelo pâtissier Fabrice Lenud, de São Paulo, SP.

Luiz Henrique Mendes

A Brasilidade do Pão de Ló

A tradição diz que o pão de ló desembarcou no Brasil quando Portugal iniciou a colonização do nosso país. Mas não tinha o nome atual. Talvez se chamasse castela ou bolo Castela. Mas essa é uma suposição histórica. A denominação viria do ponto das gemas e claras. Ao serem batidas, ficam em castelo, firmes. Ou, então, derivaria de castela, antiga moeda castelhana, que circulou em Portugal no tempo de D. João I (1357-1433). Antigamente, o nome pão de ló não designava o bolo leve e fofo, preparado com farinha de trigo, ovos e açúcar, que conhecemos hoje – e, sim, uma combinação de açúcar e amêndoas. Desse modo é encontrado no caderno de receitas de uma das netas de D. Manuel I, o rei que patrocinou a descoberta do Brasil. Colecionadas no século XVI, elas foram editadas em 1967 pela Universidade de Coimbra com o título de *Livro de Cozinha da Infanta D. Maria*. Segundo o escritor gastronômico português Virgilio Nogueiro Gomes, só em 1780, só no livro *Cozinheiro Moderno ou a Nova Arte de Cozinha*, de Lucas Rigaud, chef de D. Maria I, aparece uma receita denominada pão de ló assemelhada às atuais, ou melhor, feita com farinha de trigo, ovos e açúcar. Independentemente do nome com o qual desembarcou no Brasil, é por excelência o mais importante bolo nacional.

No livro *Vida e Morte do Bandeirante* (Itatiaia, Belo Horizonte, 1980), o escritor paulista Antônio de Alcântara Machado (1901-1935) cita um inventário de meados do século XVII no qual são arroladas duas bacias de cobre para fazer pão de ló. Frei Caneca, religioso carmelita, político e revolucionário, um dos líderes da Insurreição Pernambucana de 1817, adorava o bolo. Seu preparo era inicialmente uma exclusividade feminina, assim como a costura e o bordado. As mães ensinavam a receita às filhas noivas antes do casamento.

A designação pão de ló tem origem controvertida. Para alguns viria de uma gaze muito fina e delicada. Outros a relacionam ao mar. Ló indica o lado do navio voltado para o vento. Nos dois casos, evocaria a leveza do bolo. Maria de Lourdes Modesto,

Afonso Praça e Nuno Calvet, no livro *Festas e Comeres do Povo português* volume II (Editorial Verbo, Lisboa/São Paulo, 1999), apresentam uma terceira versão, sem contudo apoiá-la. Dizem que na freguesia de Margaride, no concelho de Felgueiras, conhecida por preparar um dos mais famosos pães de ló de Portugal, existiu uma doceira cujo marido tinha o apelido de Ló – e o bolo provavelmente o homenageasse.

Na Espanha, há receitas aparentadas. As mais deliciosas são duas naturais da Galícia. A primeira, el biscochón, surgiu na costa, no pueblo de Carballo, perto da Costa de la Muerte; a outra, la bica, é de Puebla de Trives, na montanha. Os italianos designam o pão de ló pan di Spagna e lhe fizeram a primeira menção no livro *Il trinciante*, de 1593, escrito por Vincenzo Ceruio e ampliado por Reale Fusoritto. Na Inglaterra e nos Estados Unidos, o bolo mais próximo é o sponge cake. Já os franceses possuem a génoise, prima irmã do pão de ló. A diferença é que os ovos e o açúcar são esquentados a 50°C-60°C e, a seguir, batidos fora do fogo – e não à temperatura ambiente, como na receita lusitana.

Na mesma época em que o introduziram no Brasil, as caravelas portuguesas levaram o pão de ló ao Japão. Foi adotado com fervor. Na Terra do Sol Nascente, o bolo recebeu o nome de kasutera, vocábulo derivado de Castela. Os desbravadores lusitanos chegaram ao Japão em 1543. Uma forte tempestade desviou para a ilha de Tanegashima o junco no qual se encontravam três portugueses. Os habitantes da Terra do Sol Nascente viviam isolados e ignoravam a existência dos europeus. A partir de então, passaram a negociar com os lusitanos e, a seguir, ingleses, holandeses, coreanos e chineses.

No porto natural onde os barcos atracavam, surgiu Nagasaki, cenário da ópera Madame Butterfly, de Giacomo Puccini. Não por acaso, a cidade tristemente famosa em 1945, na Segunda Guerra Mundial, por ser alvo da bomba atômica lançada pelos Estados Unidos, hoje se notabiliza pelo preparo do kasutera. O português ou brasileiro que for ao Japão e não tiver ideia do que seja sushi, sashimi, missoshiro e sukiaki... poderá estranhar a comida. Mas, ao morder uma fatia de kasutera, vai se sentir em casa.

O pão de ló se naturalizou brasileiro, mas os portugueses ainda levam uma vantagem: colecionam variedades do bolo. São famosas as receitas de Alfeizerão, Alpiarça, Bombarral, Coimbra, Freitas, Ovar, Margaride e Vizela. As diferenças estão nas quantidades dos ingredientes, maneiras de preparo e tempos de cozimento. Seus bolos receberam os nomes dos lugares de criação ou aprimoramento. Alfeizerão, por exemplo, fica perto de Alcobaça, na região da Estremadura. O pão de ló dali se caracteriza pela aparência de bolo desandado. Além disso, em vez de alto e seco, é baixo e úmido. Ovar está na região das Beiras. Segundo o livro *Festas e Comeres do Povo Português* volume II, a receita local foi conservada em segredo por muito tempo entre poucas famílias.

Luís da Câmara Cascudo (1898-1986), mestre brasileiro do folclore, entografia, antropologia e história, no *Dicionário do Folclore Brasileiro* (Global Editora, São Paulo, 2001), dedica ao pão de ló saboroso verbete. Ressalta sua importância na tradição culinária nacional. Conta que a palavra já foi grafada "pam-de-ló" e "pandeló". As novas regras de ortografia da língua portuguesa cassaram-lhe os hífens. Grafar "pão-de-ló", como era habitual e mais simpático, tornou-se errado.

No passado, por incorporar muitas gemas e render pouco, era um doce caro e, por isso, reservado aos momentos especiais. Só aparecia à vontade na mesa das famílias abastadas, juízes de direito, bispos e monsenhores. Cortado em fatias, dourava no forno para receber as visitas. Substituía o pão no desjejum dos ricos que perdiam os dentes e tinham dificuldades para mastigar. No final das procissões, os organizadores gratificavam com pão de ló os fiéis que haviam carregado o andor do santo padroeiro. Também o ofereciam aos doentes e às famílias enlutadas, envolvido em cetim preto, como conforto pela perda do ente querido.

Já os condenados à forca do período colonial desfrutavam do direito de comer pão de ló antes da execução, acompanhado por um copo de vinho tinto. Denominava-se bolo de enforcado. Cascudo diz que algumas famílias o ofereciam gratuitamente aos sentenciados. O pão de ló ainda foi presente de aniversário. No Brasil, até hoje é a base do bolo de casamento, montado em camadas, com recheio de ovos moles, doce de leite ou leite condensado, chocolate, doces de colher ou geleias, coberto por glacê, fios de ovos e, ocasionalmente, frutas.

No passado, era mais trabalhoso prepará-lo. Ovos e açúcar deviam ser manuseados a mão, com colher de pau, requerendo força física. Afinal, os ingredientes do pão de ló têm de ser batidos longamente para o bolo ficar fofo e leve após o cozimento. Hoje, obtém-se o mesmo resultado com a batedeira elétrica. Vale também lembrar que no Brasil o bolo originou expressões divertidas. Uma pessoa recebida com muitas deferências é "tratada a pão de ló"; "pão de ló de festa" tem a mesma acepção de "peru de festa", que define uma criatura assídua a todos os eventos. Em todos os sentidos, o pão de ló caiu na boca do povo brasileiro.

Pão de Ló Tropical (*)

Rende 8 porções

INGREDIENTES

MASSA

- 8 ovos
- 250 g de açúcar
- 250 g de farinha de trigo
- Manteiga para untar a fôrma

RECHEIO

- 500 g de creme de leite fresco
- 50 g de açúcar
- 1/2 fava de baunilha
- 300 g de frutas vermelhas variadas (framboesa, amora, blueberry)

DECORAÇÃO

- Frutas vermelhas
- Folhinhas de marzipã
- Pistaches quebrados grosseiramente

PREPARO

MASSA

Leve ao fogo brando os ovos com o açúcar, mexendo sempre com o fouet (batedor manual), até a mistura aquecer e o açúcar ficar bem dissolvido. Cuide para não ferver. Passe pela peneira e bata na batedeira até esfriar, obtendo um composto bem fofo. Peneire a farinha de trigo e incorpore-a à mistura de ovos, com a ajuda de uma escumadeira. Passe a massa para uma fôrma de 20 cm de diâmetro, forrada com papel-manteiga e untada com manteiga.

(*) Receita da pâtissière Amanda Lopes, de São Paulo, SP.

Asse a 170°C (forno turbo) ou 180°C (forno convencional) por cerca de 30 a 40 minutos, ou até que, ao enfiar um palito na massa, ele saia limpo. Retire do forno e deixe esfriar sobre uma grelha.

RECHEIO E FINALIZAÇÃO

Bata o creme de leite com o açúcar e a fava de baunilha, até o ponto de chantilly. Corte o pão de ló em duas partes e recheie-o com o creme e as frutas vermelhas. Repita a operação. Cubra com o chantilly e decore com as frutas, as folhinhas de marzipã e os pistaches.

A Superioridade do Pudim de Leite

Os portugueses já se consideraram pais do pudim de leite. Achavam que descendia da doçaria conventual desenvolvida no País a partir do século XVI. Hoje, confessam ignorar quando e onde o doce surgiu. "Descobrimos que não conseguimos fixar no tempo nem no lugar o aparecimento do pudim de leite", diz o cronista transmontano Virgilio Gomes. A única certeza dos portugueses é que eles ensinaram os brasileiros a fazer o doce.

Desde o final da Idade Média seu país é rico em sobremesas à base de leite. Só no *Livro de Cozinha da Infanta D. Maria*, baseado em manuscrito do século XVI, redigido pela neta de D. Manuel I que se casou com o 3º Duque de Parma e Piacenza, há sete tipos. Segundo Virgilio Gomes, três poderiam ser pudins, caso fossem enformados e depois desenformados. Mas a técnica era desconhecida na época.

A palavra pudim veio do inglês *pudding*. Em Portugal e no Brasil, indica uma preparação de consistência cremosa ou moderadamente sólida, temperada com açúcar ou sal, feita em banho-maria. Leva farinha de trigo ou de outro cereal, leite ou seu creme, ovo, pão, laranja, queijo, sardinha, bacalhau, atum, galinha ou vitela. Quando doce, costuma ter uma calda. É vocábulo incorporado tardiamente à nossa língua. Teria estreado no manuscrito do Padre Joaquim Cardoso e Brito, da primeira metade do século XIX, publicado com o título de *Doces e Manjares do Século XIX* (Editora Fora do Texto, Coimbra, 1995). O autor difundiu três versões do "podim" de leite.

É doce com variações em Portugal. A escritora gastronômica Maria de Lourdes Modesto publica três receitas regionais no best-seller *Cozinha Tradicional Portuguesa* (Editorial Verbo, Lisboa/São Paulo, 1989): pudim de leite da Beira Baixa, pudim de coalhada dos Açores e pudim flan (o mesmo que de leite) da Estremadura. Entretanto, o mais elegante do clã foi lançado em 1947 pelo restaurante Cozinha Velha, que funciona no antigo Palácio de Queluz, perto de Lisboa, onde nasceu e morreu nosso imperador D. Pedro I.

Chama-se pudim marfim, e na sua elaboração dois litros de leite são levados ao fogo para reduzir pela metade, com meio quilo de açúcar e uma fava de baunilha; quando a mistura esfria, juntam-se 14 gemas de ovo e se cozinha lentamente em banho-maria; serve-se coberto por açúcar queimado com ferro quente ou maçarico; acompanham fios de ovos.

No Brasil, *O Cozinheiro Imperial*, de 1840, primeiro livro de cozinha editado no País, trouxe uma receita de pudim de nata. Mas o doce que hoje preparamos é, sobretudo, elaborado com leite condensado. Raramente se respeita a fórmula original. Poucos discutem essa heterodoxia. Questiona-se apenas se o pudim tem ou não furinhos... Ao incorporar o leite condensado, o doce sofreu uma simplificação. Não há mais necessidade de redução do líquido. Basta misturar uma lata de leite condensado com duas de leite, acrescentar três ovos, bater no liquidificador e despejar tudo em uma fôrma coberta com papel-alumínio; então, leva-se ao forno médio, em banho-maria, por cerca de 1 hora e 30 minutos; a seguir, o pudim vai à geladeira por 6 horas, antes de ser desenformado.

Fica gostoso? Claro que sim. Mas o sabor estandardizante do leite condensado predomina no doce, como tudo que o incorpora. Os adeptos do seu uso contra-atacam. O pudim se torna mais espesso e untuoso, argumentam. Não poderia ser diferente. O leite condensado é feito com leite integral, ou seja, gordo, entulhado de açúcar, algo em torno de 50%. Cada latinha de 395 g fornece 1.283 calorias e equivale à ingestão de cerca de 8 hambúrgueres de calabresa com 56 g de peso; ou 9 latas de cerveja de 350 ml; ou 12 coxas de frango assadas com a pele; ou 15 pedaços de rapadura de 50 g. Não adianta insistir: a receita portuguesa, especialmente a do pudim marfim, continua insuperável em sua consistência macia e sabor delicado.

Pudim Marfim

Rende 6 porções

INGREDIENTES

- 2 litros de leite
- 500 g de açúcar
- 1 vagem de baunilha
- 14 gemas diluídas em um pouquinho de leite frio
- Manteiga para untar a fôrma
- Açúcar para polvilhar sobre o pudim

DECORAÇÃO

- Fios de ovos

PREPARO

Em uma panela de fundo grosso, leve ao fogo o leite com o açúcar e a vagem de baunilha. Deixe ferver em fogo lento, até a mistura reduzir pela metade, obtendo assim 1 litro de leite.

Coloque o leite para esfriar e junte as gemas previamente diluídas em um pouquinho de leite frio. Passe esse composto para uma fôrma de pudim untada com manteiga e leve ao forno brando, em banho-maria, por cerca de 1 hora, ou até o pudim pegar consistência.

Desenforme frio, polvilhe a superfície com açúcar e queime com um maçarico ou com um ferro quente, aquecido sobre a boca do fogão.

Dormiu Pão e Acordou Rabanada

Os brasileiros assimilaram no século XX o costume italiano de celebrar o Natal com panetone. Mas até hoje não abandonaram a rabanada, o doce que a tradição luso-brasileira manda saborear na festa cristã. As duas preparações são levadas à mesa da celebração. No Rio de Janeiro, se não tiver rabanada a ceia de Natal fica sem graça.

Feita com pão de trigo dormido, fatiado grosso e molhado no leite, eventualmente no vinho, passado em ovos batidos, frita na manteiga e servida com uma calda de açúcar ou mel, borrifada ou não com canela, ela virou especialidade nacional. Em alguns lugares de Portugal a conhecem por fatia dourada. Lá e cá ainda a denominam fatia de parida, por dar sustança à mulher que teve filho.

A rabanada surgiu como reaproveitamento do pão dormido. Essa reutilização esconde um significado religioso. Luís da Câmara Cascudo, no *Dicionário do Folclore Brasileiro* (Global Editora, São Paulo, 2000), lembra que no interior do Nordeste se considera pecado jogar fora o pão, deixá-lo cair propositadamente no chão e não o reerguer, porque simboliza a vida e guarda o espírito de Deus na hóstia consagrada.

A origem do nome rabanada é controvertida. Segundo o etimólogo, filólogo e lexicógrafo brasileiro Antenor Nascentes, no *Dicionário Etimológico da Língua Portuguesa*, lançado em 1932, deriva de *rábano + ada*, pelos cortes dados na raiz dessa planta quando usada em salada. Mas, para seu colega lusitano Candido Figueiredo, no *Novo Dicionário da Língua Portuguesa*, publicado pela primeira vez em 1899, veio do espanhol rebanada, que saiu de *rebanar*, ou seja, cortar algo em rebanadas, de parte a parte. Curiosamente, na Espanha o doce é conhecido por torrija ou torreja (na Catalunha muda para torradetes de Santa Teresa). Saboreiam-no na quaresma e igualmente o recomendam às parturientes.

Contrariando a voz do povo, a rabanada não teria sido inventada pelos portugueses. Foram eles que ensinaram os brasileiros a prepará-la. Trouxeram a receita do

Entre-Douro-e-Minho, antiga divisão do noroeste lusitano que abrangia Viana do Castelo, Braga, Porto e parte de Aveiro, Viseu e Vila Real, até hoje famosa pela sua elaboração. Vários países fazem rabanada com nomes e adereços diferentes, da Indonésia (roti telur) ao Marrocos (khobz belbid), da Índia (meetha andewala toast) à Inglaterra (eggy bread, egg dip ou gypsy toast). Assim, conviria atribuir a autoria do doce a muitos povos, não a um só.

Os franceses a chamam de pain perdu (pão perdido), em referência ao reaproveitamento que proporciona. Ultimamente, fazem-na não só com pão velho, mas também usam o de leite e o brioche (fica uma delícia!) ou os assados especialmente para a preparação. A mais antiga referência à rabanada está no clássico *De Re Coquinaria* (Livro VII, XIII-3), o mais importante receituário do Império Romano, escrito pelo gastrônomo latino Marco Gavio Apicio, que viveu no primeiro século da nossa era: "Corte um sigilineo (pão de aveia) em fatias grossas. Coloque-as de molho no leite e frite em óleo. Espalhe mel em cima e sirva".

Os americanos chamam a rabanada de french toast, provavelmente pela influência francesa na culinária do Estado da Louisiana, onde também a denominam pain perdu. Clássica para o desjejum, compete com a tradicional panqueca. As french toasts variam de região para região e cada família tem sua receita. Ingredientes como suco de laranja ou raspas da casca da fruta, alguns licores e especiarias como canela e noz-moscada são misturados ao ovo batido com leite ou creme de leite, açúcar e essência de baunilha. Restaurantes, cafés e diners preferem o pão branco cortado em fatias grossas. Em casa, predomina o de fôrma. As french toasts podem ser doces ou salgadas, nesse caso temperadas com pimenta-da-jamaica, e também com queijo derretido em cima. Em Nova York, a comunidade judaica faz uma deliciosa rabanada com chalá, o pão festivo, em forma de trança, servido no shabat e feriados religiosos. Shalom aleikhem!

Rabanadas (*)

Rende cerca de 10 unidades

INGREDIENTES

- 1 pão (bengala) assado na véspera
- 600 ml de leite (ou mais, se for necessário)
- 4 colheres (sopa) de açúcar
- Casca de 2 limões (retire a casca bem fina, sem a parte branca)
- 4 ovos
- Açúcar e canela em pó para polvilhar
- Óleo abundante para fritar

PREPARO

Corte o pão em fatias com cerca de 1,5 cm de largura.
Ferva o leite com o açúcar e a casca de limão.
Numa tigela, bata muito bem os ovos, de maneira que as claras fiquem completamente incorporadas às gemas.
Passe as fatias de pão no leite quente (mas fora do fogo) e esprema delicadamente, para tirar o excesso de leite. Em seguida, passe nos ovos batidos.
Frite em óleo bem quente e escorra sobre papel absorvente.
Sirva as rabanadas polvilhadas com a mistura de açúcar e canela.

(*) Receita da doceira Maria de Lourdes Palmela, de São Paulo, SP.

Pede, Moleque!

É tão doce que chega a doer na garganta. Mesmo assim – ou talvez por isso –, o pé de moleque faz sucesso entre as crianças do Brasil. Por isso falamos dele no mês dedicado a elas. Já foi mais importante. Nas grandes cidades, hoje perde em sucesso para o brigadeiro e seu consumo praticamente se concentra nas festas juninas. Entretanto, no interior do País, sobretudo da região Sudeste, continua muito preparado. Que o povo o conserve assim! Afinal, o pé de moleque é um dos doces mais típicos do Brasil. A receita antiga manda ferver lentamente melado, rapadura ou açúcar com um pouco de água e mexer no fogo até desgrudar do fundo. Então, acrescenta-se amendoim torrado e descascado. Sem parar de mexer.

O pé de moleque fica pronto quando ameaça se cristalizar. Esse ponto é fundamental. Se passar, o doce endurece demais; retirado antes, fica mole. Por último, espalha-se a massa sobre uma pedra lisa, untada com manteiga. Convém ter entre 2 e 3 centímetros de altura. Depois de frio, é cortado em tabletes retangulares ou quadrados. Doceiras modernas acrescentam-lhe leite condensado e trocam o amendoim pelos grãos torrados de soja; ou, então, pelas nozes. Felizmente, ainda constituem uma minoria nessa desfiguração. No Nordeste do Brasil, especialmente em Pernambuco, pé de moleque é outro doce, um bolo de mandioca com leite de coco, açúcar, cravo, erva-doce, castanha de caju, ovos e manteiga. Obviamente, não é dele que estamos falando.

Há duas versões para o nome que o tablete fortemente edulcorado recebeu no Sudoeste. Teria origem nas pedras irregulares – conhecidas como pés de moleque – do calçamento colonial ainda encontrado em cidades históricas, como Paraty, no Rio de Janeiro, e Ouro Preto, em Minas Gerais. Ao esfriar e solidificar, a superfície do doce lembraria a da rua. Ou, então, viria de uma ameaça enfrentada pelas quituteiras nas ruas do passado. À menor distração, os moleques que rodeavam seus tabuleiros surrupiavam pés de moleque e saíam em disparada. "Pede, moleque!", gritavam as mulheres, querendo dizer aos meninos travessos não ser necessário furtar. Bastava pedir o doce que elas lhes ofereceriam de graça.

Diversos autores nacionais atribuem a receita aos escravos africanos. A explicação, porém, não procede. O doce chegou ao Brasil entre os séculos XVI e XVII, trazido pelos portugueses. E, na verdade, tem ascendência árabe. Os muçulmanos o introduziram no sul da península Ibérica e da Itália na Alta Idade Média. Portanto, muito tempo antes da descoberta do Brasil. Era apreciadíssimo pelos califas, título dos soberanos muçulmanos a partir do ano 632. Os portugueses ainda fazem um doce semelhante ao pé de moleque. Hoje o chamam de nógado, estranhamente uma palavra derivada do francês *nougat*. Só que o preparam com mel e amêndoas. O livro *Cozinha Tradicional Portuguesa*, de Maria de Lourdes Modesto (Editorial Verbo, Lisboa/São Paulo, 1995), ensina a receita do renomado nógado algarvio (da região do Algarve).

Os escravos influíram no pé de moleque? Talvez sim. Teriam ajudado os colonizadores portugueses a substituir os ingredientes europeus por produtos brasileiros. Aqui o doce trocou o mel pelo melado ou rapadura, dois derivados do açúcar de cana, produto que a partir do final do século XVI desfrutamos em abundância; e a amêndoa, originária do oeste da Ásia, levada para a Europa na época pré-histórica, inexistente em nosso país, que deu lugar ao amendoim nativo do Brasil e países vizinhos, ou seja, Paraguai, Bolívia e norte da Argentina.

O pé de moleque é primo do nougat. Este se diferencia por incorporar pistaches e claras batidas. Na consistência e sabor, o doce francês está mais para o torrone italiano e o turrón espanhol. Típico da cidade de Montélimar, no Vale do Ródano, ganhou reputação internacional. Na Espanha, desfrutam de igual prestígio o turrón de Alicante, o de Valência, o de Toledo e o do município de Castuera, na Extremadura. Em Aragão e na Catalunha se faz o guirlache, com caramelo endurecido e amêndoas. Na Itália, o torrone de Cremona, bem como os de Alba, Siena e Benevento; na Sicília, há a cubbaita (do árabe qubbiat, amendoado), à base de mel, amêndoas e sementes de gergelim. O turrón, o torrone e seus parentes são doces de Natal. Curiosamente, no estado de Maharashtra, na Índia, cuja capital é Bombaim ou Mumbai, encontra-se a receita mais próxima do pé de moleque. É o chikki, doce à base de açúcar mascavo e amendoim. Sua introdução na Índia poderia ser creditada aos portugueses. Afinal, eles ocuparam Bombaim em 1509 e, passado um século e meio, cederam-na aos ingleses. Fez parte do dote que D. João IV, de Portugal, entregou ao rei Carlos II, da Grã-Bretanha, em 1662, quando se casou com sua filha, a princesa Catarina de Bragança. Ou seja, o chikki chegou à Índia mais ou menos na mesma época em que aportou no Brasil. Deliciosa coincidência!

Pé de Moleque (*)

Serve cerca de 20 unidades

INGREDIENTES

- 500 g de amendoim
- 400 g de açúcar branco (ou mascavo, se preferir)
- Manteiga para untar

PREPARO

Torre o amendoim no forno e retire a película que o envolve.
Em uma panela, derreta o açúcar em fogo brando, mexendo até dourar. Em seguida acrescente o amendoim, sem parar de mexer, até a mistura quase cristalizar. Se passar do ponto, vai endurecer; se retirar antes, vai apresentar uma textura mole.
Despeje a massa sobre um mármore ou outra superfície lisa levemente untada com manteiga, deixando-a com cerca de 3 cm de altura. Deixe esfriar e corte em quadrados.

(*) Receita do chef Valderi Gomes Pontes, de São Paulo, SP.

Reinaldo Mandacaru

Não Abuse do Leite da Moça

Critica-se o leite condensado por destronar ingredientes preciosos da doçaria brasileira e estandardizar o sabor de receitas memoráveis. Entre outros pecados, acusam-no de ter substituído o creme de ovos no recheio do bem-casado; o melado na tapioca doce; e o leite comum no pudim de leite condensado. Sendo um produto industrial, arranharia a tradição artesanal da nossa confeitaria. As restrições fazem sentido. O leite condensado efetivamente padronizou uma infinidade de receitas nacionais, sejam bombons ou canjicas, rocamboles ou bolos. Entretanto, temos que admitir: caiu no gosto do povo. Denso, homogêneo, levemente amarelado, cremoso, sedutor, com uma concentração de açúcar tão grande que chega a doer na garganta, ingressou para sempre na doçaria brasileira.

Os defensores do pudim de leite condensado alegam que ele deixa o doce mais espesso. Não poderia ser diferente. Afinal, sua matéria-prima é habitualmente leite gordo e cerca de 50% de açúcar. Quem estiver preocupado com a silhueta deve fugir dele. Cada latinha de 395 g fornece 1.283 calorias. Não por acaso, as latinhas de leite condensado vem sendo abertas ao longo do tempo para matar a fome das pessoas em períodos de necessidade, como por exemplo durante as guerras.

Coube ao americano Gail Borden, um inteligente homem de negócios, a honra de ser o primeiro a obter o leite condensado. A ideia lhe ocorreu durante um cruzeiro marítimo, em 1852. As vacas levadas a bordo, para fornecer leite aos passageiros, adoeceram gravemente. Uma criança morreu pela falta do alimento. Terminada a viagem, Borden resolveu o problema. Acrescentou açúcar ao leite, reduziu o volume pela evaporação e assegurou sua conservação. Embarcar vacas ficou obsoleto. O passo seguinte foi abrir um negócio, comercializar a novidade e ver a empreitada fracassar. As pessoas rejeitavam o leite condensado alegando "não ser fresco". Borden faliu, mas não abandonou a cena. Associado ao próspero comerciante Jeremiah Milbank, fundou a New York Condensed Milk Company, posteriormente rebatizada de Borden

Inc., que se tornaria a maior indústria de laticínios do País. A dupla se beneficiou de uma oportunidade inesperada. Seu leite condensado fez sucesso durante a guerra civil deflagrada em 1861, nos Estados Unidos.

O segundo capítulo da história do produto começou a ser escrito na Europa, em 1866, com a fundação da Anglo-Swiss Condensed Milk Company, na cidade suíça de Cham. Imediatamente aceito, serviu inclusive para alimentar as crianças. Mas, um ano depois, apareceu uma concorrente pesada: a farinha láctea, enriquecida de cereais, lançada por Henri Nestlé e fabricada em Vevey, também na Suíça. As duas empresas bateram de frente, disputando a clientela. Em 1905, porém, uniram-se para formar a Nestlé & Anglo Swiss Condensed Milk Company. Nascia a gigantesca indústria alimentícia que hoje conhecemos. O Brasil foi o primeiro país, fora da Europa, a importar o leite condensado da Suíça. Em 1921, começou a elaborá-lo no território nacional, quando a Nestlé montou sua fábrica pioneira em Araras, São Paulo. Posteriormente, surgiram diferentes marcas por aqui: Glória, Mococa, Parmalat e Avaré, por exemplo. Todas usam o método clássico: resfriam o leite integral até 4°C a 8°C e padronizam seu teor de gordura; incorporam o açúcar e pasteurizam a mistura; evaporam a vácuo 75% da água natural do leite; e tratam o açúcar para não cristalizar.

Na Suíça, o leite condensado da Nestlé era conhecido como La Laitière, ou seja, a vendedora de leite, numa referência à moça estampada na embalagem, carregando dois baldes de leite. Traduzida para outras línguas, a expressão virou La Lechera na Espanha e Milkmaid na Inglaterra – o nome com o qual desembarcou no Brasil. O problema é que os consumidores nacionais não conseguiam pronunciá-lo direito. Quando iam ao armazém, pediam "o leite da moça". A Nestlé ouviu o povo. Rebatizou-o de Leite Moça.

Prepará-lo em casa é relativamente fácil. Mas exige tempo e paciência. Basta colocar numa panela de fundo grosso 1 litro de leite integral, 1 colher (café) de amido de milho (maisena), 1 1/2 xícara (chá) de açúcar e 1 colher (café) de fermento em pó. Misturam-se todos os ingredientes e levam-se ao fogo brando, mexendo sem parar. Cozinha-se até obter uma textura cremosa. Retira-se do fogo e deixa-se esfriar. De modo geral, as pessoas gostam mais de adquiri-lo pronto. A embalagem do leite condensado é que mudou. A lata continua em ação, embora a da Nestlé tenha sido redesenhada no ano passado. Também é oferecido em papelão (tetra-pack) e saco plástico em forma de tubo, especial para crianças. Outra inovação foi o leite condensado light. Ainda assim, permanece calórico. Isso, porém, jamais teve importância para seus consumidores. Quais são as prateleiras dos supermercados que esvaziam mais rápido às vésperas do Natal e Ano-Novo? As que oferecem bebidas populares e... leite condensado!

Pudim de Leite Condensado

Rende 8 porções

INGREDIENTES

- 1 lata de leite condensado
- Água (use a mesma medida da lata)
- 1 colher (sopa) rasa de amido de milho (Maisena)
- 6 ovos
- 8 colheres (sopa) de açúcar, aproximadamente, para caramelizar a fôrma

PREPARO

Num recipiente, junte o leite condensado e a água, misturando bem, até o leite condensado ficar bem diluído. Misture o amido de milho e em seguida os ovos. Coloque o açúcar numa fôrma furada no meio e leve ao fogo brando, mexendo até o açúcar ficar bem diluído e levemente queimado, com textura de calda. Retire do fogo e espalhe a calda por toda a fôrma. Coloque os ingredientes do pudim dentro da fôrma e cubra-a com papel-alumínio. Asse o pudim em banho-maria, no forno, em temperatura média, por cerca de 1 hora. Desenforme frio.

Ah, que Saudade dos Figos Ramy!

Muitos brasileiros ficaram inconformados quando a CICA — Companhia Industrial de Conservas Alimentícias, com sede em Jundiaí, São Paulo — interrompeu a produção dos Figos Ramy, em 1986. O doce tinha virado paixão nacional. Na sua elaboração, a primeira fruta citada na *Bíblia*, quando Adão e Eva perceberam estar nus e cobriram suas vergonhas com as folhas da figueira (ou seriam as da bananeira, como sustentou, em 2007, o americano Dan Koeppel, no livro *Banana: The Fate of the Fruit that Changed the World?*) era transformada em passas carnudas, embebidas numa calda tão grossa que parecia mel. O fato de as pessoas apreciarem os Figos Ramy, porém, não se devia a nenhuma motivação religiosa. O doce era divino, mas pela sua natureza terrena. Vinha em latas redondas, que pesavam 600 gramas.

A CICA acondicionava na embalagem metálica as passas lado a lado, apertadas e úmidas. Eram escuras, porém brilhantes e tenras. A produção se restringia aos meses de janeiro, fevereiro e março, que correspondem à safra do figo. Chegaram a ser produzidas 300 mil latas por ano. As pessoas comiam as passas puras, usando garfo e colher (para não desperdiçar a calda), ou com a mão, segurando os figos pelo cabinho. Harmonizavam com creme de leite, requeijão cremoso, suspiro ou sorvete de creme. Na década de 60, o pintor carioca Di Cavalcanti, quando vinha a São Paulo, hospedava-se no Hotel Ca'd'Oro da rua Basílio da Gama, e servia os Figos Ramy com fatias de laranja aos amigos e interessados nos seus quadros. "Quebram a doçura das passas e assim se consegue comer mais", explicava.

Os Figos Ramy começaram a ser produzidos em 1945 e deixaram o mercado um ano antes de a empresa, que hoje pertence à Unilever, ser vendida ao Grupo Ferruzzi. "Era muito caro produzi-los", explica Salvador Messina, último vice-presidente da antiga CICA. "Havia bastante descarte". Ele conta que os figos, do tipo roxo, procediam inicialmente de Jundiaí e depois também de Valinhos, perto dali. Deviam estar maduros, porém firmes, ou seja, inchados. Muito delicados, machucavam-se facilmente, complicando o transporte e a preservação. "O custo era alto, o preço de uma lata ficava elevado e não valeu a pena continuar", conclui Messina.

A CICA registrou o nome comercial do doce com "y". Tirou-o de uma antiga vila, hoje bairro populoso de Jundiaí, terra natal da empresa. Agora é grafado com "i". Vila Rami se localiza entre os bairros de Vila Progresso e Vianelo. Foi batizada assim porque ali se cultivava a planta herbácea homônima, de grande interesse comercial no passado. O rami se destina à forragem, pois seu teor de proteínas é 20% superior ao existente na alfafa; serve como matéria-prima na produção de papel-moeda, graças à resistência apresentada; e ao uso na indústria têxtil. Com as suas fibras se faz um tecido confundido com o linho, apesar de mais áspero.

Nativo da Ásia Oriental, foi introduzido em São Paulo no ano de 1939. Existia na Vila Rami uma fazenda onde a planta tinha sido cultivada. Reunia uma cerâmica e muitas figueiras. Pertencia à família Cardia. Um dos seus empregados, Carlo, colhia os figos, secava-os no forno da cerâmica, embalava-os em papel celofane e vendia na cidade. Um dos fundadores da CICA, o siciliano Antonino Messina, pai de Salvador Messina, encantou-se com o doce e decidiu industrializá-lo. Mas, para produzi-lo em quantidade, precisou superar dificuldades técnicas. Para isso, contratou Carlo e um confeiteiro italiano chamado Magnani. O trio desenvolveu um método no qual as frutas cozinhavam até alcançar 50 brix (escala númerica para medir a quantidade de açúcar) e terminavam na estufa.

Atualmente, encontramos nos supermercados do País um punhado de marcas industriais de figos rami. Algumas são boas (Fugini, por exemplo). Em outras, a fruta parece mais compota do que passa. Há também os figos rami domésticos. Muitas pessoas os preparam em casa, na panela convencional ou de pressão, com excelentes resultados. É o caso de Carmem Manzano, de São Paulo, cuja receita ilustra este capítulo. As frutas são afundadas em açúcar cristal, café solúvel e cachaça com os cabinhos para o alto. Em cima vão folhas de louro. Ficam cerca de duas horas cozinhando no fogo baixo, em uma panela grande. É fazer para crer. Não é igual, porém lembra bastante o doce da CICA.

Figos Ramy (*)

Rende 24 figos

INGREDIENTES

- 24 figos (com a casca e os cabinhos) inchados, apenas começando a amadurecer
- 450 g de açúcar cristal
- 1 colher (sobremesa) de café solúvel
- 1 cálice de cachaça
- 4 folhas de louro

ACOMPANHAMENTO (OPCIONAL)

- Creme de leite

PREPARO

Lave bem os figos e seque-os.
Em uma panela grande, distribua os figos, delicadamente, com os cabinhos para cima, intercalando-os com o açúcar, o café solúvel e a cachaça. Coloque as folhas de louro, tampe a panela parcialmente, deixando sempre uma parte descoberta, e leve os figos ao fogo, o mais baixo possível, por cerca de duas horas, até obter uma calda bem grossa. Reserve na geladeira e, no momento de servir, coloque o creme de leite.

(*) Receita de Carmem Manzano, economista de profissão e cozinheira amadora em São Paulo, cujo hobby é resgatar antigas receitas.

A Magia do Petit Gâteau

Poucos doces se difundiram no Brasil com tanta velocidade quanto o petit gâteau – um bolinho de chocolate com o tamanho de uma empadinha, cujo recheio, também de chocolate, escorre no prato à primeira garfada (ou seria colherada?). Apresentado oficialmente ao País em 1994, pelo chef francês Erick Jacquin, como sobremesa de um festival de foie gras, no antigo restaurante Le Coq Hardy, de São Paulo, espalhou-se como um rastilho de pólvora. Atualmente, existe petit gâteau no Brasil inteiro em inúmeras versões. Pode ter o coração não só de chocolate, mas também de Nutella, requeijão, goiabada pura ou com queijo, marmelada, bananada, leite condensado, doce de leite, café, pistache, tangerina, maracujá, cupuaçu e aí por diante. Na mesma década em que Jacquin lançou o petit gâteau, os chefs paulistanos Carlos Siffert e Luiz Cintra começaram a oferecer bolinhos semelhantes.

O primeiro, que era dono do ótimo restaurante Tambor, batizou a sua elaboração de torta morna de chocolate; o segundo, respeitado consultor gastronômico, ensinou a receita do doce em programa da TV com o nome de bolo jo jo. Ambos informaram ter conhecido a novidade em Nova York e a divulgaram no Brasil com adaptações. Jo Jo é o nome de um simpático bistrô de dois andares na grande metrópole dos Estados Unidos. Faz parte da rede de quatro restaurantes do chef francês Jean-Gorges Vongerichten. Sem rodeios, ele garante ter sido o inventor do petit gâteau, que chamou de *Warm, Soft Chocolate Cake*, ocorrida igualmente no início dos anos 90. Afirma que o criou acidentalmente, ao fazer uma massa excessivamente leve de manteiga, chocolate, ovos, açúcar e um pouco de farinha. Quando a colocou no forno, sob a temperatura de 200 graus, ela assou muito rápido, mantendo o recheio cru e quase líquido.

O problema é que, ao reivindicar a autoria do bolinho, Vongerichten provocou um debate internacional. "Fui eu quem o criou", rebate em São Paulo o nosso Jacquin, um dos melhores presentes que a gastronomia francesa já deu ao Brasil. "Fiz isso em parceria com o pâtissier do restaurante Au Comte de Gascogne, no subúrbio de Paris, onde eu trabalhava antes de mudar para São Paulo. Dei-lhe inclusive o nome", assevera. Em francês, petit gâteau significa pequeno bolo. "Inspirei-me em uma torta fondant que provei em Paris, num restaurante do qual não lembro o nome", prossegue Jacquin. "Fiz inúmeros testes até chegar a esse bolinho de porção individual, cujo coração derrete".

A origem do doce, porém, é certamente anterior. A primeira receita de um bolinho com as suas características saiu das mãos do famoso chef Michel Bras, dono do Relais & Château homônimo, instalado em Laguiole, no Aveyrnon, a 579 quilômetros de Paris. Em 1981, ele colocou no cardápio de seu restaurante, na época chamado Lou Mazuc e situado em outro local da cidade, o ancestral do petit gâteau e do bolo jo jo. Denominou-o le biscuit de chocolat coulant, ou simplesmente coulant. O bolinho conquistou imediatamente uma legião de fãs.

Bras aperfeiçoou a receita ao longo do tempo. Hoje, incorpora um pouco de café. Na verdade, inventou-a em 1979, após voltar de uma jornada de esqui com sua mulher, Ginette, e os dois filhos – um deles, Sebastien, tornou-se o braço direito do pai na cozinha do Relais & Château. Fazia muito frio e as crianças estavam enregeladas. Para reanimá-las, Bras foi à cozinha e idealizou o coulant, cuja tradução é "fluente", ou seja, algo que escorre velozmente. "A alegria que senti quando o fiz pela primeira vez foi tamanha que também me senti criança", recorda o chef. "Virou a minha criação mais copiada e imitada".

O fato é que existem diferenças importantes entre o coulant e o petit gâteau. O primeiro apresenta receita mais trabalhosa. Resulta de uma massa leve de bolo. Em vez da farinha de trigo usada no bolinho franco-paulistano, incorpora a de arroz. Além disso, Bras manda bater as claras em neve e acrescentá-las à massa juntamente com as gemas. O ar encapsulado no processamento se expande no calor do forno e resulta num bolinho mais macio. Jacquin recomenda misturar os ovos ao açúcar e à farinha de trigo; depois, ao chocolate derretido com manteiga. Os recheios de ambos também são diversos.

O coulant abriga uma delicada ganache de chocolate com café. É preparação diferente da massa e não uma parte dela. Para preservar o recheio e evitar que vaze na fôrma, o bolinho deve ser congelado antes de assar. Já o chocolate do petit gâteau é derretido e incorporado à massa. Quando o doce sai do forno, seu interior não se encontra solidificado porque ainda está "cru". Bras também usa creme de leite e farinha de amêndoas, inexistentes na receita de Jacquin. Portanto, seria injusto afirmar que o petit gâteau constitui um plágio do coulant. Mas é fora de dúvida que foi a sua inspiração, como também de todos os bolinhos de coração mole preparados mundo afora.

Petit Gâteau de Cupuaçu com Sorvete de Tapioca (*)

Rende 4 porções

INGREDIENTES

SORVETE

- 200 ml de leite
- 40 ml de leite de coco (prefira o fresco)
- 40 g de farinha de tapioca
- 125 ml de leite condensado
- 90 ml de creme de leite fresco (ou em lata sem o soro)

BOLINHOS

- 1 ovo inteiro
- 1 gema de ovo
- 30 g de açúcar
- 50 g de manteiga
- 60 g de chocolate meio amargo ralado
- 26 g de farinha de trigo peneirada
- 25 g de doce de cupuaçu comprado pronto (aproximadamente)
- Manteiga para untar e farinha de trigo para polvilhar as forminhas

DECORAÇÃO

- Acerola
- Folhas de hortelã

(*) Receita do restaurateur e chef Fabio Sicilia, de Belém do Pará.

PREPARO

SORVETE

Ferva o leite e espere amornar.

Em uma tigela, junte o leite morno ao leite de coco. Despeje a farinha de tapioca, misture e deixe esfriar.

Acrescente o leite condensado, o creme de leite fresco e mexa com um fouet (batedor manual). Coloque em uma caixinha de isopor e reserve no freezer por três horas.

Retire o sorvete do freezer, transfira-o para uma batedeira e bata por dez minutos. Retorne com o sorvete ao freezer por três horas, transfira-o para a batedeira e bata por mais dez minutos. Volte ao freezer por mais três horas.

Para finalizar, bata novamente o sorvete por mais dez minutos na batedeira, retorne ao freezer e utilize só no dia seguinte.

BOLINHOS

Bata os ovos com o açúcar até a mistura triplicar de volume. Reserve.

Derreta a manteiga, retire do fogo e junte-lhe o chocolate ralado, mexendo com um batedor até os ingredientes ficarem bem misturados.

Espere esfriar e incorpore essa mistura aos ovos batidos, mexendo lentamente, com um batedor manual, até obter uma massa homogênea.

Adicione a farinha de trigo a essa massa, sempre mexendo, até ficar bem lisa.

Leve à geladeira por 24 horas.

FINALIZAÇÃO

Em forminhas individuais (de empada) untadas com manteiga e bem polvilhadas com farinha de trigo, deposite a massa, deixando um espaço em cima para que possa crescer. No centro de cada bolinho disponha cerca de meia colher (sobremesa) de doce de cupuaçu.
Leve ao forno por seis minutos e sirva quente com o sorvete de tapioca e os ingredientes da decoração.

A Gelatina do Rei Alberto

Ninguém comenta mais a visita que o rei Alberto I da Bélgica fez ao Brasil, no segundo semestre de 1920, talvez porque as testemunhas oculares já tenham morrido. Acompanhado da mulher, Elisabeth da Baviera, o soberano educado, culto, alpinista e herói nacional do seu país ficou quase um mês no Brasil. Conheceu o Rio de Janeiro, Petrópolis, Teresópolis, Santos, São Paulo e Belo Horizonte. Todas essas cidades ofereceram ao casal recepção calorosa. O povo afluía às ruas para aplaudi-los. Em Belo Horizonte, o poeta Carlos Drummond de Andrade, na época com 17 anos de idade, registrou seu deslumbramento nos versos A Visita do Rei: "Vejo o rei passar na Avenida Afonso Pena / onde só passam dia e noite, mês a mês e ano, burocratas, estudantes, pés-rapados. / Primeiro rei entre renques de fícus e aplausos, / primeiro rei (ou verei outros?) na minha vida / Não tem coroa de rei, barbas formidáveis de rei, / armadura de rei, resplandecente ao sol da Serra do Curral [...]".

Carlos Ditadi, historiador do Arquivo Nacional do Rio de Janeiro, sublinha que o governo do então presidente Epitácio Pessoa se preparou para recebê-lo realizando grandes obras públicas. A República Brasileira, que três décadas antes derrubara o regime imperial de D. Pedro II, parecia carente do glamour da monarquia. O Rio de Janeiro, por exemplo, terminou de alargar a Avenida Niemeyer e construiu o Mirante da Gruta da Imprensa, cuja designação oficial é Viaduto Rei Alberto. Pelo mesmo motivo, concluiu a Avenida Delfim Moreira. A Rua Rainha Elisabeth, ligando os bairros de Copacabana e Ipanema, recebeu o nome da soberana belga, que, por sinal, tinha relações familiares com o Brasil. Era neta de D. Miguel I, rei de Portugal entre 1828 e 1834, e irmão do nosso imperador D. Pedro I; além disso, bastante moderna para seu tempo: causaram sensação os seus banhos de mar em Copacabana, numa época em que só alguns homens se atreviam a cometer a mesma ousadia em público.

Também não faltaram banquetes. Um dos mais generosos aconteceu em Belo Horizonte, promovido com segundas intenções por Arthur Bernardes, na época presidente (governador) de Minas Gerais e futuro presidente do Brasil. Queria convencer Alberto I a explorar junto com ele a vocação siderúrgica do estado. Teve sucesso. Pouco depois da visita do rei, chegava ao Brasil uma missão técnica que daria origem à Companhia Siderúrgica Belgo-Mineira, fundada em dezembro de 1921. Foi um banquete chique, com cardápio em francês. Filezinhos redondos de cordeiro viraram noisettes; macucos brasileiríssimos, desossados e escalfados, servidos com trufas e provavelmente escalopes de foie gras, receberam o nome de macucos truffés à la royale. O mesmo sucedeu com a sobremesa, chamada de dessert brésilien.

Que doce era esse? Uma gelatina incrementada com as cores da bandeira belga: preto (representado pelo purê de ameixa), amarelo (ovos moles) e vermelho (gelatina de morango, framboesa ou cereja). O casal real o provou e elogiou, não só pela homenagem como também pela beleza da apresentação e harmonia de sabores. A saudosa autora gastronômica Maria Stella Libanio de Christo, no livro *Fogão de Lenha – Quitandas e Quitutes de Minas Gerais* (Editora Vozes, Petrópolis, 1977), publica sua receita com a seguinte observação: "Servida no Palácio da Liberdade, em Belo Horizonte, quando da visita dos soberanos belgas". Mas não usa o nome dado no banquete e sim aquele com o qual os brasileiros a popularizaram: gelatina Rei Alberto. Eleito presidente do Brasil, o mineiro Bernardes, que virou seu fã, introduziu-a no Palácio do Catete, do Rio de Janeiro, sede do Poder Executivo Nacional.

Continua a ser uma sobremesa apreciada em Minas Gerais, porém desconhecida em muitos lugares, exceto no Rio Grande do Sul, onde o soberano belga jamais esteve. Os gaúchos são apaixonados pela gelatina Rei Alberto. Servem-na em batizados, aniversários e casamentos. Dois presidentes da República nascidos no Estado se declararam seus fãs: Getulio Vargas e Emílio Garrastazu Médici. O primeiro pode ter sido responsável direto ou indireto pela sua introdução no Estado. No final da década de 40, quando Vargas recebia visitantes na sua fazenda Itu, no Rio Grande do Sul, oferecia-lhes o doce. A receita que ilustra este texto, executada pelo pâtissier Ramiro Bertassin, do Hotel Renaissance São Paulo, é uma interpretação da que era ensinada pela gaúcha Lourdes Schaan, mãe e mestra da ilustre culinarista porto-alegrense Maria Teresa Schaan Pessano. Que se saiba, os belgas não fazem ideia do que seja Gelatina Rei Alberto.

Gelatina Rei Alberto (*)

Rende 10 porções

INGREDIENTES

GELATINA

- 1 kg de morangos frescos
- 100 ml de água
- 250 g de açúcar
- 10 g de gelatina vermelha em folhas (amoleça as folhas de gelatina em um pouco de água fria, depois esprema)

COMPOTA DE ABACAXI

- 300 g de abacaxi fresco
- 100 g de açúcar

PURÊ DE AMEIXA

- 300 g de ameixas pretas em compota
- 200 ml de água
- 150 g de açúcar

OVOS MOLES

- 250 g de açúcar
- 200 ml de água
- 300 g de gemas (15 gemas médias) passadas pela peneira
- 80 g de manteiga
- 3 gotas de essência de baunilha

(*) Receita que era preparada pela gaúcha Lourdes Schaan, mãe da professora de culinária Maria Teresa Shaan Pessano, de Porto Alegre, RS, interpretada pelo pâtissier Ramiro Bertassin, de São Paulo, SP.

MERENGUE SUÍÇO
- 200 g de claras (4 claras médias)
- 400 g de açúcar

DECORAÇÃO
- Framboesas frescas
- Cerejas frescas

PREPARO

GELATINA

Em uma panela, ferva os morangos com a água e o açúcar. Retire a mistura do fogo e bata no liquidificador. Junte a gelatina à mistura ainda quente e a distribua nas taças. Reserve na geladeira por quatro horas.

COMPOTA DE ABACAXI

Corte o abacaxi em cubos, acrescente o açúcar e leve ao fogo brando, mexendo até reduzir. Reserve.

PURÊ DE AMEIXA

Cozinhe as ameixas com a água e ferva até amaciarem. Descarte os caroços, amasse a polpa com um garfo, misture o açúcar e volte ao fogo apenas para engrossar um pouco a calda. Reserve.

OVOS MOLES

Misture o açúcar com a água e as gemas. Junte a manteiga e mexa em fogo brando até formar bolhas. Acrescente a baunilha e retire do fogo. Deixe esfriar dentro da panela, sem mexer. Reserve.

MERENGUE SUÍÇO

Misture as claras ao açúcar e esquente em fogo brando, mexendo sempre, até o açúcar se dissolver, formando uma espuma branca. Não pode ferver e o calor não deve exceder 55°C, para as claras não cozinharem. Bata na batedeira até formar um merengue firme. Reserve.

FINALIZAÇÃO

Nas taças, distribua a compota de abacaxi sobre a gelatina. Em cima coloque o purê de ameixa e em seguida o doce de ovos. Leve novamente à geladeira.
Quando for servir, disponha o merengue (se quiser, pode crestá-lo suavemente com o maçarico).
Decore com as framboesas e finalize com as cerejas.

A Mãe-Benta do Padre Feijó

Muitas vezes o padre Diogo Antônio Feijó, ministro da Justiça de 1831 a 1832 e regente do Império entre 1835 e 1837, foi visto andando na Rua das Violas, hoje Teófilo Ottoni, no centro do Rio de Janeiro, a caminho da casa do cônego Geraldo Leite Bastos, seu colega de vida religiosa, amigo pessoal, correligionário político e irmão de Maçonaria. Durante a visita, os dois trocavam ideias sobre o Brasil, bebiam limonada açucarada ou café de coador e se deleitavam com um docinho chamado mãe-benta.

Os mexeriqueiros diziam que a gula era na verdade o pretexto do encontro. O escritor e autor teatral Guilherme Figueiredo, no livro *Comidas, Meu Santo!* (Editora Civilização Brasileira, Rio de Janeiro, 1964), acrescenta que o docinho era uma especialidade de Dona Benta Maria da Conceição Torres, mãe do cônego Bastos. A receita, patrimônio da doçaria carioca, é reproduzida até hoje. Leva farinha de arroz, leite de coco ou coco ralado, manteiga, ovos e, naturalmente, açúcar. Coincidentemente, o apelido da ascendente do cônego Bastos era Mãe Benta.

Entretanto, apesar de os registros históricos afirmarem que ela foi a sua inventora, pode ter criado uma variação diferenciada da receita. Afinal, no Brasil colonial e imperial existiram outros docinhos com o mesmo nome e ingredientes assemelhados, vendidos em tabuleiros pelas negras escravas, nas ruas do Rio de Janeiro e outras cidades nacionais. Mas ninguém superava em excelência o elaborado pela mãe do cônego Bastos. Nem as religiosas do Convento da Ajuda – primeiro mosteiro carioca para mulheres, construído no século XVIII – conseguiam fazê-lo tão bem. Renomadas confeiteiras, elas garantiam seguir a mesma receita, mas o povo achava diferente.

O Convento da Ajuda, igualmente no centro do Rio de Janeiro, preparava doces elogiadíssimos, antes do surgimento dos famosos confeiteiros na cidade. "Não tinham aparecido o Canceller, o Guimarães, o Francioni, o Neves do largo do Capim, a viúva Castagnier do Braço de Ouro (rua dos Ourives), o Castelões, o Deroche, o Camarinha, o Justina da rua da Cadeia etc.", observa o historiador José Vieira Fazenda, em *Rio de Janeiro em Prosa e Verso* (Manuel Bandeira e Carlos Drummond de Andrade, Coleção Rio Quatro Séculos, v. 5, Livraria José Olympio, Rio de Janeiro, 1965). "Nos copos-d'água (merendas oferecidas aos amigos), doces que não viessem da Ajuda não tinham valor algum".

O delicioso mãe-benta disputava as preferências com o bom-bocado, suspiro, canudo desfolhado, filhó, pastel de Santa Clara e a baba-de-moça, entre outras guloseimas. Por algum tempo, foi o mais prestigiado. As negras escravas o vendiam sob as ordens de suas senhoras. Era cantado em prosa e verso. "Mãe-Benta, me fia um bolo? / Não posso senhor tenente / Os bolos são de iaiá / Não se fia a toda gente". Apesar da semelhança onomástica, não apresenta qualquer parentesco com o Nhá Benta, sucesso da indústria Kopenhagen, de São Paulo, lançado em 1950 com o nome inicial de Pão de Açúcar, irmão de doces estrangeiros e combinando marshmallow, wafer, chocolate e açúcar.

Já o mãe-benta leva dois ingredientes conhecidos há muito tempo dos brasileiros: leite de coco e farinha de arroz. Curiosamente, o arroz deu origem a poucos doces por aqui. Em nosso país, os preciosos grãos dessa planta são cultivados desde o século XVI. Em 1587, vicejavam em lavouras dedicadas a eles na Bahia e, em 1745, no Maranhão. Mas apenas no ano de 1766 Portugal autorizou a instalação da primeira descascadora de arroz, justamente no Rio de Janeiro. Só a partir dessa época começaram a ser introduzidas receitas à base de seus grãos. A mais famosa é o arroz-doce ou arroz-de-leite.

Existem suficientes documentos históricos sobre o padre Feijó. Homem público controvertido, mas governante enérgico e corajoso, reformou o exército, preconizou a necessidade da imigração, disciplinou a instrução primária e defendeu a abolição da escravatura, uma posição ousada para a época. Nasceu e morreu na cidade de São Paulo. Por outro lado, são escassos os registros sobre o cônego Bastos. Vieira Fazenda o descreve como "tipo de lealdade, de dedicação a amigos, de amor filial, caridoso, humanitário, modesto e grande patriota, sem ambições".

Em 1842, achava-se deportado em Lisboa, por razões políticas. Nessa época, trocou pelo menos uma carta com o correligionário padre Feijó – sobre o qual acabou escrevendo uma biografia. Faleceu no Rio de Janeiro, no posto de oficial-maior da Secretaria do Senado. Quanto à Mãe Benta, as informações são ainda mais precárias. Vieira da Fazenda afirmava ter sido "mulher de cor preta, que vivia de fazer doces". Mas o historiador Carlos Augusto Ditadi, do Arquivo Nacional do Rio de Janeiro, apresenta uma ressalva. "Há de se estranhar o nome dela que não parece ser de pessoa de origem afro-brasileira", diz.

Faleceu em 1851 e a sepultaram no cemitério São Francisco de Paula, hoje conhecido como Catumbi, no Rio de Janeiro, inaugurado no ano anterior para acolher as vítimas da febre amarela. Só em 1850 recebeu cerca de 3 mil corpos de pessoas dizimadas pela epidemia. Mãe Benta poderia ter sido uma de suas vítimas. Seu docinho seguiu conquistando fãs, inclusive estrangeiros. O presidente da república francesa Paul Doumer e o historiador italiano Guglielmo Ferrero, que o conheceram no início do século XX, encantaram-se com seu sabor.

Mãe-benta (*)

Rende de 40 a 50 unidades.

INGREDIENTES

- 12 gemas
- 2 claras
- 2 3/4 xícaras (chá) de açúcar
- 2 3/4 xícaras (chá) de manteiga
- 2 1/2 xícaras (chá) de farinha de arroz
- 1 xícara (chá) de leite de coco
- Manteiga para untar

PREPARO

Bata muito bem as gemas com as claras e o açúcar, até crescerem, ficando leves e esbranquiçadas. Coloque a manteiga e continue batendo até homogeneizar. Junte a farinha de arroz, aos poucos, alternando-a com o leite de coco.
Bata até o composto ficar leve e homogêneo.
Disponha a massa em forminhas de empada previamente untadas com manteiga, arrume-as em uma assadeira e leve ao forno preaquecido a 180°C, por cerca de 40 a 50 minutos.
Desenforme as mães-bentas ainda mornas.

O Doce da Miss Brasil

Colorido, delicado e saboroso, Zezé Leone é um doce que recebeu o nome da primeira Miss Brasil, nascida Maria José Leone (1902-1965), eleita em 1923. Foi criado em homenagem a uma paulista de estatura média, morena, olhos verdes e pele rosada. "Minha mãe conheceu Zezé Leone", conta o jornalista José Ramos Tinhorão. "Ela contrariava o padrão de beleza da época, da mulher bonita e rechonchuda. Magra e elegante, antecipava a atual estética feminina." O concurso escolheu "A Mais Bela do Brasil" e foi promovido pela *Revista da Semana* e jornal *A Noite*, do Rio de Janeiro. Antes de Zezé Leone, duas mulheres receberam um título assemelhado: a franco-brasileira Aymmée, em 1865; e a carioca Violeta Lima de Castro, mais conhecida como "Bebê", em 1900.

Mas o primeiro concurso de Miss Brasil de âmbito verdadeiramente nacional, lançado em 1922 como parte das comemorações do centenário da Independência do Brasil, elegeu Zezé Leone. Disputaram o título 319 "senhorinhas" de todo o País, reduzidas a 40 na etapa final. Santos teve cinco candidatas na fase derradeira, merecendo da *Revista da Semana*, por isso, o título de "Escrínio (pequeno cofre estufado) de Formosuras"; Manaus apresentou quatro e Rio de Janeiro, duas. O júri se compunha de um trio da mais alta qualificação: João Batista da Costa, pintor, professor e diretor da Escola Nacional de Belas Artes, do Rio de Janeiro; José Otávio Correia Lima, escultor; e Raul Pederneiras, ilustrador e "especialista em anatomia humana".

O concurso foi um sucesso. Revistas e jornais das cidades que ajudavam a escolher as candidatas esgotavam as edições. Nascida em Campinas, mas radicada em Santos, para onde se mudou aos dois anos de idade, Zezé Leone teve o apoio local da revista *Flamma*. Sua conquista representou para a família algo como tirar a sorte grande. Filha de um modesto alfaiate italiano e de uma professora particular de piano, que reforçava o orçamento doméstico trabalhando como dama de companhia, enfrentou dificuldades na infância. A família residia em uma casa simples da rua Senador Feijó, 364, quase na esquina da Rangel Pestana, em Santos.

Os pais se casaram após um namoro escondido e contrariado. A avó materna de Zezé Leone era Angela Doria-Panphilli e vinha de família nobre de Roma, à qual pertenceu o papa Inocêncio X, conhecido pelo seu retrato feito por Velázquez, em 1649; o avô era Antonio do Rego Duarte, tenente-coronel do Exército Brasileiro, que renegou a filha Perpétua por casar-se com "um estrangeiro pobre". A eleição de Zezé Leone se revelou uma bênção para sua família. Escolhida "A Mais Bela do Brasil", ganhou roupas, joias e mais de 50 contos de réis em dinheiro – uma fortuna na época.

Voltemos ao doce. É um creme amarelo, à base de gemas, leite e fava de baunilha, que incorpora uma espuma rosada (para evocar a pele da primeira Miss Brasil) feita com claras em neve, vinho do Porto e gelatinas das cores vermelha e branca. Teria surgido na cidade do Serro, antiga Vila do Príncipe do Serro Frio, no Alto Jequitinhonha, em Minas Gerais. Embora seja preparado em todo o Brasil, o doce pertence ao acervo da região. Sua receita figura no livro *História da Arte da Cozinha Mineira por Dona Lucinha*, organizado por Maria Lúcia e Márcia Clementino Nunes (Belo Horizonte, 2001). Mas não foi o único tributo a Zezé Leone. Ela recebeu vários.

São Paulo a homenageou batizando de Zezé Leone uma rua no bairro da Casa Verde Alta. Heróis da aviação receberam a primeira Miss Brasil no Rio de Janeiro com reides aéreos. José Francisco de Freitas, o Freitinhas, compôs para ela o foxtrot *Vênus*: "Zezé Leone / Tua beleza? Não tem carmim / Todo mundo diz assim: / É natureza..." Outra música endereçada a Zezé Leone foi *Rosa dos Trópicos*, uma parceria do maestro Epaminondas Ribeiro com o poeta Hermes Fontes. O francês Charles Hermann esculpiu a primeira Miss Brasil em tamanho natural, usando madeira de carnaúba (palmeira ornamental). A carioca Botelho Films produziu um documentário de 72 minutos sobre sua vida, intitulado *Sua Majestade, a Mais Bela*. Simpática e desembaraçada, Zezé Leone gravou cenas para o filme, ao lado da irmã, Leonor, e do pai, Francesco.

Tudo o que era bonito no Brasil merecia o apelido de Zezé Leone, inclusive uma locomotiva da Estrada de Ferro Central do Brasil, com frisos nas rodas, bronzes e cromados reluzentes no motor, doada por Alberto I, rei da Bélgica. Hoje se encontra exposta, junto com outras relíquias dos trilhos, na garagem da Rede Ferroviária Nacional, em Santos Dumont, Minas Gerais. A primeira Miss Brasil faleceu aos 63 anos de idade, após dois casamentos desfeitos. Antes de morrer, em rara entrevista, falou da admiração que tinha por Martha Rocha, Miss Brasil de 1954. "Para mim, foi a mais bonita e impressionante de todas", afirmou. Mas pessoas que conheceram Zezé Leone e Martha Rocha na faixa dos 20-30 anos achavam difícil julgar qual a mais linda.

Creme Zezé Leone

Rende cerca de 10 porções

INGREDIENTES

CREME AMARELO

- 8 gemas
- 8 colheres (sopa) de açúcar
- 1 colher (sobremesa) de amido de milho (Maisena)
- 1 litro de leite
- 1 fava de baunilha cortada ao meio ou 1 colher (sobremesa) de essência de baunilha

CREME ROSADO

- 8 claras em neve
- 8 colheres (sopa) de açúcar
- 1 cálice de vinho do Porto
- 4 folhas de gelatina branca
- 4 folhas de gelatina vermelha
- 1/4 de litro de água

PREPARO

CREME AMARELO

Bata bem as gemas com o açúcar, até obter bolhas. Acrescente o amido de milho, misture e reserve.
Numa panela, coloque o leite para ferver com a baunilha, em fogo baixo, mexendo. Ao levantar fervura, retire uma parte do leite e junte as gemas, sempre mexendo, até a mistura ficar bem homogênea. Junte essa mistura ao leite que está em fogo baixo e cozinhe rapidamente, sem parar de mexer, para não talhar. Retire do fogo, mexendo de vez em quando. Deixe esfriar.

CREME ROSADO

Bata as claras em neve e vá adicionando o açúcar aos poucos. Depois do merengue bem batido, acrescente o vinho.
Hidrate todas as folhas de gelatina na água fria e leve ao fogo em banho-maria, para dissolver. Misture a gelatina às claras e bata por mais 5 minutos.

FINALIZAÇÃO

Em taças de boca larga, distribua com uma colher porções do creme rosado, reservando um pouco para a decoração.
Sobre as porções do creme rosado, coloque o creme amarelo e decore as taças com o creme rosado que sobrou.

Caipirinha e Internacional

No filme *O Xangô de Baker Street*, baseado no romance homônimo de Jô Soares e ambientado no final do século XX, o detetive Sherlock Holmes e o médico doutor Watson são chamados ao Brasil pelo imperador Dom Pedro II para resolver o mistério de um violino Stradivarius desaparecido. E o que era um discreto caso policial se converte numa aventura cheia de lances inesperados. Interpretado pelo ator inglês Anthony O'Donnell, o desconfiado colaborador do famoso detetive protagoniza cenas de rolar de rir. Doutor Watson veste roupas nordestinas, recebe no terreiro uma pombajira (companheira de Exu) e inventa casualmente a caipirinha, combinando limão (antigamente era o galego), açúcar, gelo (não usado no começo) e cachaça.

Na vida real, porém, o drinque brasileiro nasceu no interior São Paulo na primeira metade do século XX. Pode ter sido na região Noroeste ou na Centro-Oeste (há divergências sobre seu berço). Muitos acreditam derivar da batida de limão, doce e turva, que além do limão leva mel e cachaça; outros dizem que os dois drinques nasceram juntos. Na década de 50, a caipirinha conquistou a população da cidade de São Paulo, na qual por muito tempo teve a reputação de "bebida de pobre". Em Santos, foi mais bem tratada. Virou "bebida de praia" e dali se alastrou por todo o litoral. Caipira era o nome dado pelos moradores das cidades ao habitante da roça de pouca instrução e modos rústicos, naturais da região de origem do drinque. A seguir, a caipirinha seduziu o Brasil.

Durante algum tempo foi rejeitada pelas elites, que a consideravam "bebida de pobre", em razão de incorporar a então menosprezada cachaça. Mesmo no Noroeste e Centro-Oeste de São Paulo não desfrutava de qualquer prestígio social. Tanto quanto se sabe, o primeiro local refinado do Brasil a "ter coragem" de servi-la foi o Ca'd'Oro, de São Paulo, pertencente ao italiano Fabrizio Guzzoni (1920-2005). Inaugurado como restaurante em 1953, na rua Barão de Itapetininga, três anos depois virou hotel dotado de excelente restaurante, na rua Basílio da Gama, ambas no Centro. Finalmente, em 1966, o Grand Hotel Ca'd'Oro mudou para a rua Augusta. O saudoso hoteleiro e restaurateur conheceu o drinque nos bares da periferia da capital paulista e ficou encantado. Trocou o limão-galego pelo taiti, "por não ter sementes, ser sumarento e menos ácido"; e passou a oferecê-lo em copo maior e padronizado. O grande restaurateur paulistano Giancarlo Bolla, que trabalhou como maître para Guzzoni, credita-lhe a iniciativa de colocar gelo na caipirinha.

"Foi o fundador do Ca'd'Oro o primeiro a fazer isso", garante. "Cheguei da minha Itália natal na década de 50, para viver no Brasil. Conheci a caipirinha ainda sem gelo, em copinho de pinga, aquele quase cônico, tendo um risquinho para indicar o volume servido. Era feita com limão-galego, açúcar e incluía uma colherinha de alumínio para mexer". Giancarlo informa que Guzzoni usou gelo "para torná-la refrescante em um país tropical". Apareceram condições para essa inovação. As geladeiras dotadas de congelador se espalharam no Brasil justamente a partir da década de 50, fornecendo gelo à vontade. No início, a brigada do restaurante do Ca'd'Oro sentiu constrangimento por oferecer aos seus clientes elegantes uma bebida feita com cachaça. "Quase chamaram Guzzoni de louco," recorda Giancarlo.

Hoje, o prestígio da caipirinha ultrapassou as fronteiras nacionais. Personalidades que nos visitaram ajudaram a difundi-la lá fora. Frank Sinatra, Julio Iglesias, Luciano Pavarotti, Liza Minelli, Madonna, Mick Jagger, Alan Parker e Linda Evangelista foram alguns dos nomes enfeitiçados pelo nosso drinque. Voltaram para casa carregando pelo menos uma garrafa de cachaça e algum limão. A caipirinha virou o terceiro drinque do mundo, dividindo o pódio com o Manhattan (2º) e o Dry Martini (1º).

Sua consagração derradeira ainda se deveu à intercessão do bartender Derivan Ferreira de Souza, de São Paulo, autor de *Drinks de Mestre* (Editora Ática, São Paulo, 1996), entre outros livros. Durante o congresso que a International Bartenders Association (IBA) realizou em Toronto, no Canadá, em 1994, ele conseguiu inscrever a caipirinha na lista dos coquetéis oficiais do mundo.

A Suécia queria registrar com o nome do nosso drinque, grafando cäipirinha (com trema no primeiro "a"), um coquetel à base de vodca e abacaxi. "Foi uma briga danada", recorda Derivan. "Mais de dez jurados votaram a favor dos suecos." Segundo Derivan, a Absolut estava por trás da reivindicação. No Brasil, o primeiro reconhecimento oficial só aconteceu em 2003, através do Decreto 4.072, assinado em 3 de janeiro daquele ano pelo presidente Fernando Henrique Cardoso e o ministro da Agricultura e Abastecimento, Marcus Vinicius Pratini de Moraes. O parágrafo 4º do artigo 81 define a caipirinha como "a bebida típica brasileira, exclusivamente elaborada com cachaça, limão e açúcar". Só esqueceu do gelo... Nada mais compreensível. O refinado e culto ex-presidente brasileiro é apreciador de vinhos franceses.

Alguns sustentam que a caipirinha surgiu entre trabalhadores rurais da região Noroeste de São Paulo, na qual tradicionalmente se produz limão e onde a cachaça sempre foi uma bebida muito difundida. Portanto, teria nascido em Jaboticabal, Matão, Monte Alto, Pirangi e Taquaritinga. Outros localizam seu local de invenção na região Centro-Oeste, onde se encontram as cidades de Americana, Piracicaba e Santa Bárbara.

Antigos moradores do interior paulista contam que, nas décadas de 30 e 40, o povo menos abonado a utilizava para combater a gripe, sobretudo no inverno. "Esquentava, dava reação e matava a doença", garantiu em 2012 a piracicabana Maecira Pereira Araujo, aos 95 anos de idade. Outra explicação para o nascimento do drinque seria o fato de o limão e o açúcar diminuírem a agressividade das cachaças rústicas de antigamente; ou, então, de ocultarem o consumo de uma bebida alcoólica ainda sem prestígio social. Afortunadamente, a caipirinha se tornou parceira de duas especialidades nacionais: a feijoada e o churrasco. "A acidez do limão ajuda a digerir as gorduras presentes em ambas as receitas", ressalta Giancarlo.

Raros coquetéis levam ingredientes que harmonizam tão bem, sem que um predomine sobre o outro. Basta respeitar alguns mandamentos de preparo. Nunca usar cachaça envelhecida, pois altera o sabor original; a parte branca do miolo do limão deve ser desprezada, pois transmite gosto amargo; convém pressionar delicadamente a fruta, para que solte apenas uma parte do suco e a casca não libere todo o seu óleo; ao beber, mexe-se levemente a caipirinha, para encorpar e harmonizar o sabor.

Poucos drinques combinam melhor com o lazer na casa da praia, no clube da cidade, no deque da piscina, no bar ao ar livre. A namoradinha do Brasil, como a chamam, possui variantes. Preparada com rum, torna-se caipiríssima. À base de vodca, converte-se em caipirosca. Com saquê, torna-se a saquerinha. Se mantivermos a cachaça e trocarmos o limão pelo morango, a lima-da-pérsia ou uma combinação de frutas (caipifruta), teremos outros coquetéis populares. São variações agradáveis e estimulantes. Mas a verdadeira caipirinha leva limão, açúcar, cachaça e gelo. Dessa convicção, nenhum brasileiro pode abrir mão.

Caipirinha Clássica (*)

Serve 1 drinque

INGREDIENTES
- 1 limão-taiti
- 1 colher de sobremesa de açúcar de cana
- 1 dose (50 ml) de cachaça branca
- Gelo

PREPARO
Retire as laterais da casca do limão e corte-o de cima para baixo, em quatro frações. Elimine seu talo central, para não amargar a caipirinha. Coloque o limão cortado diretamente no copo adequado ao drinque. Acrescente o açúcar e macere o limão. Adicione o gelo, sempre em cubos, pois se for moído vai aguar a caipirinha. Complete com a cachaça, mexa bem e sirva.

(*) Receita preparada pelo bartender Derivan Ferreira de Souza, de São Paulo, SP.

Luiz Henrique Mendes